**아는 만큼 유리한
부동산 대출 전략**

아는 만큼 유리한 부동산 대출 전략

초판 1쇄 발행·2025년 9월 26일

지은이·하루한보(이동영)
발행인·이종원
발행처·(주)도서출판 길벗
주소·서울시 마포구 월드컵로 10길 56(서교동)
대표전화·02)332-0931 | 팩스·02)322-0586
출판사 등록일·1990년 12월 24일
홈페이지·www.gilbut.co.kr | **이메일**·gilbut@ gilbut.co.kr

기획 및 책임편집·이재인(jlee@gilbut.co.kr) | **제작**·이준호, 손일순, 이진혁
마케팅·정경원, 김진영, 박민주, 류효정 | **유통혁신팀**·한준희
영업관리·김명자, 심선숙, 정경화 | **독자지원**·윤정아

교정교열·김동화 | **디자인 및 전산편집**·바이텍스트
CTP 출력 및 인쇄·예림인쇄 | **제본**·경문제책

- 이 책은 저작권법의 보호를 받는 저작물로 이 책에 실린 모든 내용, 디자인, 이미지, 편집 구성은 허락 없이 복제하거나 다른 매체에 옮겨 실을 수 없습니다.
- 인공지능(AI) 기술 또는 시스템을 훈련하기 위해 이 책의 전체 내용은 물론 일부 문장도 사용하는 것을 금지합니다.
- 잘못 만든 책은 구입한 서점에서 바꿔 드립니다.
- 이 책은 투자 참고용이며, 투자의 최종적인 책임은 투자자 본인에게 있습니다.

ⓒ하루한보(이동영), 2025

ISBN 979-11-407-1578-7 03320
(길벗 도서번호 070540)

정가 23,000원

독자의 1초를 아껴주는 길벗출판사
(주)도서출판 길벗 | IT단행본&교재, 성인어학, 교과서, 수험서, 경제경영, 교양, 자녀교육, 취미실용 www.gilbut.co.kr
길벗스쿨 | 국어학습, 수학학습, 어린이교양, 주니어 어학학습, 학습단행본 www.gilbutschool.co.kr

사회초년생과 신혼부부, 1주택자, 사업자까지

아는 만큼 유리한 부동산 대출 전략

하루한보(이동영) 지음

길벗

여는 글

단순하지만 강력한 비밀, 성공하고 싶다면 빌려라

많은 사람이 대출에 대해 막연한 두려움을 갖고 있다. 그리고 그 두려움 때문에 인생을 바꿀 수 있는 수많은 기회를 놓치고 있다. 나는 이 책에 나의 실제 경험을 담아 사람들이 가지고 있는 그 두려움을 해소하고자 한다. 대출은 내 인생의 확실한 전환점이었다. 정확한 타이밍에 적절한 금액을 빌려 꿈꿔왔던 사업을 현실로 만들 수 있었다.

그리고 생각보다 많은 사람이 나와 같은 경험을 했다. 성공한 사람들은 자신이 가진 자산이나 현금만으로 성공을 일군 것이 아니다. 필요한 시점에 필요한 만큼의 자금을 조달할 줄 알았기에 그 자리에 서게 된 것이다.

대출을 활용하는 기술은 현대 자본주의 사회에서 가장 필요한 핵심 기술 중 하나다. 자본이 없으면 아무것도 할 수 없다. 좋은 아이디어가 있어도, 뛰어난 능력이 있어도, 그 누구보다 열정이 넘쳐도 자본이 없다면 아무것도 실현할 수 없다. 이럴 때 바로 대출이 빛을 발한다.

대출은 더 많은 기회를 만들고, 더 큰 꿈을 실현하게 하는, 말 그대로 지렛대 역할을 한다. 중요한 순간에 지렛대 사용법을 몰라 좋은 기회를 놓치고 싶지 않다면, 이 사용법을 꼭 익혀둘 필요가 있다.

부동산 매수도 마찬가지다. 모든 자산은 상승과 하락의 사이클을 반복한다. 좋은 시기에 우량한 자산을 잡으려면 반드시 자본이 필요하다. 그러나 자본을 축적하기까지는 긴 시간이 걸린다. 그렇다고 그 시간을 마냥 기다리기만 해서는 기회를 잡을 수 없다. 자본을 모으는 속도보다 내가 사고 싶은 자산의 가치가 오르는 속도가 더 빠르기 때문이다. 그러나 대출을 잘 이해하고 활용할 줄 아는 사람들은 자신이 가진 소액의 자본에, 대출이라는 레버리지를 활용해 남들보다 훨씬 빨리 큰 자산을 형성한다.

이 세상에 나쁜 대출은 없다. 대출은 그저 '도구'일 뿐이다. 사용자에게 명확한 계획과 관리 능력만 있다면, 언제나 인생을 바꿔주는 강력한 지렛대로 남을 수 있다는 사실을 반드시 명심하자.

80%가 넘는 사람이 대출의 중요성을 알면서도 그에 대해 공부하지 않

는다. 이 책을 읽는 여러분은 상위 20% 안에는 무조건 속하게 될 것이다. 겉핥기식이 아닌 제대로, 꼼꼼하게 읽어 대출을 올바르게 활용할 줄 알게 된다면 상위 5% 안에 들 수도 있다. 이 책을 통해 지금까지 가지고 있었던 대출에 대한 막연한 두려움이 확신과 자신감으로 바뀌길 바란다.

기회가 찾아오기만을 기다리지 말고, 이제부터 대출이라는 도구를 활용해 기회를 직접 만들어라. 빌려서 투자하고, 빌려서 공부하고, 빌려서 사업을 시작하라. 그것이 당신을 성장시키고 변화시킬 것이다.

나는 앞으로도 여러분의 곁에 대출 해결사로서 계속 머물 것이다. 여러분이 필요한 순간에 언제든지 도움을 줄 수 있도록 준비하겠다.

돈을 벌고 싶다면 빌려라. 성공하고 싶다면 빌려라. 똑똑해지고 싶다면 빌려라. 더 나은 삶을 살고 싶다면 빌려라. 항상 여러분을 응원한다.

하루한보(이동영)

목차

[여는 글]   4
단순하지만 강력한 비밀, 성공하고 싶다면 빌려라

1장 / 대출의 힘

01 한 걸음 나아가게 만들어준 대출	14
[Tip] 보험약관대출 활용하기	17
02 로또청약이 준 패배감	18
[Tip] 모기지 보험과 방공제	20
03 대출이라는 지름길	22
04 뒤처지지 않으려면	26
05 돈은 빚이다	30
06 대출과 부동산의 관계	34
07 금리가 높아도, 낮아도 결국 대출	38
[대출 상담 사례] 은혜 갚은 고금리	40

2장

최소한의 대출 상식

- 08 기본 용어 짚고 가기 　44
  - [Tip] 융자와 대출의 차이 　48
- 09 대출의 종류 　49
- 10 제2금융권의 활용과 보증기관 　58
  - [Tip] 대출은 주거래 은행에서? 　60
  - [Tip] 대출 상담사 제대로 활용하기 　63
- 11 대면이 유리할까, 비대면이 유리할까 　65
- 12 변동금리와 고정금리 　70
- 13 대출은 어떻게 진행될까 　74
  - [Tip] 직장인과 사업자의 소득 심사 기준 　76
- 14 자금 계획 세우기 　77
- [대출 상담 사례] 전문가가 필요한 이유 　82

3장

대출 한도를 결정짓는 LTV, DTI, DSR

- 15 LTV, DTI, DSR 이해하기 　86
  - [Tip] 가중평균금리 계산하기 　90
  - [Tip] DSR 부채 산정 방식 이해하기 　95
- 16 상황에 따라 달라지는 대출 비율 　96
  - [Tip] 규제지역과 비규제지역 　103
- 17 사이트 이용해 DSR 계산하기 　104
- 18 DSR을 피하는 세 가지 방법 　111
- 19 겁먹을 필요 없는 스트레스 DSR 　124
- 20 정부가 대출을 규제하는 이유 　132
- [대출 상담 사례] 아는 것이 힘이다 　135

4장

사회초년생과 신혼부부를 위한 대출 지식: 전세부터 내 집 마련까지

21 젊을수록 유리한 대출정책 140
22 종잣돈 만드는 전세대출정책 144
23 주택도시기금 전세대출 4대장 151
   [Tip] HF와 HUG 보증의 차이 162
   [Tip] 유주택자인데 무주택자? 168
24 소중한 내 돈 지키는 전세보증금반환보증 169
25 내 집 마련을 위한 주택담보대출 상품 175
   [Tip] 보험사의 주택담보대출 상품은 뭐가 다를까 183
26 사례로 보는 주택담보대출 활용법 187
27 청약 당첨 시 알아야 할 대출 포인트 198
28 혼인신고, 해야 할까 말아야 할까 203
29 같은 듯 다른 분양권잔금대출 207
30 실무자만 아는 대출 활용 포인트 217
   [Tip] 소득 기준은 왜 보금자리론 업무처리기준을 따를까 220
   [Tip] 대출도 승계가 될까 226
31 중고가 아파트 매수자와 고연봉자들을 위한 팁 227
[대출 상담 사례] 선 대출, 후 전세는 분명 가능하다 236

5장

1주택자에게 더 중요한 대출 지식: 갈아타기부터 추가 매수까지

32 아는 맛이 무섭다	240
33 갈아타기 전에 꼭 따져야 하는 여섯 가지	244
34 계약금조차 없는 당신을 위한 전략	254
35 일시적 2주택을 유지하기 위한 전략	257
36 LTV를 극복하는 전략	261
[Tip] 다른 지역에 추가 매수를 하는 경우	266
37 부족한 전세보증금 반환 전략	267
38 대출 갈아타기 전략	273
[Tip] 대출은 그대로 두고 목적물만 변경할 수 있을까	277
39 투자와 사업을 준비하는 1주택자를 위한 팁	278
[대출 상담 사례] 준비된 자가 기회를 잡는다	281

6장 사업자를 위한 대출 지식: 사업자금 마련부터 투자까지

40 사업자대출 활용 전략 286
41 부동산임대업을 꿈꾼다면 291
　[Tip] 렌트프리로 RTI 세팅하기 296
42 경매와 대출의 시너지 297
　[Tip] 경락잔금대출 과정 302
　[Tip] 경락잔금대출 잘 받는 법 305
43 1억~2억 원으로 건물주 되기 306
44 오피스텔에 투자하는 방법 313
　[Tip] 지식산업센터에 투자하기 319
45 저금리 무담보 정책자금 활용하기 320
46 사업자, 프리랜서의 소득인정금액 높이는 방법 329
47 무조건 이것 하나는 있어야 한다 334
[대출 상담 사례] 법인사업자로 아파텔 투자 338

7장 은행을 내 편으로 만드는 협상의 기술

48 금리의 구성을 먼저 파악하자 342
　[Tip] 부수 거래와 꺾기 영업 348
49 대출 승인을 부르는 상담 비법 349
　[Tip] 내 대출에 적극적으로 도움을 줄 은행원 찾는 방법 352
50 금융기관이 추가 정보를 요청할 때 355
51 상담 후 말이 없는 직원을 움직이게 하는 방법 359
52 금리 협상에도 타이밍이 있다 361
53 금리인하요구권 활용하기 365
54 불가능을 가능하게 만드는 힘 368
[대출 상담 사례] 포기란 없다 371

1장

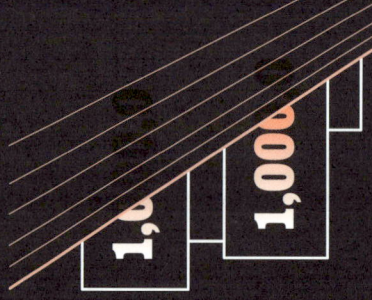

대출의
힘

01
한 걸음 나아가게 만들어준 대출

영업왕에서 백수로

대학 시절, 나는 20대의 혈기를 통제하는 방법을 몰랐고, 대학교에서 성실하게 취업 준비를 하기보단 쉴 새 없이 이벤트만 찾아다녔다. 쉽게 말해 노느라 바빴다. 그러니 취업이 제대로 될 리가! 그러다 27세의 나이에 '보험설계사'라는 직업을 갖게 되었다. 원하면 누구나 가질 수 있는 직업이었지만, 성과에 따라 큰돈을 벌 수 있다는 것이 매력적이었다.

나는 돈 버는 일에 엄청난 열정을 쏟았다. 밤잠도 줄여가며 정말 최선을 다해 일했다. 덕분에 '영업왕'도 될 수 있었다. 하지만 그 기간은 길지 않았다. 풋내기 사회초년생은 좋은 생활 습관도, 업무 요령도 갖고 있지 않았다. 어느 순간 찾아온 번아웃과 함께 실적이 쭉 내리막을 타더니 결국 조직에서 튕겨져 나왔다. 영업 전선에 뛰어든 지 1년 6개월 만의 일이었다. 그때 내게는 일을 다시 할 수 있느냐 마느냐 따위가 중요하지 않았다. 훨씬 더 큰 이슈가 있었다. 바로 여자친구(지금의 아내)가 근사한 직장에 취업을 한 것이다.

대한민국 사람들은 참 웃기다. 상대방이 원하지도 않는데 '중매쟁이'를 자처하며 결혼할 사람을 소개하는 일에 열을 올린다. 그런데 중요한 건 그 사람에게 남자친구가 있어도 크게 신경 쓰지 않는다는 것이다. 아니, 정확히 말하면 변변치 않은 남자친구라서 신경 쓰지 않는 듯했다. 애써 아무렇지 않은 척했지만 주변 사람들이 "긴장 좀 해. 그러다 여자친구 뺏긴다"라고 이야기할 때마다 마음이 너무나 불안했다. 서둘러 취업 준비에 나섰고, 그때 내 나이 29세였다.

취업준비생이었던 나를 괴롭힌 것 중 하나는 바로 '돈'이었다. 나이도 먹을 만큼 먹었으니 부모님에게 용돈을 받을 수도 없었고, 부모님에겐 그럴 만한 여유도 없었다. 그래서 나는 취업 준비를 하는 동시에 아르바이트를 해야만 했다.

취업은 너무나 어려웠다. 취업 준비에 하루를 전부 쏟는 사람과 아르바이트를 병행하며 준비하는 사람은 결코 경쟁이 되지 못했다. 30세가 될 때까지 자기소개서 한 번 통과하지 못하자 점점 사람을 만나는 것이 싫어졌다. 나의 부족하고 못난 모습을 누구에게도 들키고 싶지 않았다.

나는 그때 '눈앞이 캄캄하다'라는 말의 의미를 정확히 깨달았다. 미래가 조금도 그려지지 않았다. 마치 암흑으로 뒤덮인 터널에 갇힌 것 같은 느낌이었다. 괴로운 나날의 연속이었다. 하루라도 빨리 그 터널에서 벗어나야만 했다.

대출금으로 산 시간

어느 날 문자 한 통을 받았다. 보험사의 문자였다. 설계사가 바뀌었다는 단순한 내용이었지만, 한때 보험사에 몸담았던 내 머릿속에는 한 가지 아이디어가 떠올랐다.

'보험약관대출!'

나는 어머니가 물려주신 보험을 꾸역꾸역 유지하고 있었고, 그렇게 유지한 보험에는 적립금이 쌓여 나에게 내어줄 수 있는 '약관 대출금'이 있었다. 정상적으로 소득 신고를 하는 직장에 근무하고 있지 않았던 나는 어디에서도 대출을 받을 수 없었다. 하지만 보험약관대출은 신용과 상관없이 나의 보험 계약을 담보로 하는 것이기에 100% 대출이 가능했다.

나는 이 굴레에서 벗어나야 한다는 생각에 보험사에 대출을 최대한도로 요청했고, 얼마 후 내 통장에는 500만 원이 입금되었다. 이 선택이 내 인생을 바꿔놓을 거라고 누가 상상이나 했겠는가.

나는 그동안 평일과 주말에 2개의 아르바이트를 했다. 500만 원은 평일 아르바이트를 그만두더라도 5~6개월 정도를 버틸 수 있는 수준의 돈이었다. 나는 곧바로 평일 아르바이트를 정리하고 아르바이트를 핑계로 외면하고 있었던 각종 취업 프로그램을 찾아보았다. 그리고 무조건 5개월 내에 취업하는 것을 목표로 잡고, 본격적으로 취업 준비를 시작했다.

  백수가 이자율이 8%나 되는 대출을 받는다고 하면 미친놈이라고 손가락질을 하는 사람도 있을 것이다. 하지만 나는 대출금으로 산 시간 덕분에 단 3개월 만에 은행에 취업할 수 있었다. 물론 연이율 8%의 500만 원이라는 대출금은 아무것도 없는 내게 엄청난 부담이었다. 그러나 취업 후 단 3개월 만에 전부 상환했고, 보험도 유지할 수 있었다. 이것이 바로 내가 대출의 힘을 절실하게 느낀 첫 번째 경험이었다.

Tip

보험약관대출 활용하기

보험약관대출이란, 쉽게 말해 내가 이미 가입한 보험의 해지환급금을 담보로 돈을 빌리는 것을 의미한다. 흔히 '보험계약대출'이라고도 부른다. 이 방식은 신용등급에 영향을 주지 않으면서도 신속하게 자금을 마련할 수 있다는 점에서 인기가 많다.

이미 내가 낸 보험료가 쌓여 형성된 해지환급금이라는 명확한 담보가 있기 때문에 별도의 복잡한 심사 과정이나 추가 서류 제출이 필요하지 않다. 보험사 애플리케이션(이하 '앱')이나 홈페이지에서 몇 번의 클릭만으로 바로 신청할 수 있고, 신청 즉시 계좌로 입금되는 경우가 대부분이다.

금리는 일반 신용대출에 비해 비교적 낮지만 담보대출보다는 약간 높게 책정된다. 보통 보험사의 공시이율에 일정 비율을 가산해 결정된다. 또 중도상환수수료가 전혀 없기 때문에 짧은 기간 급전이 필요한 경우 특히 유리하다.

하지만 주의할 점도 있다. 보험약관대출은 해지환급금의 일정 비율(대개 50~95%) 내에서만 가능하기 때문에 가입 기간이 짧거나 환급금이 적다면 기대보다 훨씬 적은 금액만 빌릴 수 있다. 또한 이자를 갚지 않고 장기간 방치할 경우, 이자가 계속 쌓이면서 결국 내가 가입한 보험의 보장 혜택이나 환급금이 줄어들 수 있으니 신중하게 이용해야 한다.

02
로또청약이 준
패배감

친구의 로또청약 당첨 소식

나는 결혼과 동시에 집을 샀는데, 이 과정에서 대출은 다시 한번 큰 도움을 주었다. 은행의 대출 담당자였던 나는 대출을 많이 받을 수 있는 방법을 알고 있었고, 각종 규제의 빈틈을 찾아 우리가 사는 집의 110%를 초과하는 대출을 받아냈다. 지금은 규제가 강화되어 불가능하지만, 그 당시에는 신용대출과 사내대출, 모기지 보험 등을 활용하면 가능했다.

소위 '영끌'을 하면 원금과 이자 때문에 생활이 되느냐고 묻고 싶을 것이다. 이 모든 것을 감안해 적당한 집을 매수했고, 절약을 하면서 추가 소득을 올리기 위해 최선을 다했다. 그렇게 대출 덕분에 내 집이 주는 안정감을 느낄 수 있었다.

9	근저당권설정	2019년2월28일 제4506호	2019년2월28일 설정계약	채권최고액 금120,000,000원 채무자 오혜█ 경기도 ███ ██ ███-██ ███ 근저당권자 ███████████ ██████ 서울특별시 █████ ████████ (█████████████)
10	근저당권설정	2019년2월28일 제4507호	2019년2월28일 설정계약	채권최고액 금72,000,000원 채무자 오혜█ 경기도 ███ ██ ███-██ ███ 근저당권자 ███████████ ██████ 서울특별시 █████ ████████ (█████████████)
11	근저당권설정	2019년2월28일 제4508호	2019년2월28일 설정계약	채권최고액 금36,000,000원 채무자 이동영 경기도 수원시 ███ ███-██ 102, ████ █████████ 근저당권자 ████████████ ██████-███████ 경기도 수원시 ███ ███-██ 130(인계동)

▲아파트 잔금 당일 3개의 근저당권이 설정된 이례적인 사례

한때 부동산 시장이 상승장임에도 불구하고 분양가상한제로 발생한 '로또청약'에 사람들의 관심이 극에 달했다. 당첨되면 많게는 10억 원까지 상승하는 경우도 있었다. 그러니 일개 회사원이었던 나와 내 친구 역시 일확천금이 걸린 로또청약을 보고만 있을 수 없었다. 우리는 같은 단지 청약에 도전했다.

하루는 그 친구와 회사 생활의 고단함을 토로하며 술잔을 기울였다. 함께 마신 맥주는 참 맛있었고, 서로 위로를 주고받으며 기분 좋게 파이팅을 외치고 헤어졌다. 그런데 두 시간 뒤 그 친구에게서 청약 당첨 소식을 전해 들었다. 두 시간 전까지만 해도 술값을 더치페이하던 친구의 순자산은 갑자기 10억 원이 되었고, 나는 변한 것이 아무것도 없었다.

> **Tip**
>
> **모기지 보험과 방공제**
>
> 모기지 보험(Mortgage Insurance)이란, 대출을 해주는 금융기관을 보호하기 위한 보험이다. 즉, 대출자가 대출금을 갚지 못했을 경우를 대비해 금융기관의 손실을 줄여주는 역할을 한다.
>
> 모기지 보험 중 일부는 이미 사용자들에게 널리 알려져 있다. 바로 방공제와 관련된 MCI(Mortgage Credit Insurance)다. 즉, 은행은 MCI에 가입함으로써 대출 금액을 보호받을 수 있으니 굳이 방공제를 하지 않고 고객에게 돈을 빌려줄 수 있다.
>
> 방공제란 주택담보대출을 실행할 때 대출 한도에서 일정 금액을 미리 차감하는 것을 말한다. 일정 금액은 주택임대차보호법에서 정하는 '소액임차보증금'으로 임차인의 권리를 보호하기 위한 제도다.
>
> 소액임차보증금은 지역에 따라 다르게 정해지며, 2025년 8월 기준 서울은 5,500만 원, 경기도는 4,800만 원, 광역시는 2,800만 원이다. 단, 같은 시라도 구·동별로 보증금이 다를 수 있으니 '인터넷등기소'에서 확인해보자.

불가능을 가능으로 만들다

자본주의의 잔인함을 몸소 깨닫고 미친 듯이 부동산 공부를 했다. 그런데 문제가 하나 있었다. 지금 내 수중에는 당장 투자할 돈이 없었다. 모아두었던 돈은 전부 집을 사는 데 사용했고, 주택담보대출과 신용대출의 원리금을 갚아야 해 추가로 종잣돈을 만들 수도 없었다.

그 무렵 우연히 조회해본 캐피탈대출은 생각보다 높은 한도로 대출을 받을 수 있었지만, 문제는 금리였다. 바로 계산기를 꺼내 대출을 받아 투자하면 얻을 수 있는 수익과 그로 인해 발생하는 이자를 비교해보았다. 그동안 철저하게 공부한 바에 따르면 100% 이기는 게임이었다. 투자하지 않으면 바보였다. 그럼 매월 발생되는 이자는 어떻게 해야 할까? 나는 이렇게 생각했다.

'그래! 2년 치 이자만큼 대출을 더 받자!'

취업준비생 시절에도 그랬듯 대출은 이자라는 대가를 치러야 하지만 '아무것도 할 수 없는 환경'을 '무엇이든 할 수 있는 환경'으로 바꿔주었다. 그리고 잠을 아껴가며 했던 부동산 공부와 노력은 절대 나를 배신하지 않았다. 2년 뒤 그동안의 대출이자를 충분히 상회하고도 남을 만큼의 큰 수익을 거두었기 때문이다.

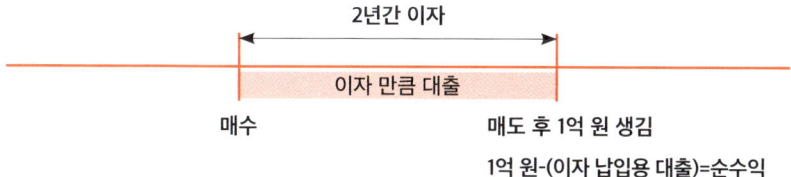

▲대출이자만큼 대출을 더 받아 기회를 잡았다.

나는 이 경험을 통해 자본주의라는 게임에서 유리한 위치에 설 만큼 레벨 업을 이루었다. 그리고 이 경험은 이후 투자와 사업에 수많은 영감이 되었다. 자본주의 사회를 살아가면서 대출이 무서워 아무것도 하지 않으면, 이를 발판 삼아 앞으로 나아가는 사람들에 비해 상대적으로 빈곤해질 수밖에 없다. 화폐 가치는 시간이 흐를수록 추락하기 때문이다. 가치 하락에 적극적으로 대항하려면 물가상승률을 상회하는 금융 상품과 투자처를 끊임없이 고민하고, 무엇보다 대출을 잘 이용해야 한다.

03

대출이라는
지름길

소득 공백의 두려움을 깨라

　자본주의라는 게임에서 승률을 높일 수 있는 방법을 깨달은 나는 자연스럽게 사업에 관심을 갖게 되었다. 남의 주머니에서 돈을 꺼낼 수 있다면 자본주의에서 살아남을 수 있는 엄청난 무기를 갖게 되는 것이기 때문이다.

　나는 직장을 다니면서 영상촬영업과 교육서비스업의 사업자를 보유하고 있었다. 어느 날 신용보증재단의 보증을 받으면 무담보대출을 받을 수 있다는 사실을 알게 되었다. 현금이 필요한 시기였기에 바로 대출을 신청했고, 연 2.2% 금리로 2,000만 원을 대출받았다.

　1년이면 대출이자가 44만 원이다. 분명 '굳이 대출을 받아 1년에 44만 원이라는 이자를 낼 필요가 있어?'라고 생각하는 사람도 있을 것이다. 이들은 절약만이 돈을 버는 행위라고 생각할 것이다. 하지만 투자나 사업을 하는 사람의 생각은 다르다. 그들은 시간을 버는 것이 곧 돈을 버는 일이라고 생각한다. 자본을 불릴 방안을 궁리만 하기에도 시간이 부족하기 때문이다. 그런데 그런 소중한 시간을 연 44만 원, 월 4만 원에 살 수 있다면? 그들은 분명 월 4만 원을 투자해 그보다 훨씬 큰 수익을 거두어들일 것이다.

사업자대출은 원칙적으로 사업을 위해 쓰여야 한다. 하지만 건당 1억 원 미만의 사업자대출은 사업 목적에 꼭 맞지 않아도 회수하지 않는다. 즉, 통장에 유동자금으로 남겨둘 수 있는 것이다. 이는 향후 사업 확장 기회가 왔을 때 사업을 키울 수 있는 소중한 자원으로 쓰일 수 있다.

많은 사람이 자기만의 사업을 꿈꾸지만 쉽게 도전하지 못한다. 가장 큰 이유는 퇴사가 가져올 소득 공백 때문일 것이다. 소득 공백이 주는 두려움은 생각보다 크다. 퇴사를 결정했을 당시 이미 회사 월급을 상회하는 수익을 내고 있던 나조차도 두려움에서 완전히 벗어나지 못했다. 그럼에도 내가 퇴사를 결심할 수 있었던 이유는 '연봉만큼의 사업자대출'이었다.

퇴사를 망설이고 있는 이유가 월급뿐이라면 사업자대출을 고려해보기 바란다. 고민거리를 간단히 해결할 수 있는 방법이 있는데도 망설여진다면 아직 사업을 할 준비가 되지 않았다는 뜻이다.

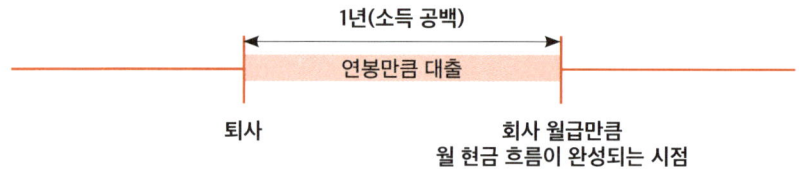

▲회사 연봉만큼 대출을 받으면 소득 공백을 줄일 수 있다.

사업을 하는 사람이라면 대출을 활용할 줄 알아야 한다. 사업을 잘 모르거나 제대로 해본 적 없다면 '대출은 위험한 것'이라고 생각할 수 있다. 하지만 사업을 할 때 위험한 것은 유동자금이 없는 상황이다.

방법을 알면 지치지 않는다

30세 백수의 통장에 500만 원의 대출금이 입금되었고, 그로부터 5년 뒤에 인생이 완전히 달라졌다. 대출이 아니었다면 취업이 훨씬 늦어졌거나 급한 마음에 아무 회사에나 들어갔을 것이다.

부동산 투자에 눈을 뜬 시점에는 가지고 있는 현금이 없어 좋은 투자처들을 놓치고만 있었다. 그러나 1년을 꼬박 모아야 겨우 만들 수 있는 종잣돈을 대출로 마련해 투자했고, 그 결과 5년 동안 모을 돈을 단 2년 만에 벌어들였다.

또 부동산 하락기로 더 이상 투자 활동을 이어나가기 힘들었던 시기에는 사업자대출을 활용해 안정적인 부수익을 만들 수 있는 환경을 구축했다. 그래서 보통의 직장인들이 전업 투자자로 은퇴하는 나이보다 10년 정도 빠르게 사업체를 꾸려 독립할 수 있었다. 대출을 활용하자 남들보다 빠르게 목적지에 도착했다. '지름길'을 발견한 것이다. 대출을 통해 그야말로 인생이 역전되었다.

  1시간 뒤에 물을 마실 수 있다는 확신이 있을 때와 언제 물을 마실 수 있을지 알지 못할 때의 감정은 지극히 다를 수밖에 없다. 나는 언제 물을 마실지 잘 알고 있는 상태로 사막을 걸었다. 눈앞의 오아시스를 볼 수 있었기에 다른 사람들보다 훨씬 더 에너지 넘치게 앞으로 나아갈 수 있었다. 갈증이 곧 해소될 거라는 확신이 있으면 목마름이 잊히기도 한다.

  대출을 너무 부담스럽게 생각하지 말자. 대출을 활용해 번 시간과 돈을 무언가에 투자하는 것이 일상이 되면 어느 순간 당신의 이름 앞에 '투자의 귀재'라는 수식어가 붙을 것이다. 나 역시 그런 삶을 꿈꾸며 대출에 대한 지식을 쌓고 또 쌓았다. 여전히 의심스럽다면 내가 하는 이야기에 더욱 집중하기 바란다. 의심이 확신이 되는 순간 더 큰 용기를 낼 수 있을 것이다.

04

뒤처지지
않으려면

갈수록 복잡해지는 금융정책

 '금융위원회'라는 기관이 있다. 국무총리의 직속 중앙행정기관으로, 금융정책을 총괄한다. 국내의 모든 금융회사와 공공금융기관의 정책을 담당하기 때문에 대부분의 대출 규제는 금융위원회를 통해 추진된다. 이 이야기를 하는 이유는 여러분이 한 번쯤 금융위원회 홈페이지(fsc.go.kr)에 들어가봤으면 좋겠다는 생각이 들어서다. 홈페이지에 접속한 뒤 [정책마당] → [금융정책]을 클릭하면 그들이 얼마나 촘촘하게 금융제도를 관리하고 있는지 엿볼 수 있다.
 그런데 금융위원회가 열심히 일할수록 금융제도는 더욱 복잡해진다. 한번 만들어진 금융제도는 사라지지 않고 남기 때문이다. 자본주의 사회

▲금융위원회 홈페이지

에서 가장 대표적인 금융인 대출도 마찬가지다. 시기에 따라 그 규제 정도가 완화되는 경우는 있어도 완전히 사라지는 경우는 없다.

그래서 벌어진 현상이 있는데, 그중 하나는 사람들의 대출 지식수준 향상이다. 과거에 내가 처음으로 은행 창구 자리에 앉았을 때만 해도 많은 사람이 LTV(Loan to Value Ratio, 담보인정비율)에 대해 잘 몰랐고 관심도 없었다. 하지만 지금은 대출을 받으러 오는 사람 중에서 LTV를 모르는 사람이 거의 없다.

이는 단순히 규제가 강화되었기 때문이 아니라, 예전보다 온라인 환경이 발전했기 때문이다. 온라인을 통해 이해하기 쉽게 가공된 정보가 빠르게 확산되고 있다. 그래서 나는 주위 사람들에게 늘 긴장해야 한다고 말한다. 예전에는 대출을 잘 활용할 줄 아는 사람이 많지 않았지만, 지금은 다르다. 많은 사람이 대출을 활용해 자산을 늘리는 방법을 알고 있다. 전망이 좋은 저평가된 자산들은 모두 그들의 몫이 될 가능성이 크다.

반면 대출에 대해 아무것도 모르는 사람들은 얼마나 많은 금액을 빌릴 수 있는지, 나에게 적합한 상품이 무엇인지도 모르는 상태로 자산의 가격이 오르면 쉽게 포기해버린다. 어떤 사람이 대출이자를 갚다가 결국 망했다는 이야기를 들으면 자신의 판단이 옳았다고 생각하기도 한다. 단 한 번도 대출을 활용하지 않고, 대출로 얻을 수 있는 이익을 외면해버리고 마는 것이다.

많이 아는 사람을 절대 이길 수 없다

내가 은행 창구에서 근무할 때 겪은 일이다. 대출 규제 때문에 주택담보대출을 받아 집을 사는 것이 어려워지자 사람들은 편법을 사용하기 시작했다. 바로 '임대사업자'를 만드는 것이었다. 누구든 임대사업자를 만들면 사업자대출을 받을 수 있었는데, 그것으로 집을 살 수 있었다. 그 당시 정부가 내놓았던 가계대출 규제를 무산시키는 편법이었다.

당연히 이런 편법은 오래가지 못했다. 마침 집값이 상승하는 시기였기에 정부는 부동산 관련 사업자를 내는 사람들을 투기 세력으로 규정하고 아예 대출을 받지 못하게 만들었다. 그렇다면 사람들은 투자를 포기했을까? 그렇지 않았다. 대출 규제를 공부한 사람들은 '부동산 관련 사업자'를 피해 일반 '도소매', '운송' 등의 사업자를 만들어 그것으로 대출을 받아 집을 샀다. 이에 정부는 규제지역 내 아파트를 매수할 때는 부동산사업자뿐 아니라 일반사업자도 대출을 받지 못하게 만들었다.

그럼 이번에는 사람들이 포기했을까? 역시나 아니었다. 투기과열지역의 부동산을 더 이상 편법으로 사지 못하게 만드니 '일반 법인'을 만들어 그다음에 오를 비규제지역을 공략하기 시작했다. 금융기관은 부동산사업자가 아닌 사람에게는 적용할 수 있는 규제가 별로 없었고, 고객이 아파트를 구매해 사업을 한다고 하니 그저 규정대로 대출을 80%씩 해줄 수밖에 없었다.

다시 말해 일반사업자를 대상으로 전국의 모든 규제지역에서 주택을 매수하지 못하도록 대출을 막자 비규제지역 매수에 나선 것이다. 그럼 대출이 80%까지 나오니까. 그때 내 창구에 몰려든 사람들이 바로 1인 법인이었다. 그 당시에는 세금 규제도 강력했는데, 법인으로 주택을 매수하면 세금 걱정 없이 투자할 수 있었다.

이후 비규제지역에도 일반사업자에 대한 대출 규제가 생겼는데, 거기까지 걸린 시간이 3개월도 채 되지 않았다. 그 짧은 기간에 규제의 틈을 알고 있던 사람들은 신나게 법인사업자로 아파트를 매수한 것이다. 그 기간 동안 나 혼자 취급한 대출이 300억 원 정도였다.

더 많은 기회를 잡고 싶다면 반드시 대출 지식을 익혀야 한다. 본인의 대출 한도를 계산할 수 있으면 현재 상황에서 최선의 선택지가 무엇인지 알 수 있다. 그러면 더 큰 꿈과 목표를 위해 준비해야 하는 것들까지 명확해진다.

05
돈은 빚이다

돈이 불어나는 원리

 돈은 빚이다. 빚은 대출금을 의미하니 '돈은 대출금이다'라고 표현할 수 있다. 무슨 소리인지 감이 잘 오지 않는다고? 여러분의 자유 입출금식 통장에 소중하게 들어 있는, 내 것이라고 생각하는 바로 그 돈이 대출금이라는 이야기다.

 처음으로 은행에 현금을 맡긴다고 상상해보자. 당신이 그 은행을 선택한 건 '이곳은 내 돈을 떼먹지 않고 안전하게 보관해줄 거야'라고 생각했기 때문이다. 그래서 당신은 그 돈을 다시 뺄 생각이 없다.

 당신의 돈을 보관하고 있는 은행은 수익을 내야 하기 때문에 그 돈을 누군가에게 빌려줄 것이다. 그 누군가를 '사업가'라고 하자. 그 사업가는 받은 대출금으로 본인의 사업을 위해 강의를 듣거나 책을 살 수도 있다. 아니면 직원을 추가로 고용해 그에게 월급을 줄 수도 있다. 그렇게 사업가가 받은 대출금은 다시 누군가의 계좌에 들어가게 된다. 그리고 그 돈을 여러분의 친구가 받았다고 가정해보자.

당신의 돈 → 은행(채권자) → 사업가(채무자) → 친구

돈이 생긴 당신의 친구는 당신과 마찬가지로 돈을 안전하게 보관하고 이자 수익을 얻고자 은행에 돈을 맡긴다. 분명 당신의 돈이 흐르고 흘러 마지막에 친구에게 도착했는데, 여전히 당신의 계좌에 돈이 들어 있다. 게다가 친구의 계좌에도 돈이 들어 있다. 이것이 바로 신용창조다. 금액을 특정해 다시 한번 돈의 흐름을 살펴보자.

당신이 은행에 맡긴 돈(1,000만 원) → 은행(1,000만 원) →
사업가(900만 원) → 친구(900만 원) → 은행(900만 원)

*은행이 사업가에게 1,000만 원을 모두 빌려주지 않은 것은 비상금을 마련하기 위해서라고 가정하자.

그렇다면 친구가 은행에 맡긴 900만 원은 가만히 있을까? 그렇지 않다. 또 다른 사업가에게 대출해줌으로써 다시 신용창조가 반복된다. 즉, 당신이 은행에 맡긴 1,000만 원이 수십 배, 수백 배로 불어날 수 있다는 것이다.

이런 일이 가능한 건 은행에 돈을 맡기는 것을 당연하게 여기고 안전하다고 믿는 사람들이 존재하기 때문이다. 그렇게 믿음이라는 것을 담보로 수많은 대출이 발생한다. 그러니 통장에 있는 그 돈을 활용하지 않으면 손해를 보게 될 테니 대출과 다를 게 뭐가 있겠는가. 지금 이 순간 '잠깐! 손해라니? 통장에 있는 돈을 쓰지 않으면 원금이 보존되는 거잖아'라고 생각한 사람이 있을 것이다. 자, 이제 다음 이야기를 하기에 적절한 타이밍인 것 같다.

가만히 있다간 벼락거지

'신용창조가 어떻든 내가 가진 현금을 쓰지 않고, 이자를 내고 있지 않다면 중요하게 생각할 필요가 없는 것 아닌가?'

이것이 일반적인 생각이다. 하지만 현실적으로는 손해다. 충격적이겠지만 조금만 생각하면 그 이유를 알 수 있다.

돈은 대출을 이용하는 사람에 의해 계속해서 불어날 것이다. 또한 누군가는 대출을 이용해 좋은 자산을 매입할 테니 내가 평소 갖고 싶었던 좋은 자산들의 가격은 상승할 수밖에 없다. 개수가 줄어들 테니까. 게다가 그들이 좋은 자산을 매입하면서 대출을 활용했으니 또다시 돈 복사, 즉 신용창조가 발생한다.

그렇게 누구든 금융회사와 거래하는 횟수가 늘어나면 시중에 돌아다니는 돈의 양은 계속 증가한다. 부동산 활황기처럼 그 거래 속도가 빨라지면 돈은 더욱 흔해지고, 시장에서 인정하는 그 가치는 더 빨리 하락한다. 파는 사람 입장에서는 자신이 받을 수 있는 돈의 가치가 하락하니 돈을 더 많이 받아야 할 것이다.

나는 사본 적도 없는 자산의 가격이 계속 오르는 이유가, 내가 가진 돈의 가치가 시간이 흐를수록 별 볼 일 없어지는 이유가 대출을 받아 좋은 자산을 사는 사람들 때문이라니 얼마나 억울한가. 물론 이 이유가 전부는 아니다.

결국 '돈은 빚이다'라는 것을 인정하지 않으면 당신은 계좌에 있는 소중한 돈이 절대적으로 보존되는 가치라고 착각할 수 있다. 그러나 현실은 오히려 반대다. 당신이 계좌의 돈을 끌어안고 아무것도 보려 하지 않는다면 끝없이 대출을 이용하는 사람들에 의해 그것을 잃게 될 것이다.

06
대출과 부동산의 관계

은행이 제일 선호하는 담보

 대한민국에 살면서 부동산 이야기를 한 번도 해본 적 없는 성인은 한 명도 없을 것이다. 심지어 초등학생도 친구들과 부동산 이야기를 나눈다고 한다. 그만큼 부동산은 중요한 자산이다. 그리고 부동산은 대출을 이용해 매입할 수 있는 '좋은 자산'이다.

 부를 이룬 모습을 상상해보자. 상상 속에서 여러분이 서 있는 곳은 어떤 곳인가. 바퀴벌레가 나올 것 같은 허름한 곳인가, 아니면 멋진 뷰가 보이는 고층 건물인가. 솔직히 고층 건물이 아니어도 상관없다. 그저 좋은 삶은 좋은 거주 환경과 연결시키지 않을 수 없다는 사실을 말하고 싶었다.

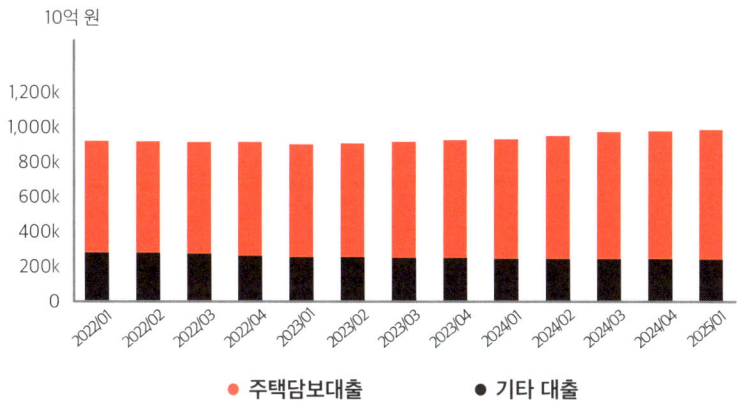

▲예금 가능한 국내 은행들의 주택담보대출과 기타 대출의 비율
출처: 한국은행경제통계시스템

자녀가 있다면 더욱 공감할 것이다. 주변 환경은 인간의 삶에 엄청난 영향력을 행사한다. 그래서 부동산은 우리 모두에게 중요하다. 더구나 주거용 부동산은 없으면 안 되는 필수재이기 때문에 특별한 요인이 없다면 그 가치는 쉽게 하락하지 않는다. 그리고 이것이 대출과 굉장히 밀접한 관련이 있다.

주거용 부동산을 담보로 돈을 빌리는 사람은 집을 잃지 않기 위해 어떻게든 대출을 갚으려고 한다. 대출을 갚지 못한다 해도 담보로 설정한 집을 팔면 대출을 상환할 수 있을 정도의 자금이 마련되니 회수가 가능하다. 따라서 은행은 부동산, 특히 주거용 부동산을 가장 선호한다. 이런 이유로 우리나라의 은행대출 중 주택담보대출 비중이 약 75%를 차지하고 있다. 바로 이것이 대출과 부동산을 떼어놓고 생각할 수 없는 이유다.

대출과 부동산의 관계

극단적으로 모든 은행이 갑자기 신규 대출을 하지 않겠다고 선언하면 어떻게 될까? 부동산을 담보로 대출을 받고 부족한 돈만 준비하면 되었던 기존과 다르게 모든 부동산을 '현금'으로 사야 하는 상황이 되면 어떻게 될까?

현금이 없는 사람은 부동산을 살 수 없을 테니 수요가 감소할 것이고, 어차피 만들어봤자 팔리지 않을 테니 공급자(시행사, 건설사)들은 더 이상 부동산을 공급하지 않을 것이다. 수요가 감소해 일시적으로는 거래가 감소하고 가격이 하락할 수 있으나 많은 사람이 아파트와 같은 필수재가 더 이상 늘어나지 않는다는 사실을 깨달으면 그 순간부터 가격은 미친 듯이 치솟을 것이다.

이번에는 반대 상황을 극단적으로 가정해보자. 영화〈어벤저스〉처럼 갑자기 인구의 절반이 사라졌고, 그들의 집을 남아 있는 사람들이 거주 목적으로 활용할 수 있다고 가정하자. 그럼 무슨 일이 벌어질까?

들어가 살 수 있는 집이 굉장히 많아지니 그동안 누군가가 팔겠다고 내놓은 집들의 가치는 급격히 떨어진다. 비싼 돈을 지불하지 않아도 살 수 있는 집이 있으니 당연한 결과다. 그러면 집을 매수하는 사람들이 줄어들 테니 은행대출에서 가장 많은 부분을 차지하는 주택담보대출 수요가 줄어들고, 은행은 가장 큰 파이프라인을 잃게 되어 심한 경우에는 파산하는 곳이 생길 수도 있다.

앞서 신용창조에 의해 돈이 불어난다고 이야기했다. 촘촘하게 얽힌 신용 관계 속에서 하나의 은행이 사라진다면 사람들은 불안에 떨며 은행을 믿지 못하게 될 것이다. 그로 인해 너도나도 은행으로 달려가 맡긴 돈을 인출하려 한다면 어떤 일이 벌어질까? 이것이 바로 '뱅크런'이며, 신용창조 시스템에 의해 줄줄이 이어져 있던 모든 은행이 파산 위기에 빠질 수도 있다.

이와 같이 대출 시장과 부동산 시장은 밀접한 관련이 있다. 따라서 대출에 대해 잘 알고 있으면 부동산 시장을 예측하는 데 큰 도움이 된다. 이는 '부'와 깊은 관계가 있으니 더 이상 대출에 대한 중요성을 강조할 필요가 없을 듯하다.

07
금리가 높아도, 낮아도 결국 대출

기회는 모두에게 똑같이 주어진다

 나라의 경제 규모가 커지고, 금융이 발달하면 시중에 통화량이 늘어나 돈이 흔해진다. 그럼 돈의 가치가 하락하고, 반대로 돈으로 살 수 있는 자산들의 가치는 상승한다. 그럼 가치가 올라 비싸진 것을 사람들에게 빌려줄 때의 가격을 어떨까? 그대로일까, 아니면 함께 오를까?

 집값이 올랐을 때 전월세 가격은 어땠는가. 일부 지역은 집값이 올라도 전월세 가격은 변동이 없을 수도 있다. 하지만 사람들이 선호하는 지역, 탐내는 아파트는 집값과 함께 전월세 가격이 상승한다.

 우리는 모두 기본적인 생활을 위해 집이 필요하기 때문에 집을 사거나 빌려야 한다. 그런데 사거나 빌리기 위해 지불해야 하는 금액이 점점 커진다. 그것과 비례해 월급도 오르면 좋겠지만, 보통 임금 상승률은 자산 가치 상승률보다 터무니없이 적거나 오히려 하락하기도 한다. 결국 계속 집에서 살고자 한다면 높은 확률로 대출을 활용해야 하는 순간이 반드시 찾아온다.

그렇다면 누군가는 싸게, 누군가는 비싸게 대출을 받게 될 텐데 여러분은 어느 쪽에 속하고 싶은가. 누군가는 대출을 활용해 기회를 잡고, 누군가는 아무것도 모른 채 찾아온 기회를 놓치게 될 텐데 어느 쪽에 속하고 싶은가.

단순히 '금리가 높을 때는 대출을 상환하고, 금리가 낮을 때는 대출을 받는다'라는 기준을 절대적으로 고수해서는 안 된다. 기본금리는 특정 사람이 아닌 모두에게 공평하게 적용된다. 따라서 같은 상황에서 누가 더 금리를 할인받느냐에 따라 월 비용이 달라지고, 누가 더 적절한 타이밍에 많이 빌리느냐에 따라 수익률이 달라진다.

결국 대출을 공부하는 건 돈을 버는 방법을 배우는 것이니 언제나 최신 정보를 업데이트해 바로바로 써먹을 수 있는 살아 있는 지식으로 가지고 있어야 한다.

여기까지 읽었음에도 대출이란 그저 나쁜 것 혹은 알 필요가 없는 것이라고 생각한다면 지금 당장 이 책을 덮길 바란다. 지금부터 대출을 활용해 부를 이룰 수 있는 방법을 다룰 건데, 대출에 대해 편견을 갖는다면 더 이상 이 책을 읽는 건 시간 낭비다.

대출 상담 사례

은혜 갚은 고금리

대출 상담을 하다 보면 기가 막힌 사례를 종종 듣게 된다. 평균 금리가 4%인데 한 고객만 2.9% 금리로 대출을 쓰고 있기에 어떻게 된 일인지 물어보았다. 그런데 철저하게 계산된 인사이트가 숨어 있는 것이 아닌가.

이 똑똑한 채무자가 대출을 사용한 시기는 2011년이었다. 그 당시 사람들은 부담스럽다는 이유로 대출을 받는 것을 꺼렸다. 집을 사려는 사람이 급격히 줄었고, 투자자들도 하나둘 손을 떼기 시작했다. 그런데 금융기관은 사람들에게 대출을 해주지 않으면 장사를 하지 못하는 구조이기에 어떻게든 고객을 끌어들이기 위해 역마진을 감수하면서까지 가산금리를 낮추었다. '이 사람만은 꼭 잡자'라는 심정으로 가산금리를 거의 0%까지 내린 케이스도 종종 있었다. 그 당시에는 고정금리를 선택한 사람이 대부분이었는데, 오르고 있는 금리를 조금이라도 낮게 잡아놓고 싶었기 때문이다.

똑똑한 채무자는 사람들이 대출이 무섭다며 움츠러들었을 때 시장을 정반대로 바라보았다. 부동산이 하락세로 접어들자 대부분의 사람은 매수를 포기했다. 하지만 그는 '지금이라면 건물주도 건물을 팔고 싶을 거야. 금리가 높아 수익률이 맞지 않거든'이라고 생각하고 주변 시세보다 훨씬 싸게, 말 그대로 가격을 후려쳐 꼬마빌딩을 매수했다.

물론 그 건물의 수익률은 형편없었다. 금리가 높으니 어쩔 수 없는 일이었다. 하지만 싸게 산 덕분에 그 리스크가 충분히 상쇄되었다. 중요한 것은 언젠가 금리가 다시 떨어질 거라 굳게 믿고 변동금리로 대출을 받았다는 사실이다. 실제로 몇 년이 지나자 기준금리가 내려가기 시작했고, 변동금리를 선택했던 그의 대출이자도 슬슬 내려가기 시작했다. 급기야 어느 날에는 대출금리가 예금금리 수준까지 떨어지는 희귀한 일이 벌어졌다.

내가 그와 대화를 나누며 놀란 건 은행에게 협상력이 있었던 시기였기에 매번 연장하기 귀찮다는 이유를 들며 이 엄청난 대출을 10년짜리로 받아놓았다는 것이다. 통상적으로 은행은 그때그때 유리한 포지션을 유지하기 위해 대출 상환 기간을 짧게 설정하는데, 이용해주는 것만으로도 감사한 시기에는 이렇게 길게 대출을 해주는 경우도 있다. 즉, 대출 실행 후에 10년 동안 저금리가 유지되어 별 이득이 없더라도 어쩔 수 없다. 약정 기간은 반드시 지켜야 하니까.

그런데 그게 끝이 아니었다. 금리가 내려가자 건물에서 나오는 순수익, 즉 현금 흐름도 덩달아 상승하기 시작했다. 세입자들에게 받는 월세는 그대로이지만 이자가 줄어드니 당연히 남는 돈이 많아졌다. 게다가 부동산 시장이 다시 회복세로 돌아서면서 꼬마빌딩의 시세 자체도 크게 올랐다.

정리하면, 그는 매수 시점에 건물을 싸게 구입해 향후 시세 차익을 확보했고, 금리 흐름을 꿰뚫어보아 운영 수익까지 함께 끌어올렸다. 게다가 길게 잡아놓은 상환 기간 덕분에 무려 10년 동안 이득을 누릴 수 있었다. 말 그대로 현금 흐름과 시세 차익이라는 두 마리 토끼를 동시에 잡은, 엄청난 성공 사례였다.

금리가 오른다고 해서 무조건 움츠러들 필요는 없다. 오히려 그 시기에 가산금리를 최소화하고 변동금리를 잘 세팅하면, 이후에 기준금리가 하락할 때 진짜 빛을 볼 수 있다. 남들은 겁을 내 주저할 때 누군가는 절호의 기회를 잡는다. 이는 절대 운만으로 되는 일이 아니다. 정확한 분석과 계산 그리고 두려움을 이겨내는 실행력이 뒷받침되어야 한다.

2장

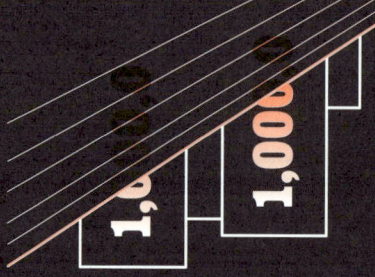

최소한의
대출 상식

08

기본 용어
짚고 가기

알쏭달쏭 대출 용어

나는 부동산 실수요자, 투자자, 개인 및 법인사업자에게 대출 강의를 하고 있다. 내가 강의할 때 강조하는 것이 하나 있는데, 대출은 학문처럼 접근해서는 절대 안 된다는 것이다. 우리는 대출 자격증 공부를 하는 것이 아니다. 엄청난 이자를 지불하고 사용할 대출 실무에 필요한 정보를 알아야 한다. DSR(Debt Service Ratio, 총부채원리금상환비율)의 의미를 완벽하게 알아도 정작 자신의 대출 한도를 계산할 줄 모른다면 아무런 의미가 없다. 그렇다고 해서 너무 걱정하지 말자. 당장 자신에게 닥친 상황을 적극적으로 해결해 나가겠다는 마음가짐만 있다면 자연스럽게 공부가 된다.

다만 대출을 제대로 활용하기 위해 꼭 알아두어야 하는 용어가 있다. 지금부터 하나하나 살펴보자.

① 채무자와 채권자

채무자는 돈을 빌린 사람, 채권자는 돈을 빌려준 사람이다. 채무자는 돈은 빌렸으니 돈을 갚을 의무가 있고, 채권자는 빌려준 돈을 돌려받을 권리가 있다. 다만 실무에서는 사람에 한정하지 않고 기업도 채무자, 채권자라고 표현한다.

② 보증인과 담보제공자

보증인은 채무자가 돈을 갚지 않았을 경우 대출금을 대신 상환할 것을 서면으로 약속한 사람을 의미한다. 현재 개인 대출을 개인이 보증하는 제도는 거의 사라진 상태이지만, 법인이 대출을 받는 경우에는 여전히 대표자 또는 관계인들이 보증을 서는 경우가 많다. 이와 같이 보증인이 있으면 은행의 대출 승인 가능성이 높아진다.

담보제공자는 담보(일반적으로 부동산)를 제공한 사람을 의미하며, 채무자와 항상 일치하지는 않다. 즉, A가 대출을 받을 때 B가 담보를 제공할 수 있다. 이 경우 A가 돈을 갚지 않으면 A의 신용에 문제가 생기는 것은 물론, B의 담보가 경매 시장에 넘겨질 수도 있다.

③ 신용평점과 신용평가회사

신용평점은 나의 신용도를 종합적으로 평가해 점수화한 것으로 '신용점수'라고도 한다. 쉽게 말해 대출을 갚을 수 있는 능력을 숫자로 나타낸 것이다. 은행은 상담만으로 돈을 빌리려 하는 사람의 신용을 정확하게 파악할 수 없다. 따라서 신용평가회사의 데이터를 기반으로 대출 가능 여부를 결정한다. 즉, 신용평점은 신용평가회사의 신용평점을 의미한다. 대표적인 신용평가회사로는 나이스크레딧(NCB)과 코리아크레딧뷰로(KCB)가 있다.

④ 대출 심사와 연장

대출 심사는 대출을 신청한 사람이 대출을 잘 갚을 수 있는지 확인하는 과정으로, 채무자가 은행을 방문해 상담을 받은 날부터 대출이 지급되는 날까지 행해진다. 따라서 금융기관 심사팀의 심사를 통과했다고 해서 대출이 100% 이루어지는 것은 아니다. 지급하는 순간까지 다양한 변수가 존재하기 때문이다.

우리는 은행으로부터 대출을 받을 때 언제까지 대출을 갚을 것인지 만기일을 정한다. 대출 연장은 대출만기일을 뒤로 미루는 것인데, 은행의 내부 심사를 통과해야 한다. 대출을 연장할 때는 새로운 대출을 받을 때와 다르게 비교적 완화된 심사 과정을 거친다. 이미 은행과 거래를 하고 있으므로 기본적인 신뢰가 형성되어 있기 때문이다. 신용대출은 은행 앱을 통해 비대면 연장이 가능하고, 일부 금융기관은 담보대출까지 지점

방문 없이 연장해주기도 한다.

단, 이자를 제때 내지 않은 적이 있거나 신용점수가 많이 하락했거나 담보물의 가치가 많이 떨어졌다면 이야기가 달라진다. 이때는 신규 대출처럼 꼼꼼하게 심사하고, 때로는 연장 불가 판결이 나기도 한다.

⑤ 근저당권

근저당권은 등기사항전부증명서(등기부등본)에 기록되는 대표적인 권리 중 하나로, 빌려준 돈을 돌려받지 못했을 때 담보를 경매에 넘겨 돈을 회수하는 권리다. 참고로 근저당권을 부여하는 주체는 돈을 빌리는 사람이다.

담보대출을 받을 경우 은행과 연계된 법무사는 은행의 권리를 등기사항전부증명서에 기록해야 하기 때문에 부동산(담보물) 소유자인 나에게 관련 서류들을 요청한다. 서류에는 등기권리증, 위임장(법무사에게 내 부동산에 등기하는 것에 대한 위임), 주민등록초본, 신분증 사본 등이 포함된다.

⑥ 중도상환수수료

중도상환수수료는 채무자가 만기일 또는 특정일 전에 대출을 상환했을 때 발생하는 수수료를 말한다. '조기상환수수료'라고도 한다.

보통 신용대출은 중도상환수수료가 없다. 담보를 잡기 위한 담보 물건 시세 조사 행위, 법률적 행위를 하지 않으므로 그에 따른 비용이 발생하지 않기 때문이다. 그러나 담보대출의 경우에는 신용평가 시스템을 활용하는 것은 물론이고, 담보 물건의 시세 평가, 근저당권 확보를 위한 법무비용 등을 수반하기 때문에 채무자가 돈을 빌리고 바로 상환해버리면 은행이 대출해주면서 지출한 비용보다 받게 되는 이자가 적을 수도 있다. 따라서 이를 방지하기 위해 기준 시점을 설정해 그전에 상환할 시 중도상환수수료를 요구할 수 있다.

⑦ 한도약정수수료

한도약정수수료는 중도상환수수료와 같은 이유로 부가적인 비용이 발생하는 대출에 대해 수수료를 수취하되, 상환과 관계없이 대출을 취급함과 동시에 수취하는 수수료를 의미한다.

대표적인 경우를 예로 들면 마이너스 통장이 있다. 금융기관이 부동산을 담보로 잡고 1억 원을 대출해준다고 가정하자. 이때 마이너스 통장과 같이 한도를 지정하는 방식으로 대출을 취급하면 채무자가 그 한도 안에서 자유롭게 사용할 수 있다. 그런데 그때마다 중도상환수수료를 부과하는 것은 불가능하므로 애초에 본인들이 대출을 해주면서 사용한 비용들을 받아두는 것이라고 생각하면 된다.

> **Tip**
>
> **융자와 대출의 차이**
> 결론부터 말하면 융자와 대출은 큰 차이가 없다. 다만 융자는 돈을 빌린다는 관점이 아닌 자금을 융통한다는, 좀 더 포괄적인 개념을 담고 있다. 필요한 자금을 외부에서 조달해 자산이나 사업, 투자 등에 활용하는 행위를 일컫는다. 하지만 보통 대출과 같은 의미로 쓰인다.

09 대출의 종류

대출은 각각 여러 가지 특성과 속성을 가지고 있고, 속성 중 일부는 다른 상품과 중복되기도 한다. 대출의 종류를 알고 있으면 상황에 맞는 대출을 골라 최적의 한도를 부여받기 유리하고, 불필요한 이자를 내지 않을 수 있다.

1. 담보 유무에 따른 분류

① 담보대출

가장 대표적인 예는 주택담보대출이다. 금융기관이 돈을 빌려주는 조건으로 담보물을 요구한다. 금융기관 입장에서는 담보를 잡고 대출을 해주면 비교적 안전하니 낮은 금리를 적용하는 경우가 많다.

- 예시: 주택담보대출, 전세자금보증대출, 자동차담보대출, 토지담보대출 등
- 특징: 대출 한도가 크고 금리가 낮다. 상환 의무를 지키지 못하면 담보물을 상실할 수도 있다.

② 신용대출

담보 없이 신용점수, 소득, 직장, 재무 상태 등으로만 판단해 자금을 빌려주는 방식이다. 금융기관 입장에서는 리스크가 크기 때문에 일반적으로 금리가 높고 한도가 작다.

- 예시: 마이너스 통장, 비상금대출, 일반신용대출 등
- 특징: 절차가 간편해 진행 속도가 빠르지만, 금리가 높고 대출 기간이 짧다.

2. 용도에 따른 분류

① 주택 관련 대출

가장 흔한 대출로, 자가, 전세금, 잔금대출 등 상황별로 나뉜다.

- 주택담보대출: 기존 주택을 담보로 받는 가장 일반적인 대출
- 전세자금대출: 임차보증금을 마련하기 위해 받는 대출
- 집단대출: 대단지 아파트 계약자들이 함께 받는 패키지성 대출
- 분양권잔금대출: 분양된 아파트에 입주하기 전 잔금을 치르기 위해 받는 대출

② 사업자대출

사업을 운영하기 위한 자금이다. 통상 운전자금, 시설자금, 창업자금 등으로 구분된다. 당연히 사업자등록이 되어 있어야 받을 수 있고, 심사 시 소득 입증이나 신용도보다 사업 실적과 전망이 더 중요하다.

- 운전자금대출: 인건비, 재료비 등 일상적 경비 충당
- 시설자금대출: 공장, 기계 구입 등 자산 투자 목적
- 창업자금대출: 예비 창업자 혹은 초기 창업자 대상의 정부 및 금융기관 대출

③ 신용카드 현금서비스, 카드론

가장 빠르게 대출을 받을 수 있는 수단 중 하나다. 하지만 금리가 높고 습관적으로 사용하면 신용도에 악영향을 미칠 수 있다.

3. 금리 방식에 따른 분류

① 고정금리대출

계약 당시 금리가 대출 기간 내내 변하지 않는다. 금리가 올라도 영향을 받지 않기 때문에 보다 정확한 재무 계획을 세우기 좋다. 다만 금리 하락기에는 손해가 발생할 수 있다.

② 변동금리대출

시중금리에 따라 이자율이 주기적으로 변동된다. 금리 하락기에는 변동금리가 고정금리보다 유리할 수 있으나, 금리 인상기에는 이자 부담이 급격히 커질 수 있다.

③ 혼합금리대출

처음 3~5년은 고정금리로 안정성을 확보하고, 이후에는 시중금리에 따라 변동되는 구조다. 최근에 많이 사용되고 있다.

4. 상환 방식에 따른 분류

① 만기일시상환

대출 기간 동안에는 이자만 내다가 만기일에 원금을 한꺼번에 갚는 방식이다. 이 방식은 만기일 이전에는 이자만 내면 되니 매월 빠져나가는 돈에 대한 부담이 덜하다는 장점이 있다. 하지만 자신이 나서서 갚지 않는 한, 원금이 줄지 않아 대출을 오래 유지하면 다른 상환 방식보다 이자를 많이 내게 된다. 물론 중간중간 원금을 상환하면 그만큼 이자가 줄어들기 때문에 꾸준히 상환할 수 있는 사람에게는 만기일시상환이 유리할 수 있다.

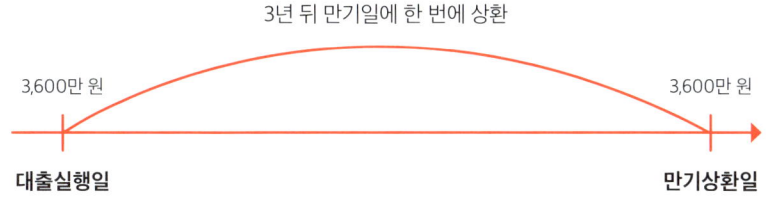

▲만기일시상환 방식

② 분할상환

만기일까지 일정 기간마다 계속 원금을 상환하는 방식이다. 예를 들어 3년 동안 매월 같은 원금을 상환하는 분할상환 방식으로 3,600만 원을 빌렸다면 매월 100만 원씩 상환해야 한다. 3년 후 만기일이 되는 날에는 상환해야 하는 돈이 0원이 된다.

분할상환은 원금을 지속적으로 갚는 방식이다 보니 상환하는 만큼 시간이 지날수록 이자가 점점 줄어든다. 주택담보대출은 분할상환 방식만 사용할 수 있으며, 이자만 내는 기간은 최대 1년이다.

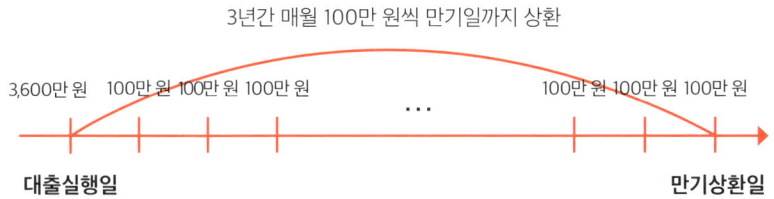

▲분할상환 방식

분할상환은 세 종류로 나뉜다.

• **원금균등분할상환**

매달 같은 금액의 원금을 갚는 방식이다. 시간이 흐를수록 원금이 줄어들기 때문에 이자가 감소한다. 처음에는 상환 부담이 크지만 총이자 비용이 적다는 특징이 있다.

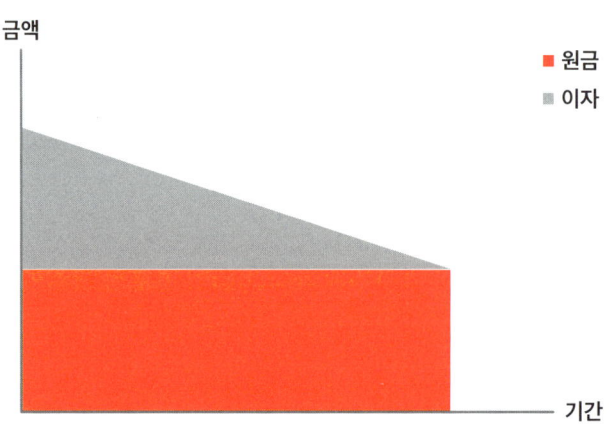

▲원금균등분할상환 방식

• **원리금균등분할상환**

이 방식은 매번 상환하는 원금과 이자의 합을 일정하게 유지해 매월 상환액이 같은 것이 특징이다. 따라서 처음에는 '이자 > 원금'이지만, 시간이 지나면 '이자 < 원금' 형태를 띤다. 원금을 갚는 만큼 이자가 줄어들지만, 줄어드는 이자만큼 상환하는 원금이 조금씩 늘어나며 총액이 유지

된다. 늘 일정한 금액을 상환하기 때문에 재무 계획을 세우기에 유리하다.

단, 고정금리대출의 경우 대출 기간 동안 내야 하는 이자를 정확하게 계산할 수 있어 매번 상환해야 하는 원리금이 일정하지만, 변동금리대출의 경우에는 금리가 변동할 때마다 전산 시스템이 매월 빠져나가는 원리금을 책정하게 되어 있어 조금씩 달라질 수 있다.

▲원리금균등분할상환 방식

• 체증식분할상환

시간이 지날수록 점점 원금을 많이 갚는 대출 상환 방식이다. 초반에는 원금을 거의 갚지 않는 것과 다를 바 없을 만큼 적게 내다가 만기가 다가올수록 원금 상환 비중을 늘린다. 원금이 천천히 줄어드니 이자가 줄어드는 속도도 느리다.

원금의 비율이 갈수록 늘어난다는 점에서 원리금균등분할상환과 헷갈릴 수 있다. 원리금균등분할상환은 상환액이 대출 기간 동안 늘 동일하지만, 체증식분할상환은 상환액이 계속해서 변동된다. 체증식분할상환은 첫 달에는 거의 이자만 내다가 점점 원금 비중을 높이기 때문에 시간이 흐를수록 상환액이 조금씩 커진다.

그래서 전체 기간 동안 상환하는 이자의 총액은 체증식분할상환이 가장 많지만, 현재 시점에는 소득이 적으나 점점 소득이 높아질 것이 예상되는 사회초년생에게는 유리한 방식이다. 단, 민간 금융기관에는 이 상환 방식이 존재하지 않는다. 오로지 정부에서 취급하는 주택담보대출만 체증식분할상환이 가능하다.

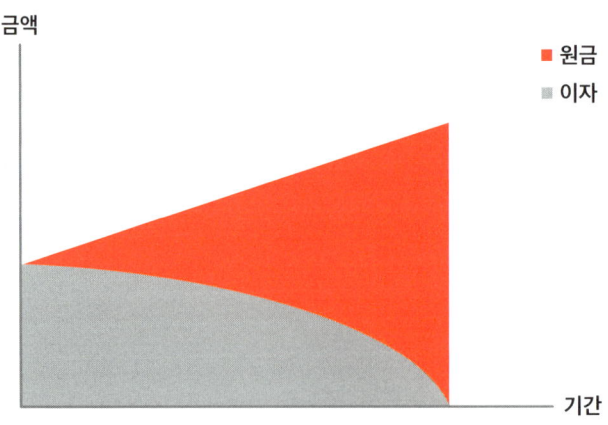

▲체증식분할상환 방식

▼분할상환 방식 총정리

구분	원금균등분할상환	원리금균등분할상환	체증식분할상환
특징	매달 같은 금액의 원금을 상환함	매달 상환하는 원금과 이자의 합계가 일정함	초기에는 원금 상환액이 적지만 점점 늘어남
장점	· 총 납입하게 되는 이자가 적음 · 점점 원리금 상환액이 적어짐	· 자금 관리가 쉬움 · 초기 월 부담금이 원금균등상환 방식보다 적음	초기에 원금과 이자 상환분이 적어 부담이 적음
단점	초기에 책정되는 원리금이 큼	시간이 지나도 월 부담금이 줄어들지 않고 일정함	후반으로 갈수록 상환 부담이 증가함
추천 대상	대출을 얼마 사용하지 않아도 되는 사람	· 매월, 매년 예산을 정교하게 짜고 싶은 사람 · 변동성을 좋아하지 않는 사람	초기에 자금이 부족하거나 연봉이 낮은 사람

10

제2금융권의 활용과 보증기관

가장 친숙한 금융기관

은행에서 대출을 받거나 예적금을 가입할 때 제1금융권, 제2금융권이란 말을 들어본 적이 있을 것이다. 공식 명칭은 아니고 구분하기 편하도록 만든 호칭이다. 이렇게 구분한 이유는 금융기관마다 대출금리, 조건, 리스크가 확연히 다르기 때문이다.

제1금융권: 시중은행

'은행'이라고 하면 가장 먼저 생각나는 건 신한, 국민, 우리, 하나와 같은 시중은행일 것이다. 이게 바로 제1금융권이다. '예금은행'이라고도 불린다. 사람들이 맡긴 돈을 보관하고, 그 돈을 다시 필요한 사람들에게 빌려주면서 경제의 혈관 역할을 하는 기관 중에서 규모가 가장 크다. 그만큼 안전하고 보수적으로 운영된다.

제1금융권의 장점은 금리가 낮고 안전하다는 것이다. 그래서 신용이 좋고, 소득 증빙이 확실한 사람은 대출 시 제1금융권 문부터 두드려야 한다. 대신 심사 기준이 까다롭고 요청 서류가 많다. 그리고 주택 외 대출의 경우 승인까지 시간이 오래 걸리기도 한다.

제2금융권: 은행이 아닌 금융기관들

제2금융권에는 저축은행, 상호금융기관(농협, 신협, 새마을금고, 수협 등), 캐피탈사, 보험사, 카드사 등 은행이라 부르지 않는 비예금 금융기관까지 포함된다. 제2금융권의 장점은 예금이나 저축성 상품의 금리가 높다는 것이다. 그리고 대출 심사가 제1금융권보다 약한 편이어서 심사 승인률이 높다. 이 때문에 제1금융권에서 대출이 안 되는 사람들이 대안으로 선택하는 경우가 많다. 예를 들어 신용점수가 낮거나, 소득이 부족하거나, 직장 이력이 짧은 경우다.

단점은 대출금리가 제1금융권보다 높다는 것, 제1금융권에 비해 규모가 작고, 공격적으로 운영해 부실 경영으로 인한 부도나 인수 가능성이 있다는 것이다. 이 때문에 제2금융권에 큰 규모의 자금을 예치할 때는 '예금자보호법'으로 보호받을 수 있는 금액까지만 예치하는 것이 좋다.

> **예금자보호법이란**
> 은행이 망하면 내가 맡긴 돈을 돌려받지 못하는 건 아닌지 걱정해본 적이 있을 것이다. 그런 불안을 해소하기 위해 만든 법이 바로 예금자보호법이다. 이는 은행이나 저축은행이 파산하는 경우 예금자 1인당 최대 1억 원까지 나라에서 대신 돌려주는 제도다. 하나의 금융기관당 원금과 이자를 합쳐 1억 원 한도로 보호되므로 여러 금융기관에 분산해 예금하면 보호 범위를 넓힐 수 있다. 단, 증권사나 일부 금융 상품은 보호 대상이 아니므로 주의해야 한다.

제3금융권: 대부업체나 사금융

개인도 운용 가능한 사금융이다. 말만 들어도 부담스러운 이름이지만 현실적으로 존재하고, 때로는 불가피하게 이용되는 곳이다. 대부업체, P2P 금융기관, 사채업자 등이 여기에 속하고, 대부분 법정 최고 금리인 20%가량의 이자를 받는다. 예금은 당연히 운영되지 않는다.

심사 기준이 거의 없고, 신용등급이 낮아도 대출이 가능하다는 장점(?)이 있지만, 돈을 빌려간 사람이 연체하거나 돈을 갚지 못할 것 같을 땐 대응이 빠르고 강력하다. 그래서 정말 최후의 보루로 생각해야 하며, 무분별한 사용은 절대 금물이다.

> **Tip | 대출은 주거래 은행에서?**
> 보통 주거래 은행은 내가 입출금 통장을 사용하는 곳, 적금이나 예금을 자주 활용하는 곳을 의미한다. 그런데 주거래 은행은 내가 주로 이용하는 은행일 뿐이지, 그 은행이 나를 어떻게 판단할지는 아무도 모른다. 그래서 대출을 받을 때 주거래 은행을 고집할 필요가 없다. 같은 경우라도 처음 거래하는 금융기관에서 더 좋은 조건의 대출을 제시할 수 있기 때문에 여러 곳에 문의해보는 것이 좋다.

알수록 유리한 상호금융

 '제2금융권'이라고 하면 막연히 금리가 높거나 조건이 좋지 않을 거라고 생각하는 사람이 많다. 이는 매우 잘못된 인식이다. 특히 상호금융의 특성을 잘 이해하지 못하면 큰 기회를 놓칠 수도 있다.

 농협, 신협, 새마을금고, 수협 등 상호금융의 가장 큰 특징은 하나의 중앙 본점과 지점으로 구성된 것이 아니라, 여러 개의 본점으로 나누어져 있고 본점마다 독립적으로 운영된다는 것이다. 이는 일반적인 대형 은행의 중앙집권적 구조와 매우 다르다. 즉, 본점마다 각각의 임원과 경영진이 존재하고, 독립적으로 의사결정을 한다.

 이런 구조 때문에 같은 금융 주제라도 본점마다 전혀 다른 결과가 나

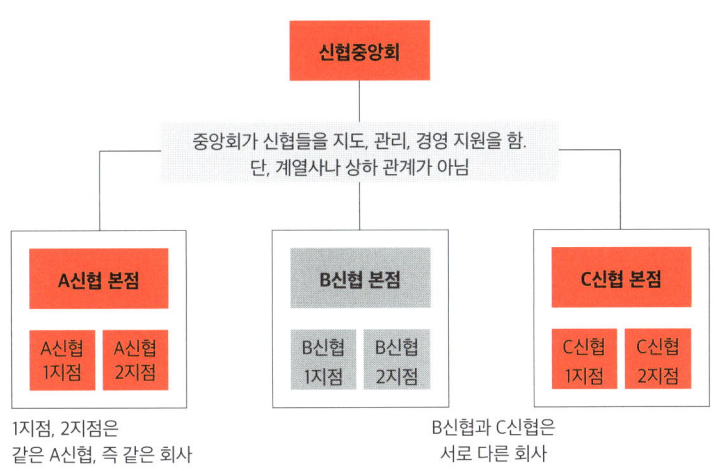

▲상호금융회사의 구조도

올 수 있다. 예를 들어 같은 조건의 대출 신청이라도 어느 곳에서는 거절을, 어느 곳에서는 승인을 하는 경우가 있다.

또한 규모가 작고, 고연령층이 많은 지역의 상호금융은 대출 수요보다 예금 수요가 압도적으로 높아 영업 이익을 내기 힘들다. 그로 인해 대출에 적극적인 태도를 취하는 경우가 있는데, 그런 상호금융을 거래처로 만들어두면 문제 해결에 큰 도움이 될 수 있다.

하지만 이런 상호금융의 특징을 잘 모르는 사람들은 단지 제2금융권이라는 이유만으로 상호금융을 기피하거나 무시하는 경향이 있다. 이제라도 그런 고정관념을 버려야 한다. 상호금융의 금리나 조건이 제1금융권과 차이가 크지 않을 수도 있고, 심지어 더 나은 조건을 제공할 때도 있다. 특히 대단지 아파트가 지어지면 여러 금융기관이 주택담보대출을 해주겠다고 홍보에 나서는데, 이때 어떤 상호금융은 시중은행보다 낮은 금리로 대출을 해주기도 한다.

상호금융을 효과적으로 활용하기 위해 발품을 팔아 여러 본점을 방문해 상담을 하는 것도 좋지만, 대출 상담사를 활용하는 것을 추천한다. 대출 상담사를 통하면 금리는 제1금융권과 비슷하거나 조금 높을 수 있지만, 한도나 상환 기간, 승인율 등에서 유리할 수 있기 때문이다.

상호금융의 유연성과 독립적인 운영 방식을 적극적으로 활용하면 다른 사람들은 포기하거나 어렵다고 느끼는 상황에서도 원하는 결과를 얻을 수 있다. 금융기관을 막연히 어렵게 생각하지 말고, 그들의 구조와 운영 방식을 정확히 이해해 적극적으로 활용해야 한다. 그러면 더욱 성공적이고 안정적인 자산 관리와 투자를 해나갈 수 있다.

> **Tip**
>
> **대출 상담사 제대로 활용하기**
>
> 상담사는 인터넷 검색창에 '지역 이름+상담사'를 검색하거나 상담사 DB를 보유하고 있는 플랫폼(우리 동네 대출 상담사, 부동산 스터디 등), 지인 소개 등을 통해 찾을 수 있다. 상담사에게 자신의 상황과 대출 조건을 이야기하면 그 조건에 맞는 금융기관을 찾아준다. 이때 금융기관이 승인하면 연결해주는 방식으로 대출이 진행된다. 단, 상담사를 제대로 활용하기 위해서는 몇 가지 전략이 필요하다.
>
> 첫째, 상담사는 최소 3명은 확보해두고 정보를 비교해야 한다. 더 많은 상담사에게 의뢰할수록 다양한 피드백을 받을 수 있다.
>
> 둘째, 자신의 상황을 정확하게 설명한 뒤에 질문해야 한다. "대출 가능한가요?"라고 묻는 건 바보 같은 짓이다. "지금 제 연봉은 얼마이고, 기존 대출은 몇 건이 있으며, 주택 유무는 이렇습니다. 상황이 이런데 보금자리론과 일반 혼합형 중에서 어떤 걸 선택하는 것이 제게 유리할까요?"와 같이 구체적으로 질문해야 상담사도 제대로 답변할 수 있다.
>
> 셋째, 사전에 여러 시나리오를 가정해보아야 한다. 예를 들어 남편 명의로는 대출이 안 될 것 같은데 아내 명의로는 가능한지, 정책자금 쪽은 조건이 되는지, 잔금 납부까지 얼마 안 남았는데 제2금융권에서 빠르게 처리 가능한지 등을 구체적으로 생각해 상담사에게 문의하면 훨씬 더 양질의 정보를 얻을 수 있다.

채무자 대신 변제하는 보증기관

보증기관은 금융 거래나 계약 등에서 발생할 수 있는 신용 리스크를 대신 떠안아주는 역할을 하는 곳이다. 쉽게 말해 누군가가 돈을 빌린 뒤 계약상 의무를 지키지 못할 경우, 보증기관이 대신 책임을 진다.

예를 들어 전세 세입자가 보증보험에 가입하면 임대인이 전세보증금을 돌려주지 못하더라도 보증기관에서 대신 보증금을 돌려준다. 이런 시스템은 대출을 받는 사람뿐 아니라 돈을 빌려주는 금융기관에도 안정감을 주고, 거래를 원활하게 만드는 기반이 된다.

대표적인 보증기관으로는 한국주택금융공사(HF), 주택도시보증공사(HUG), 서울보증보험(SGI)이 있으며, 각 기관은 신용 수준, 소득 요건, 주택 수 등 다양한 조건에 따라 보증 여부와 범위를 정한다. 보증기관은 이후에도 여러 번 등장할 예정이니 읽으면서 자연스럽게 이해하자.

▼보증기관별 특징

항목	한국주택금융공사 (HF)	주택도시보증공사 (HUG)	서울보증보험 (SGI)
보증료율	상대적으로 낮음 (연 0.04~0.18% 수준)	중간 수준 (연 0.01~0.21% 수준)	상대적으로 높음 (연 0.18~0.20% 수준, 개인 신용에 따라 다름)
최대 보증 한도	2억 2,000만 원	4억 원	5억 원

11

대면이 유리할까, 비대면이 유리할까

융통성을 따진다면 대면이 유리

　대출을 신청하는 방식은 크게 대면 방식과 비대면 방식으로 나뉜다. 최근에는 스마트폰과 인터넷의 발달로 비대면 방식이 크게 늘어났지만, 여전히 많은 사람이 직접 은행에 방문해 상담을 받고 진행하는 대면 방식을 선호한다.

　먼저 대면 방식은 신청자가 직접 금융기관에 방문해 직원과 마주 보고 상담을 진행하는 방식이다. 참고로 대출 상담사를 통해 접수하는 것 역시 대면 방식이라고 할 수 있다. 상담사가 우리를 대신해 은행 직원과 직접 소통을 해주기 때문이다.

① 장점

대면 방식의 가장 큰 장점은 인간적인 유연성을 활용할 수 있다는 것이다. 담당 직원이나 책임자가 전결 처리를 통해 대출 한도나 금리를 특별히 조정해줄 수도 있다. 예컨대 개인적인 상황이나 추가적인 정보들을 설명하면 직원 재량으로 대출을 빨리 승인해주거나 조건을 더 유리하게 만들어줄 수 있다. 특히 긴급한 상황이거나 특수한 사정이 있다면 직원이 융통성을 발휘할 가능성이 크다.

또한 추가 정보를 활용할 수 있다는 장점이 있다. 예를 들어 신용점수가 약간 낮더라도 추가 서류를 제출하거나 현재의 경제적 상황, 향후 계획 등을 자세히 설명하면 긍정적인 평가를 받을 수 있다. 대출 업무도 결국 사람이 하는 일이므로 보다 구체적으로, 친절하게 다가가면 긍정적인 결과를 이끌어낼 수도 있다.

② 단점

대면 방식의 가장 큰 단점은 직접 금융기관을 방문해야 하므로 상당한 시간과 에너지가 필요하다는 것이다. 은행에 방문하고, 대기하고, 상담하는 과정에서 많은 에너지가 소모된다. 또한 담당 직원의 기분이나 태도, 상황에 따라 비대면 방식보다 부정적인 결과가 나올 가능성도 있다.

이것이 끝이 아니다. 대면 방식은 비대면 방식보다 금리가 높게 책정될 수도 있다. 이는 금융기관이 상담에 소요되는 인건비와 운영 비용을 금리에 반영하기 때문이다.

효율성을 따진다면 비대면이 유리

비대면 방식은 인터넷이나 스마트폰 앱을 통해 대출 신청부터 승인까지 모든 절차를 진행하는 것이다. 각종 은행 앱에서 해당 은행 상품에 한하여 비대면으로 대출을 받을 수 있다. 반면 대출 중개 플랫폼은 협약된 금융회사의 모든 상품을 안내하는데, 대표적인 플랫폼으로는 뱅크샐러드와 핀다가 있다.

① 장점

비대면 방식의 가장 큰 장점은 빠르다는 것이다. 비대면 대출은 서류 제출부터 심사, 승인까지 대부분 자동으로 처리된다. 따라서 간단한 개인 정보 입력과 신용 조회만으로 신속하게 대출 한도와 금리를 확인할 수 있고, 승인이 결정되는 시간도 매우 짧다. 바쁜 직장인이나 사업자들에게는 매우 매력적일 수밖에 없다.

간혹 비대면 방식을 활용하면 여러 은행의 대출 가능 금액과 신용을 조회해야 하니 신용점수에 문제가 생기지 않을까 걱정하는 사람도 있다. 괜한 걱정이다. 데이터상에 조회 이력이 남기는 하지만, 대출 가부 결정에는 아무런 영향을 미치지 않는다.

다만 대출을 받겠다고 서면 약정을 하거나 비대면 대출의 경우 대출 실행 명령 등의 행위를 했을 때는 신용점수에 영향을 미칠 수 있다. 이 두 행위는 내부적으로 대출을 실행시켰고, 송금을 대기하는 단계이기 때문이다. 여기까지 진행하면 일부 금융기관의 전산은 그 결과를 신용정보원에 제출하도록 설정되어 있어 그 내용이 신용점수에 반영될 수도 있다.

② 단점

비대면 대출의 가장 큰 단점은 전산 결과로만 판단한다는 것이다. 비대면 방식은 컴퓨터 시스템에 입력된 정보만을 기준으로 대출 한도와 금리를 결정하기 때문에 신청자의 실제 경제 상황이나 추가 정보가 반영되지 않는다.

개인의 특수한 사정이나 추가 정보를 반영해 유연한 결과를 원한다면 대면 방식이, 빠르고 간편하게 정확한 결과만 원한다면 비대면 방식이 유리할 수 있다. 어느 한쪽으로 치우칠 필요는 전혀 없다. 어떤 방식을 활용하면 자신의 금융 목표를 효과적으로 달성할 수 있을지 고민하고 그때그때 상황에 맞게 선택하면 된다.

대출 중개 플랫폼의 등장

최근 인터넷과 모바일 기술이 급격히 발전하면서 핀테크라고 불리는 금융서비스도 크게 변화했다. 그중에서 가장 주목할 만한 서비스는 대출 중개 플랫폼이다. 대출 중개 플랫폼이란, 인터넷상에서 대출 상담사의 역할을 대신 해주는 사이트다. 이런 플랫폼은 우리와 금융기관을 연결해주는 중간 역할을 수행하며, 여러 금융기관의 대출 상품을 한 번에 비교하고 선택할 수 있도록 도와준다.

대출 중개 플랫폼의 운영 방식은 다음과 같다. 먼저 사용자가 플랫폼에 필요한 정보를 입력하면, 플랫폼이 자체적으로 구축한 알고리즘을 통해 적절한 금융기관과 대출 상품을 매칭시켜준다. 이후 금융기관이 플랫폼을 통해 제공된 정보를 기반으로 심사를 진행하고, 최종적으로 대출이 승인되면 금융기관은 플랫폼에 수수료를 지급한다.

대표적인 플랫폼으로는 토스와 카카오뱅크가 있다. 예전에는 신용대출만 비교할 수 있었는데, 이제는 제휴된 금융기관들의 주택담보대출과 전월세대출도 조회·비교할 수 있다. 토스와 카카오뱅크는 대기업인만큼 자본과 기술이 많이 투입되어 사용자가 쉽고 편리하게 이용할 수 있도록 구성되어 있다. 또한 자체적으로도 취급하고 있는 대출은 조건이 매우 좋은 경우도 있어 은행 직원, 대출 상담사와의 상담 결과와 비교해보는 것을 추천한다.

그럼 플랫폼을 통해 대출을 받을 경우 수수료를 낼까? 모든 대출 중개 채널(상담사, 플랫폼 등)은 고객에게 수수료를 받지 않는다. 「금융소비자보호법」상 대출로 인해 금전적 이득이 발생하는 금융기관이 수수료를 전부 부담하게 되어 있기 때문이다. 그래서 대출을 받을 경우 이자, 중도상환수수료 등을 제외하고 고객이 지불해야 하는 비용이 없다. 그러니 대출 중개 플랫폼을 이용하지 않을 이유가 있을까? 단, 상담 없이 수집된 자료로만 판단하기 때문에 세심한 상담이 어려울 수 있다.

12

변동금리와 고정금리

대출금리 결정 방식

대출금리는 다음과 같이 결정된다.

기준금리+가산금리=최종 대출금리

여기서 말하는 기준금리는 한국은행의 기준금리가 아닌, 고객이 변동금리대출을 선택했을 때 변하는 금리를 말한다. 금리는 대출이 만기가 되기 전까지는 채무자의 상황이 아닌 시장(채권 시장, 예금 시장 등)에 의해서만 변동된다. 그래서 계속 변동되는 기준금리는 금융채, 코픽스(COFIX), 은행 예금금리 등을 적용한다.

가산금리는 은행이 채무자의 상환 능력, 담보 종류, 업무 원가(인건비, 전산유지비) 등을 고려해 자율적으로 책정하는 금리를 말한다. 아주 간단하게 은행의 마진율이라고 생각하면 된다.

예를 들어 은행에서 변동금리로 대출을 받기 위해 서류를 작성하고 있는데 은행 직원이 "고객님, 기준금리는 금융채 6개월로 하시겠어요, 아니면 코픽스로 하시겠어요?"라고 물었다. 이때 금융채 6개월로 한다고 하면 최종 대출금리는 다음과 같다.

금융채 6개월물 금리+가산금리

그런데 내가 신용점수가 무척이나 좋고, 담보가 매우 우량해 가산금리가 0.1%라고 하자. 그리고 대출받는 시점에 금융채 6개월물의 금리가 3%라고 가정하면 최종 대출금리는 3.1%(3.0+0.1)가 된다. 그리고 6개월 뒤 금융채 6개월물의 금리가 0.2% 올랐다면 내 대출금리는 3.3%(3.2+0.1)가 된다. 과거에는 가산금리가 변동되기도 했지만, 이제는 대출만기일까지 변하지 않는다. 만약 금융채 6개월물의 금리가 1%로 떨어지면 대출금리는 1.1%가 되는 것이다.

그럼 기준금리가 변하지 않는 경우도 있을까? 이 질문에는 두 가지로 답할 수 있다.

① 불가능하겠지만, 시장에서 금융채 6개월물의 금리가 변하지 않는 경우
② 은행이 기준금리를 장기채권으로 두는 경우 그 채권의 기간 동안(예를 들어 국고채 10년이라면 10년 동안)

은행에서는 평생 고정금리 상품을 판매하지 않는다(2025년 5월 기준). 두 가지 대표 상품, 즉 기준금리가 3개월, 6개월, 12개월 주기로 변하는 변동금리 상품과 취급 후 5년 또는 10년간 변하지 않다가 그 이후에 변동금리로 바뀌는 혼합형 금리 상품이 존재한다.

은행의 내부 방침에 따라 내가 어떤 방식으로 대출을 받을지 선택할 수도 있고, 그렇지 못할 수도 있다. 만약 선택이 가능하다면 어떤 방식이 자신에게 유리한지 파악해둘 필요가 있다.

변동금리와 고정금리 선택 기준

변동금리를 선택하면 어떤 장점이 있을까? 앞으로 금리가 낮아질 거라 예상한다면 변동금리를 선택해 향후 금리 인하 혜택을 직접 누릴 수 있다. 이런 상황에서는 수백만 원에서 많게는 수천만 원의 이자 비용을 절약할 수 있다.

반면 고정금리는 5년 또는 10년간 대출금리가 전혀 변하지 않으므로 금리 인하 시기에는 손해를 본다고 느낄 수 있다. 하지만 반대로 금융 위기 등으로 금리가 폭등할 때도 내 금리는 변하지 않으니 상대적으로 이득

을 볼 수 있다. 매우 단순하게 생각한다면 시장금리가 내려갈 것 같다면 변동금리를, 시장금리가 올라갈 것 같다면 고정금리를 선택하면 된다.

대내외 정세가 불안정하고 금리의 향방을 예측하기 어려운 시기라면 고정금리를 추천한다. 변동금리를 선택했다가 오히려 더 큰 이자 부담을 안게 될 위험이 존재하기 때문이다. 그런데 고정금리가 너무 높다면? 그 대출을 얼마나 유지할지 따져봐야 한다. 만약 2년 이내에 집을 팔고 대출을 상환할 계획이라면 지금 낮게 책정되는 변동금리를 선택하면 된다.

다만 변동금리를 선택하면 스트레스 DSR이 강력하게 적용되어 대출 한도가 크게 줄어들 수도 있다. 따라서 내 집 마련 등 중장기적으로 중요한 목표를 세웠다면 리스크 관리 차원에서 고정금리 또는 장기 주기형 상품을 선택하는 것이 현명한 방법이 될 수 있다.

13

대출은
어떻게 진행될까

대출 진행 과정

    대출 과정을 간단하게 나열하면 다음과 같다. 이 중 여러분이 알아두어야 할 부분은 2~6단계다.

- 1단계: 대출 필요성 인지
- 2단계: 상품 탐색 및 비교 ⎫
- 3단계: 신청 및 서류 제출 ⎪
- 4단계: 심사   ⎬ 핵심 포인트
- 5단계: 승인 및 약정   ⎪
- 6단계: 실행 및 자금 수령 ⎭
- 7단계: 상환 및 관리

2단계: 상품 탐색 및 비교

은행, 인터넷, 대출 플랫폼 등을 통해 상품을 탐색한다. 평소에 쌓은 대출 지식을 활용해 플랫폼이나 대출 상담사에게 대출 가능 금액을 조회해달라고 요청한다. 대출도 제대로 알아보지 않은 채 부동산 계약서를 작성하는 사람도 종종 있다. 이는 매우 위험한 행위이니 대출 여부, 금액 등을 확실하게 파악한 뒤 계약을 진행하기 바란다.

3단계: 신청 및 서류 제출

미리 알아둔 은행에 대출을 신청한다. 주택 구입의 경우 이때쯤이면 부동산 계약을 마친 상태일 것이다. 은행 직원은 심사를 올리기 전에 기본적인 서류를 요청할 것이다. 빠진 것은 없는지 꼼꼼하게 체크하자.

4단계: 심사

은행에서 대출 승인 여부를 최종적으로 결정하는 단계다. 만약 이때 추가 서류를 요청하면 빠르게 피드백을 해주어야 원활한 진행이 가능하다.

5단계: 승인 및 약정

심사가 승인되어 약정을 하는 단계다. '자서(자필서명)'라고도 하는데, 은행 창구에 가 직원이 준비해둔 서류에 주소를 적고 서명을 한다. 이때 대출약정서에 기입하는 내용을 꼼꼼하게 살펴볼 필요가 있다. 대출 금액과 금리를 확정하는 서류이기 때문이다. 만약 기존에 안내받은 금리와 내가 기입하는 금리가 다르다면 왜 그런지 꼭 물어봐야 한다.

6단계: 실행 및 자금 수령

대출이 실행되는 단계다. 5단계에서 약정할 때 은행으로부터 대출이 실행되는 당일에 어떤 절차를 거치게 되는지, 나는 무엇을 해야 하는지 안내를 받았을 것이다. 은행에도 원칙이 있으므로 사소하다고 생각되는 일이라도 따르는 것이 좋다.

> **Tip**
>
> **직장인과 사업자의 소득 심사 기준**
>
> 소득은 원칙적으로 신고된 소득 정보가 고스란히 담겨 있는 소득금액증명원을 요청해 해당 서류의 '소득 금액'을 모두 합산한 것으로 한다. 은행은 최근 2개년 소득금액증명원을 요청하는데, 혹시나 소득이 비정상적으로 늘거나 줄어든 경우 그 평균값을 소득으로 인정하기 때문이다.
>
> 하지만 직장인의 월급은 들쑥날쑥하지 않고 앞으로 우상향할 것으로 판단하는데, 이때 직장인의 소득을 '상시소득'이라고 한다. 이는 '앞으로도 유지가 될 것으로 판단되는 소득'이라는 뜻이다. 상시소득 자료는 2년 전 서류가 필요하지 않고, 최근 1개년 소득금액증명원에 적힌 소득으로 온전하게 대출을 받을 수 있다.
>
> 사업자는 조금 다르다. 기본적으로 사업자는 상시소득이라는 개념이 적용되지 않는다. 간혹 상황에 따라 상시소득으로 인정받는 경우도 있지만, 이는 매우 특수한 경우에 해당한다.
>
> 사업자는 각종 비용을 처리하고 나면 소득이 굉장히 낮게 잡히는데, 금융기관은 그런 부분을 방지하고자 '추정소득'이라는 개념을 만들어 적용하고 있다. 실제로는 상환 능력이 높은 사람인데 소득 금액이 없거나 너무 적게 신고되어 있으면 직전년도 신용카드 사용 내역, 최근 1개년 매출 자료 등을 통해 추정된 소득을 기준으로 대출을 받을 수도 있으니 참고하기 바란다.

14
자금 계획 세우기

　자금 계획 세우기의 핵심은 내게 부여된 LTV를 역으로 이용해 현금과 신용대출로 모을 수 있는 자금을 바탕으로 살 수 있는 집값을 정하는 것이다. 이 과정을 거치지 않으면 어떻게 될까? '신용대출을 1억 원 정도 받을 수 있으니 3억 3,000만 원 정도 하는 집을 살 수 있겠구나'라고 대충 짐작했다가 실제로는 DSR 초과로 주택담보대출에서 발목 잡히는 불상사를 겪게 될 수도 있다. 또는 '신용대출이 1억 원이나 있어 주택담보대출이 나오지 않으니 집 사는 건 글렀다'라고 생각해 기회를 놓칠 수도 있다. 따라서 자금 계획 과정을 반복적으로 연습해야 최적화된 목표 집값을 찾아낼 수 있다.

　그럼 지금부터 자금 계획을 세우는 방법을 알아보자.

1. 가용자금 파악하기

집을 사기 위해 가장 먼저 해야 할 일은 가용자금을 파악하는 것이다. 지금 당장 사용할 수 있는 현금과 추가로 끌어올 수 있는 신용대출 한도를 합산해보자. 예를 들어 통장에 예적금과 투자 자산, 보험 해지환급금 등을 모두 합쳐 3,000만 원이 있고, 신용대출을 최대 5,000만 원까지 받을 수 있다면 총 8,000만 원의 자금이 확보된다. 이 시점에는 DSR이나 DTI(Debt to Income Ratio, 총부채상환비율) 같은 규제도 잠시 옆으로 미뤄두자. 이후에 반드시 보정할 수 있기 때문이다.

2. 최대 집값 계산하기

그다음에는 가용자금을 바탕으로 자신이 살 수 있는 집값의 상한선을 계산해야 한다. 그런 다음 부담되는 정도에 따라 눈을 낮춰야 객관적으로 집을 선택할 수 있다.

보통 주택담보대출은 매매매가의 70%까지 나오는데, 역으로 생각하면 내 자금은 30%만 마련하면 된다는 뜻이다. 따라서 '내 자금/0.3=최대 집값'이다. 앞서 예로 들었던 8,000만 원을 대입해보면 '8,000만 원/0.3≒2억 6,000만 원'이다. 즉, 지금 내가 동원할 수 있는 총자금으로는 약 2억 6,000만 원짜리 집을 목표로 삼을 수 있다는 의미다.

다만 생애최초주택매수자는 대출이 80%까지 가능하므로 0.3이 아니라 0.2를 나누어야 한다. 이때 '6억 원 이하'라는 정책 한도가 동시에 적용되므로 가용자금을 0.2로 나눈 계산과 6억 원 한도 제한을 함께 고려해 최대 집값을 산정해야 한다. 가령 보유한 현금이 2억 원이라면 0.2로 나누었을 때 10억 원이 나오지만, 생애최초주택매수자가 받을 수 있는 대출 한도는 최대 6억 원이다. 따라서 최대 6억 원에 가용자금 2억 원을 더하면 8억 원의 주택을 매수할 수 있다는 결론이 나온다.

3. 대출 상품 검색 및 규제 확인

  1번과 2번 과정에서 산출한 만큼 신용대출과 주택담보대출을 받을 수 있는지 알아보자. 이제 DTI와 DSR을 계산할 차례다. 만약 소득 규모나 기타 자격 조건에 부합해 보금자리론이나 디딤돌대출 같은 정책 모기지를 쓸 수 있다면 신용대출을 온전히 활용해도 DTI 60% 내로 들어올 가능성이 크다. 정부 주택담보대출은 DTI만 보는데, 신용대출에 큰 영향을 받지 않는 지표이기 때문이다.

  만약 정부 주택담보대출 자격에 부합하지 않는다면 신용대출을 포기하거나 줄여야 주택담보대출 DSR을 통과할 수 있다. 그렇게 되면 가용자금이 줄어드니 살 수 있는 최대 집값도 줄어들 것이다.

  이 과정에서는 DSR 계산기를 능숙하게 다룰 줄 알아야 한다. DSR 계산기에 대해서는 다음 장에서 설명하도록 하겠다.

4. 월 원리금과 이자 계산하기

DTI와 DSR을 통과하더라도 실제로 받은 대출의 총원리금을 감당할 수 있느냐는 또 다른 문제다. 따라서 별도로 체크할 필요가 있다. 상환금을 구하는 공식이 있으나 직접 계산할 필요는 없으니 네이버 대출 계산기를 활용하자.

만약 이 결괏값이 부담스럽다면 더 가격이 낮은 주택을 살펴보아야 한다. 반면 충분히 감당 가능하다면 해당 가격대의 주택을 더욱 적극적으로 검토할 수도 있다. 그리고 절약, 부업 등으로 상환 능력을 키운 뒤 더 비싼 주택 매입을 고려할 수도 있다.

▲네이버 대출 계산기

5. 매물 탐색하기

주택 가격이 얼추 정해졌다면 실제로 매물을 찾아야 한다. 직방, 다방, 호갱노노, 네이버부동산 같은 부동산 앱에 희망 지역, 주택 가격 범위, 평형대, 연식 등을 입력해 필터링한 뒤 대출 가능성과 자금 투입 범위 내에 있는 매물을 선별한다.

임장 등을 진행해 마음에 드는 후보가 결정되면 등기부등본을 통해 근저당권 설정 내역, 소유자 정보 등을 꼼꼼하게 확인하고, 매도 사유, 향후 재건축 가능성, 주차 조건 등을 최종적으로 점검한다.

이후 가계약금을 납부하기 전에 반드시 대출 상담사나 은행 직원에게 최종 컨펌을 받아야 한다. 잔금 납부 일정, 취득세, 중개수수료 등을 미리 고려해 '돈이 빵구가 나는' 상황을 대비해야 한다.

대출 상담 사례

전문가가 필요한 이유

자금 계획 프로세스를 강의할 때면 늘 떠오르는 사례가 있다. 방 3개에 화장실이 2개인 쾌적한 집에서 아이 하나를 키우며 생활하던 부부가 있었다. 그들은 집주인으로부터 전세금 인상 통보를 받은 뒤 '결국엔 집을 살 수밖에 없겠다'라고 판단했다. 그러나 전세대출을 상환하면 남는 돈이 얼마 되지 않았다. 그들은 고민 끝에 같은 단지에 있는 소형 평수라도 매수할 수 있지 않을까 싶어 나를 찾아왔다.

결론부터 말하면, 그들은 본인들이 살던 집과 같은 평수의 집을 매수했다. 재정적으로 변한 것은 아무것도 없었다. 그저 자금 계획을 정교하게 짜보니 매수가 가능했기에 실행으로 옮겼을 뿐이다.

1. 가용자금 점검

- 캐피탈대출: 약 7,000만 원
- 마이너스 통장: 1,000만 원
- 보험 해지환급금: 1,000만 원
- 현금: 3,000만 원

총 1억 2,000만 원

그들의 자산을 계산해보니 총 1억 2,000만 원의 가용자금이 산출되었고, 생애최초주택 매수자였기에 0.2로 나누어 보니 6억 원이 나왔다. 이런 상황이면 금융기관 주택담보대출을 활용할 이유가 없다. 정부 주택담보대출을 활용하면서 신용대출도 최대한으로 받을 수 있기 때문이다. 부부 합산소득도 8,000만 원 정도였기에 가능했다. 즉, 소액으로 내 집 마련을 할 수 있었다.

2. 정부 지원 주택담보대출 전략

한국주택금융공사 홈페이지(hf.go.kr)에서 보금자리론 대출예상액을 조회해보았다. 5억 4,000만 원의 아파트를 매수할 때 생애최초 보금자리론을 활용하면 4억 2,000만 원까지 확보할 수 있었다. 신용대출 1억 원과 현금을 동원하면 5억 4,000만 원짜리 집은 충분히 매수할 수 있었다. 이제 남은 건 실행해 나가며 디테일한 부분을 챙기는 것뿐이었다.

여기서 질문! 이 부부는 각자 신용대출을 받은 후에 보금자리론을 신청해야 할까, 아니면 보금자리론을 받은 후에 신용대출을 신청해야 할까? 정답은 각자 신용대출을 받은 후에 보금자리론을 신청해야 한다. 신용대출은 DSR을 적용하기 때문에 '채무가 없는 상황'에서 받아야 한다. 반대로 신용대출을 나중에 받으면 DSR을 계산하고 통과해야 하는데, 보금자리론이라는 채무가 DSR을 잔뜩 잡아먹고 있기 때문에 대출이 원하는 만큼 나오지 않을 수도 있다.

이 사례의 주인공은 커뮤니티에 다음과 같이 소감을 남겼다.

'명확한 컨설팅을 통해 가용할 수 있는 자금을 파악했기에 자신 있게 집을 매수할 수 있었다. 게다가 두 달 만에 시세 차익까지 얻을 수 있었다. 적절한 시기에 하루한보 님을 만난 건 정말 천운이었다.'

3장

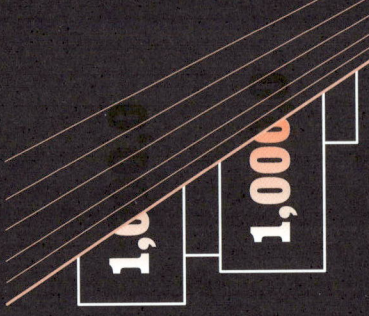

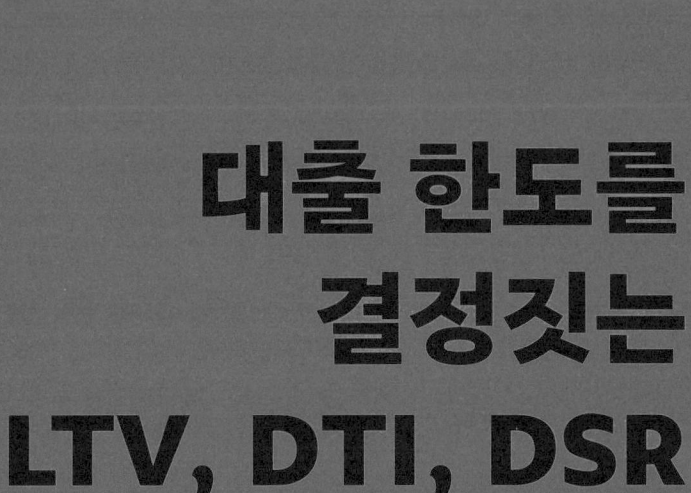

대출 한도를 결정짓는 LTV, DTI, DSR

15

LTV, DTI, DSR 이해하기

LTV, DTI, DSR을 이해하는 것과 활용하는 건 별개의 문제다. 이 책은 이론을 익히는 것은 물론이고, 실전에 적용하는 걸 목표로 하므로 최대한 쉽게 설명하도록 하겠다. 이 용어들을 완벽하게 소화해야 향후 내용을 이해할 수 있으니 집중하기 바란다.

담보의 가치를 따지는 LTV

LTV는 쉽게 말해 담보 가격 대비 대출 비율이다. 즉, 담보대출에만 적용되는 개념이다. 어떤 부동산을 담보로 대출을 받고자 할 때 그 최고 금액을 결정한다.

예를 들어 10억 원짜리 부동산을 담보로 대출을 받을 때 은행이 "LTV

70%를 적용합니다"라고 한다면 해당 부동산을 담보로 받을 수 있는 대출금의 최대한도가 7억 원이라는 소리다. 참고로 은행은 주택의 기준 가격을 산정할 때 KB시세를 기준으로 한다. 만약 KB시세가 없다면 감정평가법인에 의뢰하여 책정된 '감정평가금액'을 준용한다.

최대한도가 7억 원이라는 건 그보다 적은 금액을 대출해줄 수도 있다는 말이다. 대출 한도는 채무자의 상환 능력에 따라 최종 결정되기 때문이다.

그럼 은행은 대출자의 상환 능력을 어떻게 판단할까? 바로 이때 DTI와 DSR이 등장한다. 사실 약자로 된 두 용어의 뜻을 풀이하면 똑같은 말처럼 들린다.

- DTI(Debt to Income Ratio): 총부채상환비율
- DSR(Debt Service Ratio): 총부채원리금상환비율

따라서 나는 이 두 용어를 그냥 '소득 대비 상환 비율'로 설명한다. 용어의 속뜻이 중요한 것이 아니라 결국 어떻게 쓰이느냐가 중요하기 때문이다. 일단 이 지표들로 어떻게 대출 한도를 결정하는지 간단히 짚고 넘어가자.

보통 개인의 상황에 따라 넘지 말아야 할 DTI 혹은 DSR 수치가 주어진다. 예를 들어 일반 금융기관에서 수도권의 비규제지역 아파트를 매수하면서 대출을 받을 때는 DTI는 60%, DSR은 40%를 넘지 않아야 한다.

즉, LTV로 계산한 금액이 DTI나 DSR 기준을 초과한다면 DTI와 DSR의 기준에 맞춰 대출 금액을 줄여야 한다. LTV만으로 관리하던 금융기관의 대출 한도를 개개인의 소득과 능력에 따라 통제할 수 있는 시스템이 완성된 것이다.

벌써부터 머리가 아프다고 생각한 분들도 있을 것이다. DTI와 DSR의 계산 방식이 다르다는 것만 이해하면 전혀 어렵지 않다. 일단 DTI부터 알아보자.

주택담보대출 외에는 이자만 보는 DTI

DTI는 소득 대비 빠져나가는 원금과 이자의 합을 비율로 나타낸 것이다. 사람과 상황에 따라 그 비율이 정해진다. 무주택자가 비규제지역 수도권의 아파트를 매수하려고 할 때의 DTI는 60%로 정해져 있다. 이는 DTI가 60%를 넘었다면 대출을 '전혀' 받을 수 없고, 60%를 넘지 않았다면 60%까지만 대출을 받을 수 있다는 뜻이다.

이때 DTI 계산 방식의 특징이 있다. 대출 중 주택담보대출은 원금까지 감안해 계산하지만, 그 외 대출은 이자만 계산한다는 것이다. 예를 들어 월소득이 100만 원인 사람의 DTI가 40%라는 건 그 사람이 보유하고 있는 주택담보대출의 원금과 이자 그리고 그 외 대출의 이자를 전부 합한 금액이 40만 원이라는 뜻이다.

그래서 월소득이 100만 원인 사람이 매월 주택담보대출 원금 20만 원,

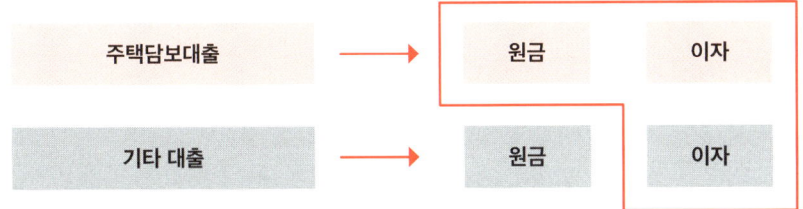

▲DTI 계산법

이자 10만 원, 신용대출 원금 20만 원, 이자 10만 원씩 내고 있다면 매월 60만 원을 상환하고 있으니 실제 상환 비율은 60%가 된다.

하지만 DTI는 계산 방식에 따라 주택담보대출 외 대출은 이자만 포함해 계산하므로 40만 원(주택담보대출 원금 20만 원+이자 10만 원+신용대출 이자 10만 원), 즉 DTI 40%로 계산되는 것이다.

심지어 주택담보대출 외 대출의 경우에는 내가 실제로 내고 있는 이자율과 상관없이 한국은행에서 발표하는 가중평균 대출금리를 반영해 계산한다. 이는 내가 15%짜리 신용대출을 사용하고 있지만 한국은행 가중평균 대출금리가 5%라면, 5%로 계산한다는 의미다.

더 구체적으로 숫자를 활용해 예를 들어보자. 연봉이 1,000만 원인 사람이 주택담보대출 1억 원을 10%의 이자만 내면서 사용하고 있는데 그 만기일이 1년 남았다면 DTI는 다음과 같이 계산된다.

$$[1억\ 원+(1억\ 원\times10\%)]/1{,}000만\ 원\times100=1{,}100\%$$

하지만 대부분의 주택담보대출은 30년 이상의 장기분할상환일 테니 DTI가 이렇게 높게 잡히는 경우는 극히 드물다. 게다가 신용대출, 자동차담보대출, 학자금대출 등 대출을 아무리 많이 보유하고 있다 해도 주택담보대출이 아니니 이자만 반영되고, 그마저도 한국은행 가중평균금리를 적용해 계산되니 DTI 수치는 낮게 잡힌다.

이러니 DTI 비율만 따지던 시절에는 대출이 얼마나 잘 나왔겠는가. 그 때문에 가계 부채가 급격히 증가했다. 그리고 이를 보완하기 위해 만들어진 지표가 바로 DSR이다.

> **Tip**
>
> **가중평균금리 계산하기**
> A와 B는 ○○은행에서 대출을 받았다. A의 대출금리는 10%, B의 대출금리는 6%이고, ○○은행 채무자들의 평균 금리는 8%[(10+6)/2]다. 그런데 A는 10%로 100억 원을, B는 6%로 1억 원을 대출받았다고 가정하자. ○○은행의 평균 금리인 8%는 큰 의미가 있을까? 그렇지 않을 것이다. 그보다는 대출로 빌려준 돈의 평균 금리가 중요할 것이다. 이를 '가중평균금리'라고 칭한다.
> 이때 가중평균금리를 구하는 식은 다음과 같다.
>
> $$[(100억\ 원 \times 10\% + 1억\ 원 \times 6\%) / 100억\ 원 + 1억\ 원] \times 100 = 9.96\%$$
>
> 이 식을 정확하게 이해할 필요는 없다. '100억 원짜리 대출이 덩치가 크니 평균 금리에 더 많은 영향을 주겠지' 정도로만 이해하면 충분하다. 그리고 가중평균금리는 한국은행 홈페이지(bok.or.kr)에 공시되므로 직접 계산할 필요가 없다.

원금과 이자를 모두 보는 DSR

　DSR 또한 소득 대비 빠져나가는 원금과 이자의 합을 비율로 나타낸 것이다. 그러나 DTI와 차이가 있다면 DSR은 주택담보대출이든 신용대출이든 상관없이 보유한 대출의 원금과 이자를 모두 반영한다. 그래서 DSR이 40%라는 건 소득이 100만 원인 사람이 보유하고 있는 대출들의 원금과 이자의 총합이 40만 원이라는 뜻이다.

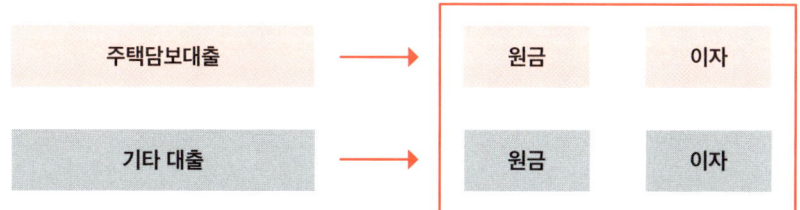

▲DSR 계산법

　이는 실무적으로 접근하면 더욱 큰 차이를 만들어낸다. 예를 들어 월급이 100만 원인데 매월 주택담보대출 원금 20만 원, 이자 10만 원을 상환하고 있고, 신용대출 이자를 10만 원씩 내고 있다고 가정해보자. 이때 통장에서 빠져나가는 돈이 100만 원 중 40만 원이라고 해서 DSR이 40%가 아니다. 신용대출도 원금까지 같이 갚고 있는 것처럼 계산되어 45%, 50% 혹은 그 이상이 나올 수 있다.

　그럼 DSR에서 원금은 어떻게 계산하는 걸까? 이에 대한 기준은 규정으로 정해져 있고, 그 내용은 다음과 같다.

▼DSR 부채 산정 방식

분류	종류	상환 형태	원금	이자
주택 담보 대출	개별주택담보대출 및 잔금대출	원금전액분할상환	분할상환 개시 이후 실제 상환액	실제 부담액
		원금일부분할상환	분할상환 개시 이후 실제 상환액+만기 상환액/ (대출 기간-거치 기간)	
		원금일시상환	대출총액/대출 기간 (최대 10년)	
	중도금 및 이주비	상환 방식 무관	대출총액/5년	
주택 담보 대출 외 기타 대출	· 전세자금대출 · 예적금담보대출 · 보험계약대출	상환 방식 무관	불포함	실제 부담액
	전세보증금 담보대출	상환 방식 무관	대출총액/4년	
	신용대출	분할상환	대출총액/약정 만기 (5년 이상, 10년 이내)	
		분할상환 외	대출총액/5년	
	오피스텔 외 비주택 담보대출	상환 방식 무관	대출총액/8년	
	오피스텔담보대출	원금전액분할상환	분할상환 개시 이후 실제 상환액	
		원금일부분할상환	분할상환 개시 이후 실제 상환액+만기 상환액/ (대출 기간-거치 기간)	
		원금일시상환	대출총액/8년	
	기타 담보대출	상환 방식 무관	대출총액/10년	
	유가증권담보대출	상환 방식 무관	대출총액/8년	

주택 담보 대출 외 기타 대출	장기카드대출	분할상환	대출총액/약정 만기 (5년 이내)	실제 부담액
		분할상환 외	대출총액/약정 만기 (3년 이내)	
	기타 대출	상환 방식 무관	향후 1년간 실제 상환액	

출처: 「은행업감독업무시행세칙」 '별표 18' 주택 관련 담보대출 등에 대한 리스크 관리 세부 기준(개정 2024.03.07.)

여기서 잠깐 많은 사람이 가장 흔하게 받는 신용대출을 살펴보자. 분할상환이 아닌 신용대출의 원금 계산 방식은 '대출총액/5년'이다. 즉, 이자만 내며 사용하고 있는 신용대출의 원금은 5년 분할상환처럼 계산한다는 뜻이다. 연봉이 5,000만 원인데 금리 6%짜리 이자만 내는 신용대출 1억 원을 받아둔 상태라면 이때 DSR은 그 신용대출 하나만으로 52%[(1억 원+(1억 원×6%)/5년)/5,000만 원×100]가 된다.

▼LTV, DTI, DSR 한눈에 비교하기

구분	LTV	DTI	DSR
특징	· 가장 먼저 도입된 규제 · 소득과 상관없이 담보 가치 대비 대출 가능한 비율만 통제함	· DSR 도입 전 생긴 규제 · 소득 대비 대출 가능액을 통제하기 위한 지표 · 주택담보대출의 원금, 이자 상환액, 그 외 대출의 이자 상환액 수준에 따라 대출 가능액 결정	· 3개의 규제 중 가장 나중에 생긴 규제 · 소득 대비 대출 가능액을 통제하기 위한 지표로서 DTI를 더 강화한 것 · 보유한 모든 대출의 원금과 이자 상환액을 고려하여 대출 가능액 통제
계산식	대출 한도액/ 담보 가치×100%	(연간 주택담보대출 원리금 상환액+ 기타 부채의 총이자)/ 연간소득×100%	연간 원리금 상환액/ 연간소득×100%

Tip

DSR 부채 산정 방식 이해하기

한 세대가 보유하는 대출의 종류는 한정적이기 때문에 모든 개념을 이해할 필요는 없습니다. 나에게 해당하는 부분만 읽고 넘기세요.

1. 상환 형태에 따른 구분
① 원금전액분할상환: 대출받은 원금 전체를 이자와 함께 여러 번 조금씩 나눠 갚는 방식
② 원금일부분할상환: 매달 일부 원금만 나눠 갚고, 남은 원금은 약정된 시점(만기)에 한꺼번에 갚는 방식
③ 원금일시상환: 이자는 정기적으로 내고, 원금은 만기일에 한꺼번에 갚는 방식
④ 분할상환: 나누어 갚는 상환 전체를 가리키는 포괄적 용어로, 위의 전액·일부 분할 모두를 포함
⑤ 분할상환 외: 분할상환 방식이 아닌 다른 모든 상환 방식
⑥ 상환 방식 무관: 분할, 일시 등 상환 방식과 관계없이 동일한 계산 기준을 적용할 때 쓰는 표현. 가령 토지의 경우 분할상환이든 만기일시상환이든 무조건 8년 분할상환으로 계산한다는 것

2. 원금 계산 방식
① 분할상환 개시 이후 실제 상환액: 분할상환이 시작된 뒤 실제로 낸 돈. 매달 납부 또는 납부한 금액 합계를 계산
② 분할상환 개시 이후 실제 상환액+만기 상환액/(대출 기간-거치 기간): 분할상환 기간 중 실제 낸 금액에 만기에 한꺼번에 내야 할 잔액을 남은 기간으로 나눠 더한 것
③ 대출총액/대출 기간(최대 10년): 빌린 돈 전체를 대출 기간(최대 10년)으로 똑같이 나눠 매년 혹은 매달 갚는다고 가정하고 계산하는 방식
④ 대출총액/약정 만기(5년 이상, 10년 이내): 실제로 남은 상환 기간 동안 약정한 만기(반드시 5년 이상, 10년 이하)로 나눠 계산하는 방식
⑤ 향후 1년간 실제 상환액: 앞으로 1년 동안 실제로 내야 할 원금 또는 이자 총액을 기준으로 삼는 방식

16
상황에 따라 달라지는 대출 비율

최신 대출 규제를 확인하라

 LTV, DTI, DSR은 딱 여기까지만 이해하면 된다. 이 정도만 이해해도 상위 10% 안에 드는 대출 지식을 갖춘 사람이 될 수 있다.
 'DSR이 DTI보다 훨씬 강력하네! 그런데 통과해야 하는 DSR, DTI 수치가 같다면 DTI는 계산할 필요가 없지 않나?'라고 생각한 사람도 있을 것이다. 그렇다. DSR은 그 외 대출의 원금분까지 포함하니 극히 일부분의 경우를 제외하고 DSR 수치가 DTI보다 늘 높다.
 그럼 이제 상황에 따라 각각 어떤 수치를 적용하게 되는지 정리하고 넘어가도록 하자. 참고로 이 수치는 대출 규제에 따라 계속 변경되므로 엑셀로 정리해두는 것이 좋다. 수치가 바뀔 때마다 숫자만 변경하면 편하게 규제를 모니터링하고 사업 또는 투자에 적용할 수 있다.

단, 다음의 표들은 민간 금융기관의 대출 상품을 활용할 때 적용되는 수치다. 정부의 주택담보대출은 이를 따르지 않는다.

1. LTV 적용 사례

① 주택매수자금 LTV

주택매수자금은 우리가 주택을 매수함과 동시에 취급되는 대출이다. 내가 아직 주택을 보유하고 있지 않아도 매수하기로 한 주택은 대금을 전부 치르는 날 어차피 내 것이 되므로 그 주택을 담보 잡는 것을 전제로 대출이 진행된다. 보유한 주택 수와 담보 주택의 위치(지방, 규제지역, 수도권) 등에 따라 대출 가능액이 달라진다.

즉, 내가 생애최초로 주택을 매수한다면 5억 원짜리 아파트를 살 때 그 아파트를 담보로 규제지역과 비규제지역 상관없이 4억 원(5억 원×80%)의 대출을 내어준다는 의미다. 그 돈으로 매수자금을 치르면 소유권이 내 쪽으로 넘어오고, 그와 동시에 대출 4억 원에 대한 은행의 근저당권이 설정된다.

▼주택매수자금 LTV 적용 기준

주택매수자금	수도권		지방	
	규제지역	비규제지역	규제지역	비규제지역
생애최초 및 서민실수요자*	70%(6억 원 한도)			· 생애최초: 80% · 서민실수요자: 70%
무주택	40% (6억 원 한도)	70% (6억 원 한도)	40% (6억 원 한도)	70%
1주택 (기존 주택 6개월 내 처분 조건)	40% (6억 원 한도)	70% (6억 원 한도)	40% (6억 원 한도)	70%
1주택(처분 ×) 및 2주택 이상	대출 불가	대출 불가	대출 불가	60%

*서민실수요자: 투기지역 및 투기과열지구에서는 ① 부부 합산 연소득 9,000만 원 이하, ② 주택 가격 9억 원 이하, ③ 무주택 세대주 등의 요건을 모두 충족하는 경우를 말한다. 또 조정대상지역에서는 ① 부부 합산 연소득 9,000만 원 이하, ② 주택 가격 8억 원 이하, ③ 무주택 세대주 등의 요건을 모두 충족하는 경우를 말한다.
출처: 2025년 6월 27일 관계부처협동 보도자료 〈가계부채 관리방안〉

② 생활안정자금 LTV

생활안정자금은 내가 보유하고 있는 주택을 담보로 주택 매수 외 용도로 사용하는 대출을 의미하며, 범위가 제한되어 있지 않다. 가령 아이의 학비나 학원비 등 교육비로 사용하거나 가정 편의를 위해 가전을 구매하는 용도 등으로 사용할 수도 있다.

본인이 주택을 하나 보유하고 있으면 비규제지역 기준으로 그 주택 가격의 70%만큼 대출을 받을 수 있다.

▼생활안정자금 LTV 적용 기준

생활안정자금	수도권		지방	
	규제지역	비규제지역	규제지역	비규제지역
1주택자	40% (1억 원 한도)	70% (1억 원 한도)	40% (1억 원 한도)	70%
2주택자 이상 (규제지역 및 수도권에 1주택 이하 보유)	30% (1억 원 한도)	60% (1억 원 한도)	30% (1억 원 한도)	60%
2주택자 이상 (규제지역 및 수도권에 2주택 이상 보유)	대출 불가			60%

※ 규제지역 또는 수도권 주택을 담보로 생활안정자금을 받는 경우 최대한도 1억 원 제한
※ 다주택자가 규제지역 또는 수도권 주택을 담보로 생활안정자금 금지
※ 지방을 담보로 하는 경우 생활안정자금 최대한도 제한 없음
※ 임차보증금 목적 생활안정자금의 경우도 임차인이 2025년 6월 27일 이후에 임대차계약을 한 건이면 위 규제 적용(6월 27일 이전 임대차계약 건에 대한 보증금 반환 건은 종전 규제 적용 가능)
출처: 2025년 6월 27일 관계부처협동 보도자료 〈가계 부채 관리 방안〉

2. DTI 적용 사례

DTI 또한 상황별로 적용되는 수치가 다르다. 설령 이해가 되지 않더라도 괜찮다. 거듭 말하지만 기준이 더 엄격한 DSR만 통과하면 어차피 DTI 수치들은 통과되는 것이 일반적이다.

▼주택구입자금 DTI 적용 기준

주택구입자금	수도권		지방	
	규제지역	비규제지역	규제지역	비규제지역
생애최초 및 서민실수요자*	60%	60%	투기 40%	-
무주택	· 투기 및 투기과열 지역: 40% · 조정대상 지역: 50%			
1주택 (기존 주택 6개월 내 처분 조건)				
1주택(처분 ×) 및 2주택 이상	대출 불가			

*서민실수요자: 투기지역 및 투기과열지구에서는 ① 부부 합산 연소득 9,000만 원 이하, ② 주택 가격 9억 원 이하, ③ 무주택 세대주 등의 요건을 모두 충족하는 경우를 말한다. 또 조정대상지역에서는 ① 부부 합산 연소득 9,000만 원 이하, ② 주택 가격 8억 원 이하, ③ 무주택 세대주 등의 요건을 모두 충족하는 경우를 말한다.
출처: 2025년 6월 27일 관계부처협동 보도자료 〈가계 부채 관리 방안〉

▼생활안정자금 DTI 적용 기준

생활안정자금	수도권		지방	
	규제지역	비규제지역	규제지역	비규제지역
1주택자	· 투기 및 투기과열 지역: 40% · 조정대상 지역: 50%	60%	투기 40%	-
2주택자 이상 (규제지역 및 수도권에 1주택 이하 보유)	· 투기 및 투기과열지역: 30% · 조정대상지역: 40%		투기 30%	

| 2주택자 이상 (규제지역 및 수도권에 2주택 이상 보유) | 대출 불가 | |

※ 규제지역 또는 수도권 주택을 담보로 생활안정자금을 받는 경우 최대한도 1억 원 제한
※ 다주택자가 규제지역 또는 수도권 주택을 담보로 생활안정자금 금지
※ 지방을 담보로 하는 경우 생활안정자금 최대한도 제한 없음
※ 임차보증금 목적 생활안정자금의 경우도 임차인이 2025년 6월 27일 이후에 임대차계약을 한 건이면 위 규제 적용(6월 27일 이전 임대차계약 건에 대한 보증금 반환 건은 종전 규제 적용 가능)
출처: 2025년 6월 27일 관계부처협동 보도자료 〈가계 부채 관리 방안〉

LTV와 DTI의 공통 적용 사항은 다음과 같다.

수도권과 규제지역의 대출 만기는 최장 30년이고, 지방은 최장 40년이다. 또한 수도권과 규제지역 아파트는 6개월 내 전입 의무가 있으나 비규제지역과 지방 아파트는 전입 의무가 없다. 2025년 6월 27일 이전에 수도권과 규제지역 내 매매 계약을 체결하고 계약금을 납부한 건 그리고 대출 신청 접수까지 완료된 건에 대하여는 종전 규제를 적용한다.

3. DSR 적용 사례

다음 표는 DSR의 규정을 정리한 것이다. 만약 받을 대출이 기존 대출들과 합해 1억 원을 초과하면 무조건 DSR 40%가 적용된다.

단, 은행은 40%를 적용하지만 보험사나 상호금융과 같은 금융기관은 같은 상황에서도 50%를 적용한다. 이에 대해서는 다음에 자세히 설명할 것이다.

▼DSR 적용 기준

주택구입자금 및 생활안정자금	지역 무관
가계대출 1억 원 초과 시	· 제1금융권: 40% · 그 외: 50%

출처: 2025년 6월 27일 관계부처협동 보도자료 〈가계 부채 관리 방안〉

이는 대출 한도를 계산해야 할 때 어떤 수치를 적용해야 하는지 쉽게 확인하라는 의미로 정리한 것이다. 단, 앞서 이야기했듯 대출 관련 규제는 수시로 바뀌므로 대출 전에 반드시 최근 정책을 확인해야 한다.

Tip

규제지역과 비규제지역

규제지역이란, 정부가 주택 시장 과열을 억제하기 위해 대출 규제와 청약 자격, 세금 등의 규제를 강화한 지역을 의미한다. 규제지역은 투기지역, 투기과열지구, 조정대상지역으로 구분된다.

1. 투기지역과 투기과열지구
주택 가격 급등, 투기 과열 우려가 있는 곳으로 가장 강도 높은 규제가 적용된다. 전매 금지, 청약 제한, LTV·DTI 축소 등이 대표적이다.

2. 조정대상지역
국지적·단기적 과열을 막기 위한 중간 단계 규제지역이다. 정부가 보았을 때 완전한 투기라고 볼 수는 없지만 이대로 두면 과열 양상을 보일 수 있어 규제는 해야 한다고 판단하는 곳이다.

3. 비규제지역
규제지역에 해당하지 않는 곳으로, 상대적으로 대출 한도와 전매, 청약 규제가 덜하다. 당장의 대대적인 가격 상승 시장으로 보지 않기 때문에 규제 없이 시장에 맡기고 지켜보는 지역이라고 생각하면 된다.

17

사이트 이용해
DSR 계산하기

DSR을 보지 않는 대출의 종류

 우리는 결국 DSR을 중점적으로 학습하면 된다. DTI만 보는 대출의 수가 많지 않고, 둘 다 보는 경우에는 DSR만 통과하면 저절로 DTI 기준도 통과되기 때문이다. 그런 의미에서 DSR과 무관한 대출들에는 어떤 것이 있는지 간단히 살펴보고 넘어가자.

 다음은 은행업감독업무시행세칙의 내용을 발췌한 것인데, 이에 해당하는 대출은 DSR과 무관하다. 하지만 여기에는 일반적인 신용대출과 주택담보대출은 포함되지 않는다. 즉, 정부대출 상품이 아닌 금융기관의 신용대출과 주택담보대출을 받기 위해서는 무조건 DSR을 통과해야 한다는 뜻이다.

> 나. 규정 <별표6> 제4호마목(5)에서 "그 밖에 총부채원리금상환비율 적용을 제외할 수 있는 예외적 사유로 금융감독원장이 인정한 대출"이라 함은 다음과 같다.
>
> (1) <삭제 2022.9.1.>
> (2) 서민금융상품(새희망홀씨, 바꿔드림론, 사잇돌대출, 징검다리론, 대학생·청년 햇살론 등)
> (3) 대출금액 3백만원 이하 소액대출 <개정 2022.9.1.>
> (4) 전세자금대출(전세보증금담보대출은 제외)
> (5) 주택연금(역모기지론)
> (6) 정책적 목적에 따라 정부, 공공기관, 지방자치단체 등과 이차보전 등 협약을 체결하여 취급하는 대출
> (7) 자연재해 지역에 대한 지원 등 정부정책 등에 따라 긴급하게 취급하는 대출
> (8) 보험계약대출
> (9) 상용차 금융
> (10) 예·적금담보대출
> (11) 할부·리스 및 단기카드대출 <개정 2022.9.1.>

출처: 「은행업감독업무시행세칙」 '별표 18' 제3장 12의 나

부동산계산기 활용법

지금부터는 편리한 부동산계산기를 활용해 대출 한도를 계산해볼 것이다. 부동산계산기는 네이버 검색창에 '부동산계산기'를 검색하거나 인터넷 주소창에 '부동산계산기.com'을 입력해 접속하면 된다.

부동산계산기 화면에서 [DTI·LTV] → [DSR/신DTI]를 클릭하면 다음과 같은 화면이 나온다. 여기에서 DSR과 DTI를 전부 계산할 수 있다. 기본적으로 DSR 계산기로 세팅되어 있다. 빨간색으로 표시한 부분을 클릭하면 DTI 계산기로 바뀐다.

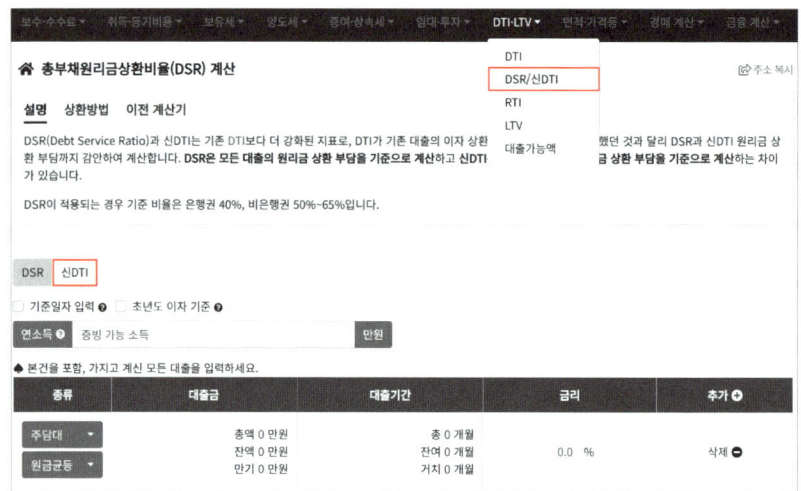

▲[DTI·LTV] → [DSR/신DTI]

　DSR을 계산하고 싶다면 다음 단계를 따라 입력한다. 참고로 이번 장에서는 계산법을 익히는 데 초점을 두고자 스트레스 DSR 규제를 고려하지 않았다. 스트레스 DSR 계산 시에는 금리만 조절해주면 된다.

① 연소득 입력
② 이미 보유 중인 대출 내역 입력
③ 신청할 대출 조건 입력 후 [계산] 버튼 클릭
④ 계산 결과가 DSR 기준 초과 시 대출 조건을 수정해 DSR 기준을 만족할 때까지 반복

　연봉이 3,000만 원인 철수는 신용대출 4,000만 원을 금리 연 8%의 이자만 내며 쓰고 있다. 이번에 5억 원짜리 아파트를 하나 사면서 주택담

보대출을 받으려 하는데, 은행 직원에게 LTV는 70%라고 안내받았다. 철수가 원리금균등분할상환으로 30년 만기, 금리 4%짜리 주택담보대출을 신청할 경우 받을 수 있는 대출의 최대한도는 얼마일까?

① 연소득 입력

우선 연소득은 소득금액증명원이나 원천징수영수증을 기준으로 한다. 직장인은 해당 서류들의 세전 금액을, 사업자는 비용 처리 후 금액을 입력한다.

직장인은 퇴사를 하지 않는 한 소득이 일정하게 발생하지만, 사업자는 소득이 들쭉날쭉하고, 매출을 기준으로 하면 이것 역시 과소 또는 과대 계상하는 등 리스크가 존재한다. 따라서 사업자는 상환 능력을 긍정적으로 검토하기가 힘들다. 이렇게 되면 사업자는 소득이 낮게 책정되어 DSR 수치가 초과할 수도 있다. 이에 대해서는 향후에 더욱 자세히 다룰 예정이니 지금은 신경 쓰지 말고 진행해보자.

▲연소득 입력

② 이미 보유 중인 대출 내역 입력

철수는 연 8%의 이자만 내고 있는 4,000만 원짜리 신용대출을 하나 가지고 있다. 이를 입력하면 다음과 같다.

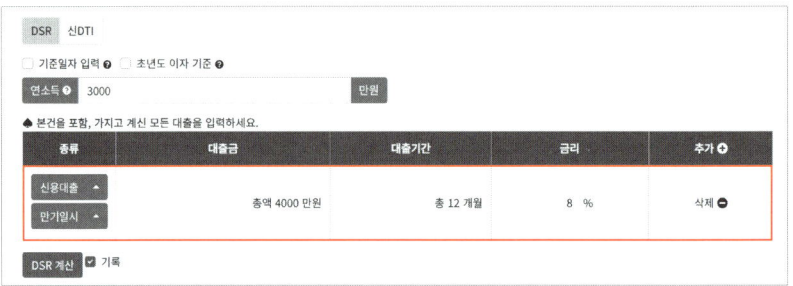

▲보유 중인 대출 내역 입력

이자만 내고 있으니 만기일시상환으로 입력했다. 대출 기간은 실제 남은 대출 기간을 입력해도 되지만, 만기일시상환 방식은 몇 개월을 입력해도 계산 결과가 같기 때문에 12개월로 입력했다.

만약 보유한 대출 종류가 여러 개라면 오른쪽 상단의 [추가(+)]를 클릭하면 된다. 반대의 경우에는 [삭제(-)]를 클릭하면 된다.

③ 신청할 대출 조건 입력 후 [계산] 버튼 클릭

[추가(+)]를 클릭하고 LTV 최대한도였던 70%인 3억 5,000만 원(5억 원× 70%)을 입력한다. 그리고 나머지 조건들도 입력한다.

▲받을 대출 조건 입력

그리고 하단에 있는 [DSR 계산]를 클릭하면 계산 결과를 확인할 수 있다.

▲계산 결과 확인

3장 대출 한도를 결정짓는 LTV, DTI, DSR

④ 계산 결과가 DSR 기준 초과 시 대출 조건을 수정해 DSR 기준을 만족할 때까지 반복

철수의 DSR은 40%를 초과했으므로 3억 5,000만 원 대출은 불가능하다. 그럼 DSR이 40%를 넘지 않을 때까지 주택담보대출의 금액을 줄여보자. DSR 40%를 초과하지 않는 선을 확인하니 철수가 받을 수 있는 주택담보대출 금액은 1,300만 원이다.

계산 결과 ☑ 순번

계산서 1

#	적요	금액	비고
1	연소득	30,000,000	입력값
2	총대출건수	2	(본건 포함)
3	대출1	40,000,000	신용 대출, 만기일시상환, 금리 8%
4	대출1 기간	12개월	전체 기간
5	연원금상환액1	8,000,000	대출총액 / 5년
6	연이자상환액1	3,200,000	실제 납부이자
7	대출2	13,000,000	주택담보대출, 원리금균등분할상환, 금리 4%
8	대출2 잔액	13,000,000	입력값
9	대출2 기간	360개월	전체 기간(잔여 360개월)
10	연원금상환액2	433,333	실제 상환액
11	연이자상환액2	311,435	실제 납부이자
12	총 원리금상환액	11,944,768	대출 원금 + 이자 상환액
13	DSR	39.82%	총 원리금상환액 / 연소득 * 100

▲계산 결과 재확인

이렇게 부동산계산기를 활용해 DSR을 계산하면 자신의 최대 대출 한도를 정확하게 알 수 있다.

18

DSR을 피하는 세 가지 방법

DSR도 극복할 수 있다

철수는 LTV상으로는 3억 5,000만 원까지 대출을 신청할 수 있었지만, DSR로 인해 받을 수 있는 대출은 고작 1,300만 원이다. 철수는 이대로 주택담보대출을 포기해야 할까? 대출금을 늘리면서 DSR 40%를 초과하지 않게끔 할 수 있는 방법은 무엇이 있을까?

원리금을 줄여라

가장 먼저 생각할 수 있는 방법은 원리금을 줄이는 것이다. DSR은 소득 대비 상환하는 원리금 비율인데, 내 소득을 당장 늘릴 수 없으니 상환금을 줄이자는 것이다.

　은행이 금리를 낮춰줘야 하는데, 그게 가능할까? 철수를 불쌍히 여긴 은행지점장이 있다 해도 금리를 낮추는 것은 불가능하다. 모두가 공평한 금리를 부여받아야 하기 때문이다. 하지만 철수의 뜻에 따라 대출 상환 기간을 늘리는 것은 가능하다. 즉, 철수는 30년 원리금균등분할상환으로 받으려 한 대출을 40년으로 늘려달라고 은행에 요청할 수 있다(단, 2025년 9월 현재 수도권 및 규제지역은 최장 30년). 은행 입장에서는 대출이자를 더 많이 받을 수 있으니 고객의 요청을 수락할 것이다.

　대출 기간을 480개월로 늘려 신청하면 기본 1,300만 원보다 250만 원

계산 결과 ☑ 순번

계산서 1

#	적요	금액	비고
1	연소득	30,000,000	입력값
2	총대출건수	2	(본건 포함)
3	대출1	40,000,000	신용 대출, 만기일시상환, 금리 8%
4	대출1 기간	12개월	전체 기간
5	연원금상환액1	8,000,000	대출총액 / 5년
6	연이자상환액1	3,200,000	실제 납부이자
7	대출2	15,500,000	주택담보대출, 원리금균등분할상환, 금리 4%
8	대출2 잔액	15,500,000	입력값
9	대출2 기간	480개월	전체 기간(잔여 480개월)
10	연원금상환액2	387,500	실제 상환액
11	연이자상환액2	389,866	실제 납부이자
12	총 원리금상환액	11,977,366	대출 원금 + 이자 상환액
13	DSR	39.92%	총 원리금상환액 / 연소득 * 100

▲원리금을 줄인 결과

증가한 1,550만 원을 대출받을 수 있다.

또한 대출 상환 방식을 선택할 때 원금균등분할상환 방식을 선택해야 DSR이 더 작아진다. 즉, 한도를 더 많이 받는 대출 상환 방식은 원리금균등이 아닌 원금균등분할상환 방식인 것이다. 다만, 초기 상환 부담이 더 크다는 것을 감안해 최종 선택하는 것이 옳다.

2. 신용대출을 줄여라

하지만 여전히 충분하지 않다. 신용대출이 철수의 DSR을 너무 많이 차지하고 있다. 매년 1,120만 원(연 원금 800만 원+연 이자 320만 원)을 납부하는 것처럼 계산되니 신용대출 하나로 이미 DSR 37%를 초과한다.

여기서 생각해볼 만한 것이 있다. 어차피 주택을 살 때 주택담보대출 외의 금액은 준비하고 있었을 것이다. 가령 5억 원의 집을 사는데 대출이 3억 5,000만 원 나올 거라 기대했다면 1억 5,000만 원은 현금으로 가지고 있을 것이다. 그럼 신용대출 4,000만 원을 이 현금 1억 5,000만 원으로 상환하고 DSR을 다시 계산하면 어떻게 될까?

신용대출이 5년 분할상환으로 계산된다는 것에 대한 의미를 정확히 이해하지 못한 사람은 헷갈릴 수 있지만, 신용대출 4,000만 원을 갚으면 갚은 금액보다 훨씬 더 큰 액수의 주택담보대출이 추가로 나온다. 쉽게 말해 신용대출이 주택담보대출보다 DSR에 더 많은 악영향을 미친다.

#	적요	금액	비고
1	연소득	30,000,000	입력값
2	총대출건수	1	(본건 포함)
3	대출1	235,000,000	주택담보대출, 원리금균등분할상환, 금리 4%
4	대출1 잔액	235,000,000	입력값
5	대출1 기간	480개월	전체 기간(잔여 480개월)
6	연원금상환액1	5,875,000	실제 상환액
7	연이자상환액1	5,910,465	실제 납부이자
8	총 원리금상환액	11,785,865	대출 원금 + 이자 상환액
9	DSR	39.29%	총 원리금상환액 / 연소득 * 100

▲신용대출 삭제 후 재조회

하지만 이 방법이 늘 유효한 것은 아니다. 이번에는 영희의 예시를 살펴보자.

연봉이 7,000만 원인 영희는 신용대출 3,000만 원을 금리 연 6%의 이자만 내며 쓰고 있다. 이번에 5억 원짜리 아파트를 하나 사면서 주택담보대출을 받으려 하는데, 은행 직원에게 LTV는 70%라고 안내받았다. 영희가 원리금균등분할상환으로 40년 만기, 금리 4%짜리 주택담보대출을 신청할 경우 받을 수 있는 대출의 최대한도는 얼마일까?

영희는 LTV 최대 신청 금액인 3억 5,000만 원을 넣어 계산해봐도 DSR이 40%가 넘지 않는다. 영희의 연봉이 높기 때문이다.

영희가 가지고 있는 현금이 별로 없어 신용대출을 더 받으려 한다면 얼마큼 더 받을 수 있을까? DSR이 40%를 넘지 않는 선까지 조금씩 늘려가며 계산해보니 기존 신용대출과 같은 조건으로 최대 1,000만 원을

#	적요	금액	비고
1	연소득	70,000,000	입력값
2	총대출건수	2	(본건 포함)
3	대출1	30,000,000	신용 대출, 만기일시상환, 금리 6%
4	대출1 기간	12개월	전체 기간
5	연원금상환액1	6,000,000	대출총액 / 5년
6	연이자상환액1	1,800,000	실제 납부이자
7	대출2	350,000,000	주택담보대출, 원리금균등분할상환, 금리 4%
8	대출2 잔액	350,000,000	입력값
9	대출2 기간	480개월	전체 기간(잔여 480개월)
10	연원금상환액2	8,750,000	실제 상환액
11	연이자상환액2	8,803,416	실제 납부이자
12	총 원리금상환액	25,353,416	대출 원금 + 이자 상환액
13	DSR	36.22%	총 원리금상환액 / 연소득 * 100

▲영희의 DSR

더 대출할 수 있다.

여기서 돈이 부족해 더 많은 대출을 받고 싶다면 어떻게 해야 할까? 이자만 내던 신용대출을 원리금균등분할상환 10년짜리로 바꾸면 된다. 그럼 DSR에 여유가 생겨 대출을 더 받을 수 있다.

총 4,000만 원의 신용대출을 10년 분할상환으로 바꾸면 영희의 DSR은 32.69%로 여유가 생긴다.

계산 결과 ☑ 순번

계산서 1

#	적요	금액	비고
1	연소득	70,000,000	입력값
2	총대출건수	3	(본건 포함)
3	대출1	30,000,000	신용 대출, 만기일시상환, 금리 6%
4	대출1 기간	12개월	전체 기간
5	연원금상환액1	6,000,000	대출총액 / 5년
6	연이자상환액1	1,800,000	실제 납부이자
7	대출2	350,000,000	주택담보대출, 원리금균등분할상환, 금리 4%
8	대출2 잔액	350,000,000	입력값
9	대출2 기간	480개월	전체 기간(잔여 480개월)
10	연원금상환액2	8,750,000	실제 상환액
11	연이자상환액2	8,803,416	실제 납부이자
12	대출3	10,000,000	신용 대출, 만기일시상환, 금리 6%
13	대출3 기간	12개월	전체 기간
14	연원금상환액3	2,000,000	대출총액 / 5년
15	연이자상환액3	600,000	실제 납부이자
16	총 원리금상환액	27,953,416	대출 원금 + 이자 상환액
17	DSR	39.93%	총 원리금상환액 / 연소득 * 100

▲신용대출 추가 후 재조회

계산 결과 ☐ 순번

계산서 1

#	적요	금액	비고
1	연소득	70,000,000	입력값
2	총대출건수	2	(본건 포함)
3	대출1	350,000,000	주택담보대출, 원리금균등분할상환, 금리 4%
4	대출1 잔액	350,000,000	입력값
5	대출1 기간	480개월	전체 기간(잔여 480개월)
6	연원금상환액1	8,750,000	실제 상환액
7	연이자상환액1	8,803,416	실제 납부이자
8	대출2	40,000,000	신용 대출, 원리금균등분할상환, 금리 6%
9	대출2 잔액	40,000,000	입력값
10	대출2 기간	120개월	전체 기간(잔여 120개월)
11	연원금상환액2	4,000,000	대출총액 / 120개월 x 12
12	연이자상환액2	1,328,984	실제 납부이자
13	총 원리금상환액	22,882,400	대출 원금 + 이자 상환액
14	DSR	32.69%	총 원리금상환액 / 연소득 * 100

▲신용대출을 10년 분할상환으로 바꾼 후 재조회

    답은 규정에 있다. 다음 표는 대출마다 다른 DSR 계산 방식에 관한 규정을 정리한 것이다. 신용대출이 이자만 내는 방식이 아닌 5년을 초과하는 분할상환 방식이라면 상환 기간을 그대로 적용해 DSR에 반영한다는 뜻이다.

▼DSR 부채 산정 방식

분류	종류	상환 형태	원금	이자
주택담보대출 외 기타 대출	· 전세자금대출 · 예적금담보대출 · 보험계약대출	상환 방식 무관	불포함	실제 부담액
	전세보증금 담보대출	상환 방식 무관	대출총액/4년	
	신용대출	분할상환	대출총액/약정 만기 (5년 이상, 10년 이내)	
		분할상환 외	대출총액/5년	
	오피스텔 외 비주택 담보대출	상환 방식 무관	대출총액/8년	
	오피스텔담보대출	원금전액분할상환	분할상환 개시 이후 실제 상환액	
		원금일부분할상환	분할상환 개시 이후 실제 상환액+만기 상환액/ (대출 기간-거치 기간)	
		원금일시상환	대출총액/8년	
	기타 담보대출	상환 방식 무관	대출총액/10년	
	유가증권담보대출	상환 방식 무관	대출총액/8년	
	장기카드대출	분할상환	대출총액/약정 만기 (5년 이내)	
		분할상환 외	대출총액/약정 만기 (3년 이내)	
	기타 대출	상환 방식 무관	향후 1년간 실제 상환액	

출처: 「은행업감독업무시행세칙」 '별표 18' 주택 관련 담보대출 등에 대한 리스크 관리 세부 기준(개정 2024.03.07.)

즉, 이자만 내는 신용대출은 5년 분할로 계산되지만, 10년 분할상환은 그대로 10년 분할로 계산된다. 그러면 신용대출이 차지하는 DSR 비율은 절반 수준으로 줄어든다.

영희가 DSR 40%를 넘기지 않으면서 추가로 받을 수 있는 신용대출 금액은 3,000만 원이 전부였다. 신용대출을 10년 분할상환으로 조건을 바꾼다면 6,000만 원까지 늘려도 DSR이 40%를 초과하지 않는다. 3,000만 원이 더 생기는 것이다. 바로 이런 부분이 대출 한도를 좌지우지하는 팁이라 할 수 있다.

계산 결과 ☑ 순번

계산서 1

#	적요	금액	비고
1	연소득	70,000,000	입력값
2	총대출건수	2	(본건 포함)
3	대출1	350,000,000	주택담보대출, 원리금균등분할상환, 금리 4%
4	대출1 잔액	350,000,000	입력값
5	대출1 기간	480개월	전체 기간(잔여 480개월)
6	연원금상환액1	8,750,000	실제 상환액
7	연이자상환액1	8,803,416	실제 납부이자
8	대출2	60,000,000	신용 대출, 원리금균등분할상환, 금리 6%
9	대출2 잔액	60,000,000	입력값
10	대출2 기간	120개월	전체 기간(잔여 120개월)
11	연원금상환액2	6,000,000	대출총액 / 120개월 x 12
12	연이자상환액2	1,993,416	실제 납부이자
13	총 원리금상환액	25,546,892	대출 원금 + 이자 상환액
14	DSR	36.5%	총 원리금상환액 / 연소득 * 100

▲대출 최대한도 재조회

3. 상호금융회사와 보험사를 활용하라

마지막으로 한 가지가 더 있다. 은행은 DSR 40%를 초과하지 않는 선까지만 대출을 해주지만, 상호금융회사나 보험사는 50%까지 가능하다. 즉, DSR에 있어서 10%나 여유가 있는 것이다. 이 10%가 별것 아닌 것처럼 보여도 40년, 금리 4%의 주택담보대출은 연봉만큼 대출이 더 나올 수도 있다.

영희의 LTV 최대한도가 3억 5,000만 원이 아니라 10억 원이고, 신용대출은 0원이라고 가정해보자. 은행의 DSR 40%를 적용했을 때 받을 수 있는 주택담보대출 최대치는 5억 5,500만 원이다.

계산 결과 ☑ 순번

계산서 1

#	적요	금액	비고
1	연소득	70,000,000	입력값
2	총대출건수	1	(본건 포함)
3	대출1	695,000,000	주택담보대출, 원리금균등분할상환, 금리 4%
4	대출1 잔액	695,000,000	입력값
5	대출1 기간	480개월	전체 기간(잔여 480개월)
6	연원금상환액1	17,375,000	실제 상환액
7	연이자상환액1	17,481,068	실제 납부이자
8	총 원리금상환액	34,856,068	대출 원금 + 이자 상환액
9	DSR	49.79%	총 원리금상환액 / 연소득 * 100

▲DSR이 50%일 때 재조회

영희가 보험사에서 대출을 받아 DSR이 50% 넘지 않는 선까지 금액을 늘릴 수 있다면 얼마나 증가할까? 최대 6억 9,500만 원이다.

#	적요	금액	비고
1	연소득	70,000,000	입력값
2	총대출건수	1	(본건 포함)
3	대출1	555,000,000	주택담보대출, 원리금균등분할상환, 금리 4%
4	대출1 잔액	555,000,000	입력값
5	대출1 기간	480개월	전체 기간(잔여 480개월)
6	연원금상환액1	13,875,000	실제 상환액
7	연이자상환액1	13,959,702	실제 납부이자
8	총 원리금상환액	27,834,702	대출 원금 + 이자 상환액
9	DSR	39.76%	총 원리금상환액 / 연소득 * 100

▲LTV 수정 후 재조회

사실 보험사는 은행보다 이자율이 조금 더 높다. 그래서 보험사는 넉넉잡아 0.5~1% 정도 금리를 더해야 좀 더 보수적으로 계산할 수 있다. 4.5%로 잡아도 9,000만 원이 더 늘어난다.

금리가 높긴 하지만 당장 받을 수 있는 대출 금액을 늘려야 한다면 상호금융회사나 보험사의 대출을 활용하는 것 또한 DSR을 극복할 수 있는 방법이다.

#	적요	금액	비고
1	연소득	70,000,000	입력값
2	총대출건수	1	(본건 포함)
3	대출1	645,000,000	주택담보대출, 원리금균등분할상환, 금리 4.5%
4	대출1 잔액	645,000,000	입력값
5	대출1 기간	480개월	전체 기간(잔여 480개월)
6	연원금상환액1	16,125,000	실제 상환액
7	연이자상환액1	18,671,164	실제 납부이자
8	총 원리금상환액	34,796,164	대출 원금 + 이자 상환액
9	DSR	49.71%	총 원리금상환액 / 연소득 * 100

▲이자율 4.5%로 재조회

지금까지 나온 모든 DSR 극복 방법을 정리하면 다음과 같다.

① 대출 기간을 최대한 길게 설정해 원리금을 줄인다.
② 초반에 원금이 가장 적게 책정되는 대출 상환 방식을 선택한다.
③ 보유한 신용대출을 없애거나 10년 분할상환으로 전환한다. 단, 10년 분할 신용 대출을 사용하는 경우에는 LTV상 주택담보대출 최대 신청 가능 금액을 전부 받는다고 가정해도 DSR이 기준치를 초과하지 않아야 한다.
④ DSR 기준이 10% 더 큰 상호금융회사나 보험사를 통해 주택담보대출을 받는다. 단, 이 경우에는 금리 손해가 발생할 수도 있다.

DSR을 피하기 위해 언급된 방법은 대출 상환 기간을 늘리거나 금리를 높이는 것이다. 이 방법들은 DSR은 피할 수 있지만 이자를 더 많이 내야 한다는 단점이 있다. 하지만 그럼에도 불구하고 이 방법이 필요한 이유는 무엇일까?

DSR은 가계 부채를 억제하기 위해 존재하는 지표다. 따라서 실무적으로 감당할 수 있는 원리금 상태에서도 DSR이 40%가 넘어가는 경우가 많다. 여기에는 신용대출이 5년 분할상환으로 계산되는 것도 한몫한다. 이 상태에서 내가 대출을 더 받아야 더 좋은 아파트를 매수하고 더 많은 자산 차익 성과를 올릴 수 있다는 기대감이 있다면, 월 부담을 이고 가는 한이 있어도 대출이 필요한 경우가 생긴다.

그러나 과도한 대출은 오히려 화를 불러올 수도 있다는 사실을 늘 기억하자.

19
겁먹을 필요 없는 스트레스 DSR

변동금리로부터 가계신용을 지켜라

언론은 스트레스 DSR이 시작되면 집을 사기가 매우 힘들어질 것처럼 이야기하며 공포를 유도한다. 물론 어느 정도는 맞는 말이지만, 스트레스 DSR 하나가 집을 사는 데 결정적인 방해 요소가 되지는 않는다. 따라서 이 규제 때문에 내 집 마련이나 투자를 미룰 필요는 없다.

스트레스 DSR이란, 쉽게 말해 변동금리대출을 사용하는 사람의 대출 한도를 줄이는 것이다. 그럼 정부는 왜 이런 규제를 하게 된 것일까? 과거에 변동금리대출을 자유롭게 허용한 결과, 금리가 오르는 시점에 많은 사람이 큰 어려움을 겪었기 때문이다. 갑자기 늘어난 이자 부담 때문에 생활이 어려워지고, 연체가 발생해 개인뿐 아니라 국가 신용에도 악영향을 미쳤다. 이런 부작용을 미리 방지하고, 국민들이 대출을 안전하게 상환할 수 있도록 보호 장치를 만든 것이 바로 스트레스 DSR이다.

그렇다면 변동금리가 아닌 평생 고정금리 상품이라면 스트레스 DSR을 피할 수 있을까? 그렇다. 이 점이 굉장히 중요한 포인트다. 하지만 현실적으로 한국의 금융기관들은 평생 고정금리 상품을 거의 취급하지 않는다. 따라서 스트레스 DSR은 대부분의 사람에게 적용될 수밖에 없는데, 그럼에도 강도나 영향력은 사용하는 대출 상품의 성격에 따라 매우 다르게 나타난다.

변동금리대출 중에서도 금리의 변동 빈도가 적은 상품을 선택하면 스트레스 DSR이 덜 적용된다. 대표적인 상품으로는 5년 고정금리 이후 35년 변동금리와 같은 혼합형 대출, 5년, 10년과 같이 일정 기간마다 금리가 변동하는 주기형 대출 상품이 있다. 일반적인 변동금리 상품이 3개월이나 6개월마다 금리가 변하는 것과 달리, 이런 상품들은 변동성이 적어 스트레스 DSR 규제에서 상대적으로 자유로울 수 있다.

은행이 평생 고정금리 상품을 내놓기 어려운 이유는 갑작스러운 금리 변동 시 발생할 수 있는 위험 부담 때문이다. 현재 3% 고정금리로 대출을 제공했는데 향후 시장금리가 급격히 올라 8%가 된다면 은행 입장에서는 상당한 손해를 감수해야 한다. 따라서 은행들은 장기간의 고정금리보다는 고정금리 기간을 제한하고 변동성을 줄인 상품을 선호한다.

그렇다면 변동금리 상품은 무조건 피해야 할까? 반드시 그렇지는 않다. 변동금리를 선호하는 사람도 있고, 변동금리를 활용하는 것이 이득이라고 판단하는 시기도 분명 존재한다. 금리 인하가 예상되거나 본인이 금리 변동에 민감하게 대응할 수 있다면 오히려 변동금리 상품을 선택하는 것이 현명한 방법일 수 있다.

반대로 변동금리가 아닌 장기 고정금리나 주기형 대출을 선택하면 스트레스 DSR 적용이 매우 미미하기 때문에 대출 승인이 더 쉽게 날 수도 있다. 하지만 이 경우에는 상대적으로 높은 금리를 감수해야 할 수도 있다. 결국 이 두 가지 조건을 잘 따져 자신에게 유리한 방법을 선택하는 것이 중요하다.

스트레스 DSR의 작동 원리

스트레스 DSR은 대출 원리금 부담을 높여 DSR을 계산하도록 설계된 제도다. 실제 대출금리에 일정 수준의 가산금리를 더해 원리금 상환액이 더 크게 계산되게 만듦으로써, 변동금리대출 이용자들의 한도를 줄여버린다. 리스크를 사전에 줄이는 데 목적이 있는 것이다.

① 적용 대상
모든 가계대출에 적용되며, 제1금융권과 제2금융권 모두 동일하다.

② 가산금리 산출 방식
한국은행이 매달 발표하는 가중평균금리를 기준으로 삼는다. 대출 신청 시점의 가중평균금리와 최근 5년간 가장 높았던 가중평균금리 간 차이를 계산한다. 그 차이를 은행이 실제로 판매하는 금리에 그대로 가산한다. 예를 들어 5년 전 가중평균금리가 5%였고 현재 가중평균금리가 3%라면 차이는 2%이므로, 스트레스 DSR 가산금리는 2%가 된다. 은행이 4%로 대출을 해준다고 해도 DSR 계산은 4%에 2%를 더한 6%로 계산된다.

③ 하한·상한 규정

가산금리는 최소 1.5%에서 최대 3%를 범위로 둔다. 계산된 차이가 0.2%일지라도 1.5%를, 4%일지라도 3%를 적용한다. 솔직히 상한이 적용될 일이 있을지 모르겠다. 항상 하한을 적용받지 않을까 생각된다. 즉, 은행이 제시하는 금리에 항상 최소 1.5%를 더해 DSR을 계산하게 될 것이라는 뜻이다.

④ 지방 우대 규정

수도권과 달리 지방 주택담보대출에는 가산금리를 0.75%만 적용한다. 부동산 시장 변동성이 수도권보다 낮다는 점을 반영한 조치다. 지방경제를 살리는 방법 중 하나가 부동산 시장을 살리는 것이니 충분히 납득이 되는 처사다.

부동산 계약이나 청약, 분양권 전매 등을 하기 전에는 스트레스 DSR

의 작동 원리를 정확하게 이해할 필요가 있다. 단순히 '변동금리로 대출을 안 받으면 되잖아'가 아니다. 스트레스 DSR을 적용해도 내가 원하는 대출금이 나오는 수준이면 금리 하락기 때는 변동금리를 선택해야 한다. 결국 스트레스 DSR이 적용되었을 때 대출 한도를 정확히 계산하는 것이 중요하다.

스트레스 DSR 3단계 적용 과정

① 1단계(2024년 2월)

가장 첫 단계에서는 주택담보대출에만 적용했는데, 제1금융권만 적용하고 제2금융권은 적용하지 않았다. 또 산출되는 스트레스 가산금리의 25% 수준만 적용했다. 즉, 하한 1.5%가 가산금리로 결정되었다 하더라도 '아직은 1단계니까' 하며 0.38%(1.5×0.25)만 가산해 DSR을 계산했다.

② 2단계(2024년 9월)

두 번째 단계에서는 적용 대상이 한층 넓어졌다. 제1금융권은 주택담보대출뿐 아니라 신용대출도 DSR 산정에 포함됐다. 제2금융권에도 주택담보대출은 스트레스 DSR이 적용되기 시작했다. 그러나 역시 2단계이기 때문에 계산된 스트레스 가산금리의 절반, 즉 50%만큼만 적용했다. 하한인 1.5%를 가산해야 함에도 0.75%만 가산해 계산할 수 있었던 것이다.

다만 수도권 주택담보대출은 하한이 1.5%로 계산되었을 때 0.75%가 아닌 1.2%를 적용하도록 강제했다. 이는 수도권의 부동산 가격이 많이 상승하던 시기에 예고와 다르게 갑작스럽게 반영된 부분이었다.

③ 3단계(2025년 7월 1일~)

마지막으로 완전히 적용되는 단계다. 은행권과 제2금융권 모두 주택담보대출, 신용대출, 기타 대출(비주택 담보, 장기카드론 등)까지 전부 DSR 계산에 포함된다. 스트레스 가산금리는 100% 적용된다. 즉, 5년간 가중평균금리 차이가 1.5% 미만이어서 하한인 1.5%로 스트레스 가산금리가 계산된다면 그대로 1.5%가 붙는다.

다만 지방 주택담보대출에는 0.75%만 얹도록 낮추어 서울 수도권과의 거래 환경 차이를 일부 고려했다. 부동산 시장의 온랭에 따라 차등 적용하기로 한 것이다.

연봉이 5,000만 원인 사람이 수도권 아파트를 사면서 금리 4%짜리 주택담보대출을 원리금균등분할상환 30년으로 이용한다고 가정하자. 그럼 다음과 같이 대출 한도가 줄어들 것이다.

① 스트레스 DSR 미적용: 대출 가능액 3억 5,500만 원
② 스트레스 DSR 1단계(0.38%): 대출 가능액 3억 3,500만 원
③ 스트레스 DSR 2단계(1.2%): 대출 가능액 3억 500만 원
④ 스트레스 DSR 3단계(1.5%): 대출 가능액 2억 9,300만 원

단, 이는 3개월, 6개월, 12개월 주기로 금리가 변동하는 변동금리로 대출받았을 때를 가정해 계산한 것이다. 5년 고정 35년 변동(혼합형), 10년마다 변동(주기형)하는 상품들은 단계와 상관없이 스트레스 가산금리 수치를 조금 더 약하게 적용한다. 일반 변동금리 상품보다 변동성이 낮기 때문이다.

여기서 '약하게 적용한다'라는 것은 무엇을 의미할까? 최종적으로 스트레스 가산금리가 결정되면 거기에 또 60%, 30% 정도만 적용하는 것이다. 고정금리 기간이 얼마나 많은 비중을 차지하느냐에 따라 그 강도를 조절한다.

예를 들면 5년 고정 35년 혼합형 상품의 경우 산출된 스트레스 DSR 가산금리에 60%를 곱해서 가산이 되는데, 예시 중 ③을 보자. 최종적으로 적용할 스트레스 DSR 금리가 1.2%로 산출되었지만, 만약 내가 5년 고정 35년 혼합형 상품을 선택하면 여기에 60%를 곱한 값, 즉 0.72%로 가산금리가 바뀌는 것이다. 그럴 경우 DSR을 계산할 때 4%에 1.2%를 더한 5.2%로 계산하는 것이 아니라 4%에 0.72%(1.2%의 60%를 곱한 값)를 더해 4.72%로 계산한다. 그럼 ③에서 5년 고정 혼합형 대출을 선택할 경우 대출 가능 금액이 3억 2,000만 원으로 상향된다.

다음은 전국은행연합회 소비자포털에 공시되는 표로, 스트레스 가산금리가 업데이트될 때마다 함께 업데이트된다.

대출유형별 실제 적용 스트레스 금리

1. 주택담보대출

1) 변동형 : 금리변동주기가 5년 미만인 상품
   - 산출된 스트레스 금리를 그대로(0.75% 또는 1.20%) 적용
2) 혼합형 : 일정기간(예: 5년) 고정금리가 적용되고, 그 이후 변동형으로 변경되는 상품

예) 30년 만기 기준	고정금리기간/대출만기 < 30%		30% ≤ 고정금리기간/대출만기 < 50%		50% ≤ 고정금리기간/대출만기 < 70%		70% ≤ 고정금리기간/대출만기	
	5년 이상 ~ 9년 미만		9년 이상~15년 미만		15년 이상~21년 미만		21년 이상	
실제 적용 스트레스 금리	수도권	비수도권	수도권	비수도권	수도권	비수도권	미적용	
	0.72%	0.45%	0.48%	0.30%	0.24%	0.15%		

3) 주기형 : 금리변동주기가 5년 이상으로, 그 기간 내에는 고정금리가 적용되는 상품

예) 30년 만기 기준	금리변동주기/대출만기 < 30%		30% ≤ 금리변동주기/대출만기 < 50%		50% ≤ 금리변동주기/대출만기 < 70%		70% ≤ 금리변동주기/대출만기	
	5년 이상 ~ 9년 미만		9년 이상~15년 미만		15년 이상~21년 미만		21년 이상	
실제 적용 스트레스 금리	수도권	비수도권	수도권	비수도권	수도권	비수도권	미적용	
	0.36%	0.23%	0.24%	0.15%	0.12%	0.08%		

▲대출 유형별 실제 적용 스트레스 금리

결국 스트레스 DSR 규제가 대출에 미치는 영향력은 어떤 상품을 선택하느냐에 따라 크게 달라진다. '스트레스 DSR 때문에 망했다', '최악의 규제다'라고 생각할 필요가 전혀 없다. 이 규제를 잘 이해하고 적절한 대출 상품을 선택하면 충분히 극복할 수 있다.

규제는 항상 존재해왔고, 앞으로도 계속 변할 것이다. 그때마다 규제를 명확히 이해하고 전략적으로 활용하는 사람은 분명 큰 성공을 거둘 것이다.

20
정부가 대출을 규제하는 이유

정부의 목적은 경제 안정

　많은 사람이 당장의 금리나 조건만 보고 대출을 선택하고 집을 사거나 투자를 결정한다. 그러나 이런 접근 방식은 장기적으로 큰 손해를 불러올 수 있다. 눈앞에 보이는 경제 상황만 보고 주택 구매를 결정하면 미래에 경제적 상황이 변했을 때 예상치 못한 금융 비용 증가나 자산 가치 하락으로 큰 어려움을 겪을 가능성이 있기 때문이다. 따라서 대출을 받을 때는 현재의 금리나 조건뿐 아니라 미래의 대출 시장이 어떻게 변화할지 예측하고 대비하는 것이 무척이나 중요하다.

　금융당국이 언제, 어떤 이유로 대출 규제를 강화하거나 완화할지 미리 이해하면 현명하게 재정적인 선택을 내릴 수 있다. 금융당국이 대출 규제를 실시하는 가장 큰 이유는 부동산 가격 급등과 가계 부채 증가를 억제하기 위함이다.

모든 사람이 쉽게 대출을 받을 수 있는 환경에서는 자산 가격이 급등하고, 일부 투자자가 과도하게 부동산을 매입해 독점할 수 있다. 예를 들어 누군가가 대출을 이용해 아파트를 다수 매입하면, 결국 다른 사람들은 집을 구하기 어려워지고 주거 불안정이 심각해질 것이다. 이런 상황에서는 집을 소유한 사람과 그렇지 못한 사람 사이의 경제적 격차가 커지고, 상대적 박탈감을 느끼는 사람이 증가하게 된다. 이런 사회적 갈등을 완화하고 경제의 균형을 맞추기 위해 대출 규제를 시행하는 것이다.

이는 부동산 시장뿐 아니라 전체 경제 시스템에도 큰 영향을 미친다. 많은 사람이 대출을 받아 소비를 늘리거나 부동산 투자를 과도하게 진행하면 저축률이 떨어지고, 은행이 기업에 대출해줄 수 있는 자금이 부족해진다. 그 결과 기업의 성장이 정체되고, 일자리 창출과 임금 상승이 저하되면서 경제 전체의 성장 속도가 둔화된다.

특히 가계 부채의 급증은 연체율 증가와 같은 금융 시스템의 위험을 초래할 수 있다. 이는 국가 신용등급 하락으로 연결되며, 국가 전체의 경제 안정성에도 부정적인 영향을 미친다. 이런 이유로 금융당국은 가계 부채가 급증하거나 부동산 가격이 과열되면 신속하게 규제를 도입한다.

가계대출과 사업자대출

하지만 모든 금융 규제가 모든 사람에게 똑같이 적용되는 것은 아니다. 가계 부채에 대한 규제는 상대적으로 쉽게 이루어질 수 있지만, 사업자를 대상으로 하는 대출 규제는 당위성을 확보하기 어렵다. 사업자대출은 경제 활성화와 일자리 창출로 이어질 가능성이 크기 때문이다. 따라서 정부는 사업자에 대한 대출은 가급적이면 규제하지 않으려는 경향이 있다.

여기서 중요한 포인트는 개인이 가계 부채 외에 사업자 부채도 활용할 수 있도록 준비해야 한다는 점이다. 최근 현명한 직장인이나 투자자들은 직장 생활을 유지하면서 사업자등록을 통해 사업자대출까지 확보하는 전략을 사용하고 있다. 사업자대출은 단순한 소비나 부동산 구매매가 아니라, 생산적인 투자나 사업 확장에 이용할 수 있어 더 큰 경제적 기회를 제공한다.

이런 전략을 사용하면 금융당국의 가계 부채 규제가 심화되는 상황에서도 상대적으로 더 많은 금융 지원을 받을 수 있는 기회를 확보할 수 있다. 또한 사업자 신분을 유지하면 규제 환경이 변화해도 대출을 받을 수 있는 다양한 통로가 열려 있어 경제적 위기나 금융 환경 변화에 보다 유연하게 대응할 수 있다.

사업자를 위한 대출은 6장에 자세히 설명했으니 가계대출과 사업자대출을 적절히 활용해 다른 사람들보다 먼저 기회를 잡기 바란다.

대출 상담 사례

아는 것이 힘이다

이번 장에서는 규제 지표에 대해 완벽하게 이해하는 시간을 가졌다. 그리고 한도를 계산하는 방법과 한도를 높이기 위해 어떤 식으로 상품을 선택해야 하는지도 알아보았다. 이런 것들을 잘 이해하면 자신이 살 수 있는 아파트의 최대 가격을 확실하게 알 수 있어 적절한 타이밍에 좋은 집을 매수할 수 있다.

지금부터는 내가 컨설팅한 고객의 사례를 소개하도록 하겠다. 나를 찾아온 부부는 혼인신고를 하지 않은 상태였다.

- 남편: 1주택자, 연봉 4,200만 원
- 아내: 무주택자(생애최초주택매수자), 연봉 6,200만 원

그들은 부업까지 하고 있었기에 대출 상환 능력은 400만~500만 원까지 충분히 가능한 상황이었다. 하지만 아직 사회초년생이어서 종잣돈이 1억 7,000만 원 정도밖에 되지 않았다. 그런데 그들이 매수한 아파트의 가격은 8억 2,800만 원이었다. 대체 어떻게 자금을 설계했을까?

일단 주택담보대출을 최대한도로 받기 위해서는 남편의 명의로 주택을 매수할 수 없었다. 연봉 4,200만 원으로 계산했을 때 보험사에서 주택담보대출을 받아 DSR 50%를 적용받는다 해도 대출금이 4억 5,000만 원을 넘지 못했기 때문이다. 그럼 추가로 마련해야 하는 자금이 2억 800만 원인데, 이를 아내의 신용대출로 충당할 수 없었다.

그래서 아내 명의로 주택을 매수하기로 하고 대출 가능 최대한도를 계산해보니, 약 5억

6,000만 원이 나왔다. 그리고 남편은 신용대출을 최대치로 받기로 했다. 혼인신고를 하지 않은 상태였기에 남편의 신용대출이 아내의 주택담보대출 한도에 영향을 미치지 않았기 때문이다. 남편의 신용대출 가능액 최대치는 7,000만 원이었으니 우리가 준비한 돈은 다음과 같았다.

1억 7,000만 원(현금)+5억 6,000만 원(주택담보대출)+7,000만 원(신용대출)
=8억 원

그런데 마음에 드는 매물의 가격은 8억 2,800만 원이었기에 가능한 대출을 조금 더 살펴보았다. 마침 아내가 교직에 몸담고 있어 교직원공제회에서 대출을 받을 수 있었고, DSR에 포함되지 않는다는 것을 확인했다. 그래서 약 4,000만 원을 대출받아 부족한 금액과 취득세, 부대 비용을 충당했다.

처음 그들은 "저희가 안양에 있는 6억 원짜리 아파트를 매수할 수 있을까요?"라고 상담을 요청했었다. 하지만 대출규제를 정확히 파악한 뒤에는 8억 2,800만 원짜리 서울 아파트를 매수했다. 당시 안양에 있는 6억 원짜리 아파트가 2,000만~3,000만 원 오르는 동안 그들이 산 아파트는 1억 원가량 올랐다. 대출을 잘 아는 것이 얼마나 중요한지 알 수 있는 사례다.

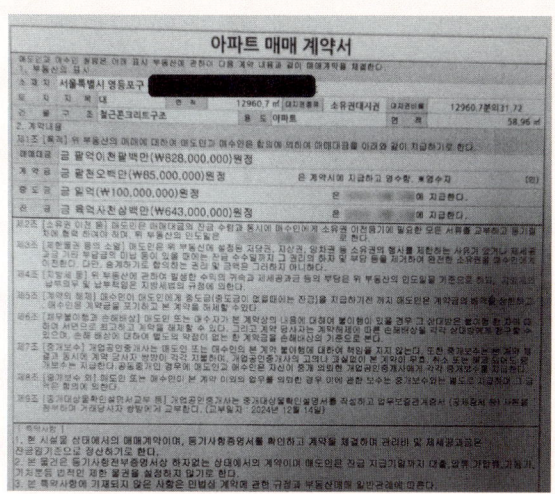

▲고객의 아파트 매매계약서

4장

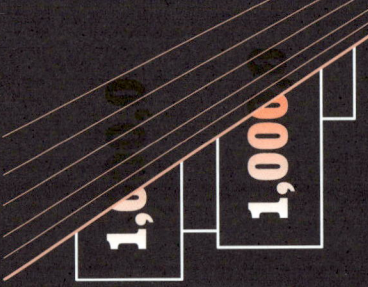

사회초년생과 신혼부부를 위한 대출 지식: 전세부터 내 집 마련까지

21

젊을수록 유리한 대출정책

선택이 부른 나비 효과

대출 강의를 하다 보면 "대출은 그냥 은행 가서 신청하면 되는 거 아니에요? 따로 공부할 게 있나요?"와 같은 질문을 자주 받는다. 틀린 말은 아니다. 공부하지 않아도 신청하면 받을 수 있다. 누구든 주식 투자를 할 수 있는 것처럼 말이다. 하지만 2017년부터 대출 규제가 본격적으로 다각화되면서 대출도 공부가 필요해졌다. 대출에 대해 얼마나 알고 있느냐에 따라 받을 수 있는 대출 규모가 달라지고, 집의 입지나 평수, 얻을 수 있는 금전적인 이익이 달라지기 때문이다. 그리고 그 차이는 시간이 흐를수록 점점 더 벌어질 것이다.

시간이 흐를수록 내가 한 선택의 결과가 미래의 나의 위치를 더 높게 또는 더 낮게 만들 수 있다. 즉, 시간이 많이 남은 사람일수록 현명한 선택을 하면 자연스럽게 남들보다 더 큰 부자가 될 수 있다는 뜻이다.

지금 가장 많은 시간을 가진 사람은 누구일까? 아직 나이가 많지 않은 젊은 사람들이다. 그래서 젊을수록 무엇을 선택하느냐가 굉장히 중요한데, 정말 다행히도 우리나라는 젊은 사람들에게 더 많은 기회를 준다. 대표적인 것이 바로 대출정책이다. 현재 젊은 사람들은 더 많은 대출을 더 낮은 금리로 받을 수 있다.

예를 들어 일반 디딤돌대출이나 보금자리론 같은 경우에는 DTI 수치가 낮게 잡히는 '체증식분할상환'을 만 40세 미만만 활용할 수 있다. 또한 주택도시기금의 청년주택드림 디딤돌대출의 경우에는 만 39세 이하 청년만 최저 금리 2.4%로 이용할 수 있게 설계되었다.

그러나 정말 안타깝게도 우리는 금융과 대출의 중요성을 배우지 못했다. 그리고 바쁜 현대인의 삶에서는 높은 연봉, 승진, 워라밸 등이 더 우선으로 여겨져 그 외 지식에 할애할 시간이 많지 않다. 하지만 분명한 건 금융과 대출에 관심이 많은 사람이 그렇지 않은 사람보다 풍부한 삶을 살 가능성이 높다는 것이다.

같은 돈으로 시작한 내 친구들의 이야기다. 친구 A는 주택담보대출 3억 원을 2.1% 금리로 20년 동안 사용해 주거 비용에 대한 부담이 적었다. 친구 B는 3억 원을 4.5% 금리로 대출받아 수년간 매월 60만 원씩 손해를 보고 있다가 나의 조언을 받고 3.2% 저금리 상품으로 갈아탔다.

A는 심리적인 안정감에 힘입어 B보다 빠르게 종잣돈을 모았고, 결국

상급지 아파트로 이동하는 데 성공했다. A가 집을 매수한 지 6개월 만에 집값은 5,000만 원이 올랐다. 반면 B는 종잣돈을 거의 모으지 못해 거주 환경을 업그레이드할 수 없었고, 현재 거주하고 있는 아파트는 입지가 좋지 않아 가격 상승을 기대할 수 없는 상황이다.

이 이야기의 핵심은 단순히 금리 2.4% 차이로 인한 월 비용 손해가 아니다. 내가 몰라서 놓친 기회가 나비 효과가 되어 미래에 발생하는 손해가 생각보다 클 수도 있다는 점이다. 하지만 안심하라. 이 책은 대출에 대한 정보뿐 아니라 그와 관련된 혜택까지 놓치지 않도록 최대한 쉽고 상세하게 알려줄 것이다.

당장 종잣돈이 없어서, 시간이 없어서, 그 외 다양한 이유로 대출 공부를 미뤄왔다면 이제라도 시작해보자. 그동안 내가 가르친 수천 명의 수강생 모두 하루라도 빨리 배우지 않은 것을 크게 후회했다. 대출을 공부하면서 자연스럽게 생기게 되는 동기는 일에서든 인생에서든, 한 달이라는 시간을 수년처럼 밀도 있게 쓸 수 있는 에너지가 되기 때문이다.

종잣돈 모으는 방법

종잣돈을 가장 빠르게 모으는 방법은 코인도, 주식도 아닌 절약과 부가 수익이다. 그중 지금 당장 할 수 있는 것은 절약이다. 나는 회사에 입사하자마자 기대출을 줄이고, 매년 연봉의 75%를 저축해 2년 만에 집을 샀다. 대출을 이용하기도 했지만, 그에 앞서 절약을 하지 않았다면 그렇게 빠르게 집을 사지 못했을 것이다. 절약을 통해 저축액이 늘어나면 그만큼 감당할 수 있는 이자의 크기도 커진다. 즉, 더 많은 대출의 힘을 빌려 더 좋은 집을 살 수 있다는 것이다.

절약에는 왕도가 없다. 각자 자신이 할 수 있는 모든 방법을 동원해 최대한 노력하는 수밖에 없다. 하지만 꼭 줄여야 하는 것이 있다. 그것은 바로 금융과 주거에 들어가는 비용이다. 금액이 너무 크기 때문이다.

예를 들어 당신이 아무 생각 없이 은행 전세대출 상품을 활용해 전셋집에 들어가면 보증금 2억 원 중 1억 6,000만 원을 4% 금리로 대출받아 사용하게 될 것이다. 하지만 정부의 전월세정책을 사용하면 금리가 절반 수준이 될 수도 있다. 1억 6,000만 원의 금리를 2% 낮추면 매년 320만 원을 절약할 수 있다.

주거 비용도 마찬가지다. 어떤 사람은 아무 빌라나 골라 월세를 내며 살지만, 똑똑한 사람은 정부의 임대제도(LH 매입임대 등)를 이용해 아파트에 살면서 더 적은 월세를 낸다. 이는 거주 환경뿐 아니라 연간 100만~200만 원 또는 그 이상의 차이를 발생시킨다.

그래서 지금부터 사회초년생과 신혼부부들을 위해 수백, 수천 장의 할인 쿠폰을 대신할 수 있는 전월세정책에 대해 자세히 이야기하려 한다. 이런 정책들이 미래의 부를 쌓는 나비의 날갯짓이 되길 간절히 바란다.

22
종잣돈 만드는 전세대출정책

조건이 된다면 무조건

현재 무주택자에게 가장 유리한 주거 혜택은 '청약'이다. 민간에서 공급하는 아파트는 1주택자도 청약이 가능한 경우가 있지만, 대부분의 청약은 대출, 세금 면 등에서 무주택자에게 굉장히 유리하다.

하지만 문제는 종잣돈이 없으면 이 혜택을 누릴 수 없다는 것이다. 청약에 당첨되어도 분양권 상태로 팔 수 없는 전매 제한 단지의 경우에는 어떻게 해서든 분양 대금을 전부 치러야 하는데, 모아둔 돈이 없다면 대금을 치르기는커녕 청약 당첨 후 지불한 계약금을 날릴 수도 있다.

그래서 우리는 정부기관들이 만들어둔 주거 상품을 활용해 최대한 빨리 종잣돈을 불려야 한다. 안 먹고 안 쓰는 것과 더불어 주거비까지 절약할 수 있다면 다른 사람들보다 훨씬 빠르게 돈을 모을 수 있다. 낮은 주거 부담을 책임지는 대표적인 금융 상품은 '주택도시기금'에 있다.

주택도시기금은 정부가 운영하는 특별한 금융 재원이다. 국민들의 안정적인 주거 환경을 지원하고, 도시 개발을 촉진하기 위해 만들어졌다. 그래서 일반 금융기관과 다르게 오로지 서민과 중산층의 주거 안정 및 도시 발전을 위한 다양한 목적성 금융 상품을 제공하고 있다.

보금자리론과 디딤돌대출 같은 저금리 주택담보대출을 통해 생애 첫 내 집 마련을 지원하기도 하고, 버팀목전세자금대출을 통해 전세금 마련이 어려운 임차인에게 금융 지원을 해주기도 한다. 이뿐만이 아니다. 청년이나 신혼부부를 위한 전월세대출, 공공임대주택건설자금 지원, 노후주택 리모델링 사업, 도시 재생 사업 등 주거 복지와 관련된 거의 모든 분야에서 국민들에게 실질적인 혜택을 제공한다.

주택도시기금의 전세대출 종류

주택도시기금 전세대출은 일정 조건에 해당하는 사람들에게 은행이 아닌 정부가 제공하는 대출이다. 일 처리는 은행이 하지만, 돈은 정부가 빌려주는 것이다. 당연히 금리는 은행보다 싸다.

주택도시기금 홈페이지(nhuf.molit.go.kr)에 접속해 [개인상품] → [주택전세자금대출]을 클릭하면 많은 종류의 대출 상품이 나온다. 하지만 결국 내가 받을 수 있는 전세대출은 한정되어 있다. 이번 장에서는 주택도시기금에서 관리하는 전세대출의 종류를 간단히 알아보고, 대표적인 전세대출은 다음 장에서 자세히 설명하겠다.

① 청년 전용 보증부월세대출

청년층의 주거비 부담을 완화하기 위해 만들어진 대출 상품이다. 만 19~34세 청년 중 부부 합산 연소득 5,000만 원 이하, 순자산 3억 3,700만 원 이하인 무주택 세대주를 대상으로 지원한다. 보증금은 최대 4,500만 원, 월세금은 2년 기준 최대 1,200만 원(월 최대 50만 원)까지 대출되며, 금리는 보증금 연 1.3%, 월세금 연 1.0%로 매우 낮다. 대출 기간은 최대 10년 5개월까지 연장 가능하다.

② 청년 전용 버팀목전세자금

청년층의 주거 안정을 위해 제공하는 전세자금대출이다. 대상은 만 19~34세 무주택 세대주(예비 포함)이며, 부부 합산 연소득 5,000만 원 이하, 순자산 3억 3,700만 원 이하여야 한다. 대출 한도는 최대 1억 5,000만 원(임차보증금의 80% 이내)이며, 금리는 연 2.2~3.3%다. 초기 이용 기간은 2년이며, 최대 4회 연장해 10년까지 이용 가능하다. 주택면적 $85m^2$ 이하(25세 미만은 $60m^2$ 이하), 보증금 3억 원 이하 주택이 대상이다.

③ 신생아 특례 버팀목대출

최근 2년 이내에 신생아를 출산했거나 입양한 무주택 세대주를 위한 전세자금대출이다. 부부 합산 연소득 1억 3,000만 원 이하(맞벌이는 2억 원 이하), 순자산 3억 3,700만 원 이하일 때 신청 가능하며, 최대 2억 4,000만 원 한도로 수도권은 보증금 5억 원, 수도권 외 지역은 4억 원 이하 주택이 대상이다. 금리는 연소득 및 보증금에 따라 연 1.3~4.3%로 정해지며, 최초 2년 이용 후 최대 12년까지 연장 가능하다. 추가 출산 시 특례금리 기간을 연장할 수 있다.

④ 주거 취약 계층 이주 지원 버팀목전세자금

비정상적인 주거 환경(쪽방, 고시원, 비닐하우스 등)에 3개월 이상 거주 중인 무주택 세대주가 공공 또는 민간 임대주택으로 이주할 때 전세보증금을 지원하는 대출이다. 공공임대는 최대 50만 원까지 무이자로, 민간임대는 최대 8,000만 원까지 0%(5,000만 원 한도) 또는 1.2~1.8%(5,000만 원 초과) 금리로 지원받을 수 있다. 이용 기간은 공공임대는 최대 20년, 민간임대는 최대 10년까지 연장 가능하다. 전세보증금반환보증 등을 통해 담보 설정이 이루어지며, 중도상환수수료가 없다.

⑤ 전세 피해 임차인 버팀목전세자금

전세 사기로 보증금의 30% 이상 손실을 본 무주택 세대주가 주거 이전을 할 수 있도록 지원하는 제도다. 보증금 5억 원 이하의 피해 주택에 거주하던 사람이 대상이며, 연소득 1억 3,000만 원 이하, 순자산이 4억 8,800만 원 이하라는 기준이 있다. 최대 2억 4,000만 원까지 대출 가능하고, 금리는 소득과 보증금 수준에 따라 연 1.2~2.7% 사이로 적용된다. 대출 기간은 기본 2년이며, 최대 10년까지 연장 가능하다. 보증기관 보증서를 통해 담보를 확보하며, 전입 후 3개월 이내에 신청해야 한다. 만약 피해금 회수가 이루어지면 대출을 우선 상환해야 한다.

⑥ 전세 피해 임차인 대상 버팀목전세대출대환

전세 사기 피해를 입은 무주택 세대주를 대상으로 기존 시중은행의 전세자금대출을 기금대출로 바꿔주는 제도다. 보증금은 5억 원 이하여야 하며, 피해율은 30% 이상이어야 한다. 임차권등기를 마친 경우에만 가능하고, 연소득 1억 3,000만 원 이하, 순자산 4억 8,800만 원 이하 조건도 충족해야 한다. 대출 한도는 4억 원 이내, 금리는 연 1.2~2.7%로, 자녀 수나 전자계약 여부 등에 따라 금리 우대가 적용된다. 대출 기간은 기본 6개월이며, 보증기관 기준에 따라 연장 가능하다. 기존 대출을 상환하는 대환 방식이며, 말소 또는 퇴거 시 전액 상환해야 한다.

⑦ 전세 사기 피해자 최우선변제금 버팀목전세자금대출

전세 사기 피해자에게 지원되는 특별한 전세자금대출이다. 임차보증금 3억 원 이하의 주택에 계약하고 5% 이상을 지급한 뒤 전세 사기 피해자로 결정된 무주택 세대주가 대상이며, 소득과 자산 제한이 없다. 대출은 일반대출(유이자)과 최우선변제금대출(무이자)로 나뉘며, 후자는 법상 최우선변제금 기준에 따라 지급된다. 총한도는 2억 4,000만 원이고, 금리는 연 1.2~3.0%다. 금리 우대와 금리 하한이 적용되며, 대출 기간은 최대 10년까지 가능하다. 담보는 보증서 또는 반환채권 양도 방식으로 취득된다.

⑦은 「전세사기피해자 지원 및 주거안정에 관한 특별법」에 따라 전세사기 피해자로 분류되어야 받을 수 있다. 반면 ⑤는 사기가 아니더라도 전세보증금을 30% 이상 돌려받지 못해 피해를 봤다면 대상이 된다. ⑦의 범주가 훨씬 작은 대신 혜택이 더 좋다.

⑧ 주거안정월세대출

월세 부담을 덜고자 하는 청년과 저소득층을 위한 상품이다. 대상은 무주택 세대주로, 순자산이 3억 3,700만 원 이하여야 하고, 우대형(연 1.3%)과 일반형(연 1.8%)으로 나뉜다. 보증금 1억 원, 월세 60만 원 이하 주택에서 월 최대 60만 원, 총 1,440만 원까지 2년간 지원되며, 4회 연장해 최대 10년까지 이용 가능하다. 주거 급여 수급자, 근로·자녀장려금 수급자, 사회초년생, 취준생 등은 우대형 조건에 해당된다. 월세는 매월 임대인 통장으로 지급되며, 연체 시 중단된다. 중도상환수수료가 없다.

⑨ 신혼부부 전용 전세자금

혼인 7년 이내의 무주택 신혼부부를 위한 전세자금 지원 상품이다. 부부 합산 연소득 7,500만 원 이하, 순자산 3억 3,700만 원 이하일 경우 신청 가능하다. 수도권은 최대 2억 5,000만 원, 그 외 지역은 1억 6,000만 원까지 임차보증금의 80% 이내로 대출되며, 금리는 연 1.9~3.3%로 소득과 보증금에 따라 차등 적용된다. 대출 기간은 2년이며, 4회 연장해 최대 10년까지 이용 가능하다. 금리 우대 및 자녀 수에 따른 추가 혜택도 제공된다. 담보는 전세보증금 반환채권 또는 전세대출보증서로 설정된다.

⑩ 버팀목전세자금

소득과 자산 요건을 충족하는 서민·무주택 세대주를 위한 전세보증금 대출 상품이다. 부부 합산 연소득 5,000만 원 이하, 순자산이 3억 3,700만 원 이하일 경우 신청 가능하며, 수도권은 최대 1억 2,000만 원, 비수도권은 8,000만 원 한도로 전세금의 70%까지 대출받을 수 있다. 신혼부부, 다자녀, 2자녀 이상 가구는 최대 3억 원까지 확대되고, 전세금의 80%까지 대출이 가능하다. 금리는 연 2.5~3.5%로 소득과 보증금에 따라 차등 적용된다. 다음 장에서 더 자세히 알아보자.

23
주택도시기금 전세대출 4대장

주택도시기금에서 지원하는 전세대출 4대장이 있다. 대상 범위가 가장 넓은 버팀목전세자금, 청년을 대상으로 한 청년 전용 버팀목전세자금, 출산율 장려를 위한 신생아 특례 버팀목전세자금, 신혼부부 전용 전세자금이 바로 그것이다. 하나씩 살펴보자.

1. 버팀목전세자금

버팀목전세자금은 근로자와 서민의 주거 안정을 위한 복지성 상품으로, 누구나 받을 수 있는 대출이 아니다. 이를 기반으로 청년 전용 버팀목전세자금, 신생아 특례 버팀목전세자금, 신혼부부 전용 전세자금이 파생되었기 때문에 기준이 되는 버팀목전세자금을 확실히 이해하면 나머지 전세대출도 금방 이해할 수 있을 것이다.

① 소득

부부 합산 연소득이 5,000만 원 이하이면 버팀목전세자금을 받을 수 있다. 소득은 근로자의 경우에는 세전 소득, 개인사업자의 경우에는 세후 소득이 기준이다. 흔하지 않지만 개인사업자임에도 프리랜서처럼 원천징수를 떼고 돈을 받는 것이 주 매출인 경우, 세전 소득을 인정받을 수도 있다.

단, 소득 제한 완화를 받을 수 있는 경우가 있다. 혁신도시로 이전한 공공기관의 종사자, 타 지역으로 이주하는 재개발 구역 내 세입자, 2자녀 이상 가구의 소득 제한은 6,000만 원이며, 신혼부부의 소득 제한은 7,500만 원이다.

부부 합산 5,000만 원 이하를 충족해야 하니, 내가 돈을 잘 벌지 못해도 배우자가 잘 번다면 대출을 받을 수 없다. 이때 부부는 '혼인신고'를 마친 부부를 의미한다. 즉, 혼인신고를 하지 않았다면 신청자의 개인 소득만으로 평가한다. 참고로 신청자가 세대주로서 전세 계약을 하지 않으면 버팀목전세자금대출은 불가하다.

② 금리

금리는 연 2.5~3.5%다. 금리는 보통 소득이 낮을수록, 청약 통장 가입 기간이 길수록, 자녀가 많을수록, 임차보증금이 작을수록, 보증금에 비해 대출 이용 금액이 작을수록 낮아진다.

▼대출금리

부부 합산 연소득	임차보증금		
	5,000만 원 이하	5,000만 원 초과 ~1억 원 이하	1억 원 초과
~2,000만 원 이하	연 2.5%	연 2.6%	연 2.7%
2,000만 원 초과 ~4,000만 원 이하	연 2.7%	연 2.8%	연 2.9%
4,000만 원 초과 ~6,000만 원 이하	연 3.0%	연 3.1%	연 3.2%
6,000만 원 초과 ~7,500만 원 이하	연 3.3%	연 3.4%	연 3.5%

출처: 국토교통부(2025.04.10. 기준)

③ 순자산

순자산이란, 내가 가진 모든 재산에서 부채를 제한 것이다. 재산에는 부동산, 돌려받을 전세보증금, 차량, 은행예금, 퇴직연금, 골프회원권 등 돈으로 환산할 수 있는 거의 모든 것이 포함된다. 따라서 현금이 없다 하더라도 순자산 3억 4,500만 원을 초과하는 경우가 종종 있기 때문에 잘 살펴야 한다.

④ 대출 한도

대출 한도는 수도권은 1억 2,000만 원, 지방은 8,000만 원이다. 일반

▼자산 심사 세부 항목 및 산정 기준

자산 및 부채 항목			산정 기준
자산	부동산	토지, 건축물	(지방세법)시가표준액
	일반 자산	임차보증금	임대차계약서상 보증금 및 전세금
		선박, 항공기	(지방세법)시가표준액× 보정계수(3.5)
		임목재산	(지방세법)시가표준액
		각종 회원권	(지방세법)시가표준액
		분양권	대출접수일 현재까지 납입한 금액
		조합입주권	관리처분계획에 따른 정산금 또는 추가 부담금을 가감한 금액
		어업권, 광업권	(지방세법)시가표준액
	자동차		(지방세법)시가표준액
	금융 자산	요구불예금	조회기준일로부터 과거 3개월간 평균 잔액
		저축성예금	조회기준일 계좌 잔액 또는 총불입액
		주식, 수익증권, 출자금, 출자지분, 부동산(연금) 신탁 등	조회기준일 최종 시세 금액 등으로 평가된 금액
		채권, 어음, 수표, 채무증서, 신주인수권증서, 양도성예금증서 등	조회기준일 액면 금액
		예수금 등	조회기준일 계좌 잔액
		개인종합자산관리계좌 등	조회기준일 계좌 잔액 또는 총납입액
		연금저축, 퇴직연금 등	조회기준일 당시(연금 지급 개시 전) 잔액
		연금보험, 보험증권 등	조회기준일 당시(연금 지급 개시 전) 해약 시 환급금

부채	금융 부채	금융기관 대출금	조회기준일 기준 대출 잔액 [한도 대출(마이너스 통장), 금융기관의 금전 거래 등 제외]
		신용카드연체금, 미결제금	조회기준일 기준 미결제 금액이 3개월 이상 존재하고 50만 원 이상인 건의 원금(연체금 포함)
		공공기관, 공제회 대출금 등	대출접수일 해당 기관 발급 증명서상 대출 잔액
	일반 부채	상가 및 오피스텔임대보증금 등	임대차계약서상 임대보증금
		전세 피해 금액[전세 피해 임차인 버팀목전세자금대출(대환 포함)을 신청한 경우에 한해 적용]	전세 피해 금액 (아래의 ①~③ 중 해당하는 유형) ① 전세 피해 주택에 임차권등기명령을 한 자가 임차권등기명령을 설정한 금액 ② 전세 피해 주택의 경공매가 종료된 자로 경공매 종료 후 임차보증금에서 배당금을 제외한 임차보증금 미수령액 ③ HUG 전세피해지원센터 전세피해확인서를 발급받은 자로 전세피해확인서 내 피해 금액 ※전세 피해 금액의 전부 또는 일부가 반영될 수 있으므로 확인 필요

출처: 주택도시기금

가구는 전세보증금의 70%까지 대출을 받을 수 있다. 만약 수도권에 전세금 1억 8,000만 원에 대한 대출을 받으려고 한다면 1억 2,600만 원(1억 8,000만 원×70%)이지만, 최대한도를 초과하므로 1억 2,000만 원까지만 받을 수 있다.

참고로 신혼부부, 다자녀 등의 가구라면 버팀목전세대출을 받을 수 있는 임차보증금의 금액도 각각 3억 원, 2억 원으로 달라지며, 대출 비율도 80%까지 받을 수 있다.

⑤ 대상 주택

버팀목전세자금은 정부의 복지정책으로 운영하는 대출이니 만큼, 주택 규모에도 제한이 있다. '국민면적'이라 불리는 85㎡ 이하의 경우에만 대출이 가능하다. 하지만 거주하려는 집이 수도권이 아닌, 읍 또는 면 지역이라면 100㎡까지 허용된다. 당연히 전용면적 기준이니 흔히 말하는 34평 아파트까지는 가능하다고 생각하면 된다.

전용면적이란

전용면적이란, 우리가 실제로 생활하는 공간, 다시 말해 내 가족만 사용하는 집 안의 순수한 공간을 의미한다. 거실, 방, 주방, 욕실처럼 현관문을 열고 들어가 실제로 밟고 누우며 살아가는 공간이 모두 전용면적에 포함된다.

반면 같은 건물에 사는 사람들과 함께 쓰는 계단, 복도, 엘리베이터 등은 공용면적으로 분류되기 때문에 전용면적에서는 제외된다. 전세자금대출, 청약 등 국가의 주거정책에서는 이 전용면적을 기준으로 자격 요건을 판단하는 경우가 많다. 따라서 전용면적이 얼마인지 반드시 확인할 필요가 있다.

---

⑥ 이용 기간

전세대출은 2년 계약이 기본이다. 전세 기간이 1년이어도 일단 대출은 2년으로 취급된다. 그래서 1년 전세 계약을 맺고 그 계약이 만기 시점에 묵시적 갱신이 된다고 하면 대출을 따로 연장하지 않고 1년 더 사용할 수 있다.

그리고 대출이 만기가 되면 2년씩 연장할 수 있다. 물론 이는 전세 계약을 계속 유지할 수 있는 경우에 한한다. 정부 전월세 상품은 대부분 이렇게 4회까지 연장할 수 있어 최초 대출 이용 시점부터 최대 10년까지 사용 가능하다.

한 가지 유의할 점은 신혼부부 버팀목전세자금과 같은 일부 상품은 대출 연장 시점에 원금 10%를 상환하지 않으면 금리가 0.2% 가산되는 등의 조건이 있다는 것이다. 연장 시점에 곤란하지 않으려면 사전에 상품 안내 페이지에서 '유의 사항' 등을 잘 읽어보기 바란다. 아니면 연장을 앞두고 최소 2개월 전에 은행 직원 또는 주택도시기금 콜센터에 연장 시 기존 조건과 달라지는 게 있는지 확인해보는 것도 좋은 방법이다.

⑦ 담보 취득

모든 전월세대출은 보증기관으로부터 보증을 받아야 한다. 우리가 돈을 갚지 못하면 보증기관이 갚겠다는 확약이 있어야 주택도시기금이나 은행이 전세대출을 승인해줄 수 있다. 대표적인 보증기관으로는 한국주택금융공사(HF), 주택도시보증공사(HUG), 서울보증보험(SGI)이 있으며, 버팀목전세자금대출을 받을 때 어떤 기관으로부터 보증을 받을 건지 선택할 수 있다.

▼보증 종류별 안내

구분	전세자금보증(HF)	전세금안심대출보증(HUG)
내용	대출보증*	전세보증금반환보증+대출보증(특약)**
보증 한도	(1) 보증 종류별 보증 한도: 4억 원-동일한 기 전세자금 보증 잔액 (2) 소요 자금별 보증 한도: ①, ② 중 적은 금액 　① 임차보증금 80% 이내 　② 신청인의 보증 신청 금액 (3) 상환 능력별 보증 한도: 연간인정 소득-연간 부채 상환 예상액+상환 방식별 우대 금액-동일한 기 전세자금 보증 잔액 셋 중 적은 금액으로 함(단, 서울 수도권은 산출된 값의 88%만 인정)	(1) 목적물별 보증 한도: 주택 가격×담보 인정 비율(90%)-선순위 채권 등 (2) 소요 자금별 보증 한도: ①, ②, ③ 중 적은 금액 　① 전세보증금 이내 　② 전세보증금 반환 보증 금액의 80% 이내 　③ 대출 한도 금액
특징	보증신청인의 소득 및 신용도에 따라 보증 가능 여부 및 한도 결정	목적물에 따라 보증 가능 여부 및 한도 결정
문의 안내	한국주택금융공사 콜센터 또는 수탁은행	주택도시보증공사 콜센터 또는 수탁은행

*전세보증금반환보증 별도 가입 가능
**분리 불가

- HF 보증

참고로 HF로부터 보증을 받을 때 내가 원하는 만큼 전세대출금을 받을 수 있을지는 다음 계산식을 참고해 계산할 수 있다.

보수적 대출 한도
① 수도권 및 규제지역: (나의 연간소득×3.5-총부채×27%)×88%/80%
② 비규제지역: (나의 연간소득×3.5-총부채×27%)×90%

버팀목전세에서 말하는 '연간인정소득'은 내 실제 소득에 3.5 또는 4.0을 곱한 것이다. 단, 실제 소득이 1,500만 원 이하인 경우 연간인정소득은 항상 4,500만 원이 된다. 그 연간인정소득에서 내가 보유한 부채에 27% 곱한 값을 빼면 그것이 대출 한도다. 보수적으로 연간소득에 3.5를 곱한 값을 90%로 나누면 대출 한도다. 단, 수도권 및 규제지역의 경우에는 연간소득에 3.5를 곱한 값에 88%를 곱한 뒤 80%로 나눠서 구한다.

연봉이 5,000만 원인데 대출이 하나도 없는 상태에서 버팀목전세대출 1억 2,000만 원을 전부 받을 수 있는지 확인하고 싶다면 다음과 같이 계산해볼 수 있다(단, 수도권이라고 가정).

(5,000만 원×3.5-총부채×27%)×88%/80%
→ 총부채는 없으므로 0이다.
→ 5,000만 원×3.5=1억 7,500만 원
→ 1억 7,500만 원×88%=1억 5,400만 원
→ 보증은 1억 5,400만 원까지 받을 수 있고, 이 값은 대출액의 80%다. 따라서 이 값을 80%로 나눠서 대출 한도액을 구할 수 있다.
→ 즉, 1억 5,400만 원/80%=1억 9,250만 원이다.

어차피 버팀목전세대출 최대 가능액은 1억 2,000만 원이기 때문에 위 소득을 갖춘 사람은 최대 금액(1억 2,000만 원)을 충분히 받을 수 있다.

즉, 1억 2,000만 원을 대출받으려면 기존에 받은 대출이 없는 3,810만 원 이상의 연봉자여야 한다. 참고로 HF 한국주택금융공사 인터넷 금융서비스(bank.hf.go.kr)에 접속해 [신청] → [주택보증 신청] → [개인보증 예상금액 조회]를 클릭하면 개인 보증 예상 금액을 조회해볼 수 있다. 단, 최초 1회는 본인 인증을 해야 한다.

▲한국주택금융공사 인터넷 금융서비스 홈페이지

• HUG 보증

HF는 소득과 부채에 의해 보증 여부가 결정되지만, HUG전세대출을 이용하려면 거주하려는 주택 가격과 전세보증금 액수의 비율이 일정 수준을 충족해야 한다. 이때 주택 가격의 기준은 KB시세 일반가다. 빌라 등 KB시세가 없는 경우 부동산 공시 가격의 140%에 해당하는 금액을 기준으로 한다.

예를 들어 내가 고른 빌라가 평소에 2억 5,000만 원에 팔리더라도 공시 가격이 1억 원이라면, 그 주택의 가격은 전세대출을 받을 때 공시 가격에 140%를 곱한 1억 4,000만 원인 것이다. 여기에 90%를 곱한 값이 보증금 한도가 된다.

그럼 KB시세가 2억 원인 아파트가 있는데 1억 9,000만 원의 보증금으로 전세 계약을 한 경우에는 전세대출을 받을 수 있을까? 정답은 '아니오'다. KB시세×90%는 1억 8,000만 원이고, 이것이 가능한 보증금 최대치이기 때문이다.

내가 세입자로 거주할 빌라가 KB시세는 없지만 평소 3억 원에 거래된다고 가정해보자. 그리고 이 빌라의 공시 가격은 2억 원이다. 보증금 2억 6,000만 원으로 전세 계약을 한 경우 전세대출을 받을 수 있을까? 이번에도 정답은 '아니오'다. 빌라가 3억 원에 거래되고 있다 해도 KB시세가 없기 때문에 보증보험 가입 시 인정되는 주택 가격은 공시 가격×140%다. 2억 원×140%는 2억 8,000만 원이고, 이 금액의 90%가 보증금 한도이기 때문에 2억 5,200만 원이 보증금 최대치다. 그러니 2억 6,000만 원 보증금은 전세대출을 받을 수 있는 범위를 넘어선 것이다.

보증 신청은 횟수 제한이 없다. 따라서 HF 보증을 선택했다가 가입이 안 된다면 HUG 보증을 선택할 수 있다. 하지만 두 곳 모두 거절한다면 본인이 선택한 주택 또는 보증금으로는 전세대출을 받을 수 없다. 이런 경우에는 조건을 조정해야 한다.

HF의 경우에는 예상 조회 시스템이 있으니 전세 계약 전에 시뮬레이션을 해볼 수 있으며, HUG도 대출 상담사, 은행 직원, 콜센터 등을 통해 사전에 가입 가능 여부를 확인할 수 있다.

> **Tip**
>
> **HF와 HUG 보증의 차이**
>
> 많은 사람이 HUG 보증으로 전세대출을 받는 것을 선호한다. 그 이유는 임대인이 보증금을 돌려주지 않을 때 금융기관에 대신 돈을 돌려줄 뿐만 아니라, 내가 임대인으로부터 돈을 돌려받지 못하는 경우에도 보증을 해주기 때문이다.
>
> 전세보증금 3억 원에 전세대출 2억 원을 받았는데 집주인이 전세보증금을 돌려주지 않는다고 가정하자. HF 보증을 활용한 전세대출을 받은 경우 전세대출 2억 원은 HF가 은행에 상환한다. 그러나 HF가 나 대신 갚아준 것이기 때문에 이제 내가 HF에 2억 원을 갚아야 한다. 결국 갚아야 하는 주체가 은행에서 HF로 바뀐 것이므로 집주인에게 3억 원을 돌려받지 못하면 난처한 상황이 발생하는 것이다.
>
> 반면 HUG 보증은 집주인에게 3억 원을 돌려받는 것까지 보장받는다. 따라서 전세대출 2억 원은 은행에 상환되고, 1억 원도 온전히 내 계좌에 들어온다.
>
> 즉, HF 보증 전세대출은 은행을 위한 보험에만 가입한 뒤 대출을 받는 것이고, HUG 보증 전세대출은 은행과 세입자 모두를 위한 보험에 가입한 뒤 대출을 받는 것이라고 이해하면 쉽다. 게다가 HUG 보증 방식은 소득이 충분하지 않아도 승인되지만, HF 보증 방식은 개인의 소득이나 이미 가지고 있는 대출에 따라 금액이 달라진다.
>
> 여기까지 읽고 'HF 보증 전세대출을 받는 건 바보 같은 짓 아니야?'라고 생각한 사람이 있을 수 있다. 하지만 HF 보증 방식은 보증료가 저렴하다는 장점이 있다. 그럼에도 나는 비용을 치르더라도 HUG 보증 전세대출을 선택하는 것이 바람직하다고 생각한다.

2. 청년 전용 버팀목전세자금

버팀목전세자금을 청년 수요자에게 특화한 것이 청년 전용 버팀목전세자금이다. 따라서 이 상품은 일반 버팀목전세자금과 기본 구조가 거의 같으니 중복되는 요건인 무주택 요건, 신용·자산 요건, 상환 방식, 담보 방식 등은 제외하고 청년 전용 상품에만 있는 특징만 살펴보자.

청년 전용 버팀목전세자금은 만 19세 이상 34세 이하 청년이 최대 1억 5,000만 원까지 대출을 받을 수 있는 상품이다. 청년인 신혼부부도, 청년 1인 가구도 신청할 수 있는데, 신혼부부는 굳이 이 상품을 활용하지 않고 일반 버팀목전세자금의 '신혼 기준' 또는 '신혼부부 전용 전세자금'을 활용하게 될 것이다.

하지만 혼인을 하지 않은 청년이라면 일반 버팀목전세자금은 최대 대출금이 1억 2,000만 원에 그치지만, 이 상품은 최대 1억 5,000만 원까지 가능하니 이 상품을 꼭 활용하는 것이 좋다. 금리도 일반 버팀목전세자금에 비해 조금 더 낮다. 단, 만 25세 미만의 단독 세대주인 경우 한도는 최대 1억 2,000만 원으로 제한된다. 대출 가능 최대 보증금은 3억 원이며, 지방이라고 해서 보증금 기준이 달라지지 않는다.

금리는 소득 구간별로 연 2.2~3.3% 수준이며, 소득이 낮을수록 낮은 금리가 적용된다. 중소기업 재직자 또는 창업 청년에게는 0.3% 추가 금리 우대가 적용된다. 여러 명이 셰어하우스 형태로 거주하고 있다면 세대주가 불명확한데, 이런 경우에는 세대주 요건도 면제된다. 즉, 원칙적으로는 세대주여야만 가능하나, 이를 특정할 수 없는 경우 해당 요건의 예외 적용이 가능하다는 것이다.

3. 신생아 특례 버팀목전세자금

신생아 특례 버팀목전세자금은 다른 버팀목전세자금과 성격은 같지만 취지로 인해 조건이 확연하게 차이가 난다. 최근 2년 이내에 신생아를 출산했거나 입양한 가구를 위한 특례 상품으로, 신청자의 소득 제한이 굉장히 낮다는 점과 높은 보증 한도, 낮은 금리 등이 특징이다.

고소득 가구도 지원 가능한데, 부부 합산 연소득의 경우 외벌이는 1억 3,000만 원, 맞벌이는 2억 원 이하까지 대상을 넓혔다. 전세금의 80% 이내에서 최대 2억 4,000만 원까지 대출이 가능하며, 수도권 기준 임차보증금은 최대 5억 원까지 인정된다.

금리는 소득과 보증금에 따라 최저 연 1.3%까지 받을 수 있다. 이 좋은 금리를 전세 계약을 연장한다고 계속 유지할 수는 없고, 최대 4년까지 보장받을 수 있다. 단, 출산 자녀 수에 따라 금리 우대 기간이 연장된다. 자녀 1명당 4년, 최대 12년까지 특례금리를 적용받을 수 있어 장기적으로 한곳에 전세 계약을 유지하며 거주할 수 있으면 자녀 계획이 더 있는 가정에게 매우 유리한 구조다.

미성년 자녀가 많을수록 추가 금리 우대도 받을 수 있으니 최근 2년 이내에 자녀를 출산한 가정이라면 이 상품을 놓치지 말고 이용하자.

4. 신혼부부 전용 전세자금

신혼부부 전용 전세자금 역시 버팀목전세자금을 기반으로 파생된 상품이지만 '버팀목'이라는 단어를 사용하지 않고 있다. 이는 일반 버팀목전세자금의 '신혼부부 요건'과 혼동하지 않도록 하기 위함이다. 일반 버팀목전세자금의 '신혼부부 기준'은 사실상 이 신혼부부 전용 전세자금보다 한도, 금리 등 모든 조건에서 불리하기 때문에 신혼부부라면 당연히 신혼부부 전용 전세자금을 우선적으로 고려해야 한다.

신혼부부 전용 전세자금은 혼인 기간이 7년 이내인 부부 또는 3개월 이내 결혼 예정자를 대상으로 하는 상품으로, 예비부부도 대출을 받을 수 있다. 부부 합산 연소득이 최대 7,500만 원으로 제한되어 있어 실수요자 접근이 용이하다. 대출 한도는 수도권 최대 2억 5,000만 원, 그 외 지역은 1억 6,000만 원이며, 임차보증금의 최대 80%까지 지원된다. 임차보증금의 한도는 수도권 4억 원, 그 외 지역은 3억 원이다.

금리는 소득과 보증금 구간에 따라 연 1.9~3.3%로 차등 적용되며, 자녀 수에 따른 금리 우대가 있어 다자녀 가구일수록 금리 혜택을 크게 받을 수 있다. 혼인 후 기존에 이용하던 청년·일반 버팀목대출을 상환하고 갈아탈 수 있도록 하는 생애주기형 갈아타기 기능이 있다는 점도 이 상품만의 독특한 장점이다.

주택도시기금 전세대출 총정리

지금까지 설명한 전세대출 4대장의 내용을 한눈에 보기 쉽게 표로 정리해보았다.

▼주택도시기금 전세대출 총정리

항목	(일반) 버팀목전세자금	청년 전용 버팀목전세자금	신생아 특례 버팀목전세자금	신혼부부 전용 전세자금
대상 연령	제한 없음	만 19~34세 (군복무 기간이 있으면 해당 기간만큼 초과 가능)	제한 없음 (출산 기준)	제한 없음 (혼인신고일 기준)
자녀 요건	없음		최근 2년 이내 출산	없음
소득 요건	· 부부 합산 5,000만 원 이하 · 신혼부부 7,500만 원 이하 · 2자녀 6,000만 원 이하		· 외벌이 1억 3,000만 원 이하 · 맞벌이 2억 원 이하(단, 각각 소득 1억 3,000만 원 이하)	부부 합산 7,500만 원 이하
자산 요건	3억 3,700만 원 이하(2025년 기준)			
대출 한도	· 수도권 1억 2,000만 원 · 비수도권 8,000만 원 (신혼: 수도권 3억 원, 그 외 지역 2억 원)	최대 1억 5,000만 원 (만 25세 미만 단독은 1억 2,000만 원)	최대 2억 4,000만 원	· 수도권 2억 5,000만 원 · 그 외 지역 1억 6,000만 원
임차보증금 한도	· 수도권 3억 원 · 비수도권 2억 원 (신혼: 수도권 4억 원, 그 외 지역 3억 원)	3억 원 이하	· 수도권 5억 원 · 그 외 지역 4억 원	· 수도권 4억 원 · 그 외 지역 3억 원
임차보증금 대비 대출 비율	· 일반 70% · 신혼/다자녀 80%			

금리	연 2.5~3.5%	연 2.2~3.3%	연 1.3~4.3% (소득·보증금별 로 차등)	연 1.9~3.3%

금리
우대
	· 3자녀 이상
	  0.7%
	· 2자녀 0.5%
	· 1자녀 0.3%
	· 소액인 경우
	  0.2%
		· 3자녀 이상
		  0.7%
		· 2자녀 0.5%
		· 1자녀 0.3%
		· 소액인 경우
		  0.2%
		· 중소기업청년
		  0.3%
			· 2년 이내
			  추가 출산
			  1명당 0.2%
			· 2년 초과한
			  자녀 1명당
			  0.1%
				· 3자녀 이상
				  0.7%
				· 2자녀 0.5%
				· 1자녀 0.3%
				· 소액인 경우
				  0.2%

대출 기간	2년+4회 연장 (최대 10년)		2년+5회 연장 (최대 12년)	2년+4회 연장 (최대 10년)

상황별 추천 대출 상품
① 최근 2년 이내에 자녀가 출생한 가구라면 → 신생아 특례 버팀목전세자금
② 혼인신고 후 7년이 지나지 않은 신혼부부라면 → 신혼부부 전용 전세자금
③ 결혼하지 않은 청년 또는 혼인신고를 하지 않은 청년 부부라면 → 청년 전용 버팀목전세자금
④ ①~③에 해당하지 않는다면 → 버팀목전세자금

하지만 정부의 전월세대출 상품은 어디까지나 세입자로서 거주하면서 비용을 줄이는 수단일 뿐, 우리는 결국 집을 매수해야 한다. 그러기 위해선 앞으로 설명할 주택구입자금에 주목해야 한다.

Tip

유주택자인데 무주택자?

기본적으로 모든 정부 전월세대출은 무주택자가 대상이다. 그런데 부모님의 아파트를 형제와 나눠 상속받는 경우도 있을 것이다. 이런 경우, 나는 거기에 살지도 않는데 유주택자일까?

주택도시기금 홈페이지의 [자주 묻는 질문]에서 '무주택'을 검색하면 다음과 같은 내용을 확인할 수 있다. 혹시 자신의 경우가 이에 해당하지 않는지 살펴보기 바란다.

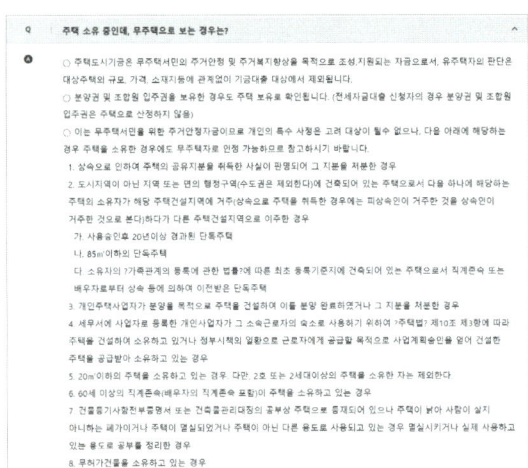

▲유주택이지만 무주택으로 인정하는 경우

24

소중한 내 돈 지키는 전세보증금반환보증

전세금을 돌려주는 보증보험의 두 종류

버팀목전세자금을 설명하면서 HF니, HUG니 하며 전세보증금반환보(보험)증에 대해 이야기했다. 언젠가 전세보증금반환보증을 활용할 날이 올 수도 있으니 확실하게 정리하고 넘어가자.

HF, HUG, SGI가 판매하는 상품은 다음 두 가지로 구분된다.

① 전세대출을 해준 은행이 그 대출금을 온전히 돌려받을 수 있도록 가입하는 **전세대출금상환보증**
② 세입자가 집주인으로부터 보증금을 온전히 돌려받을 수 있도록 가입하는 **전세보증금반환보증**

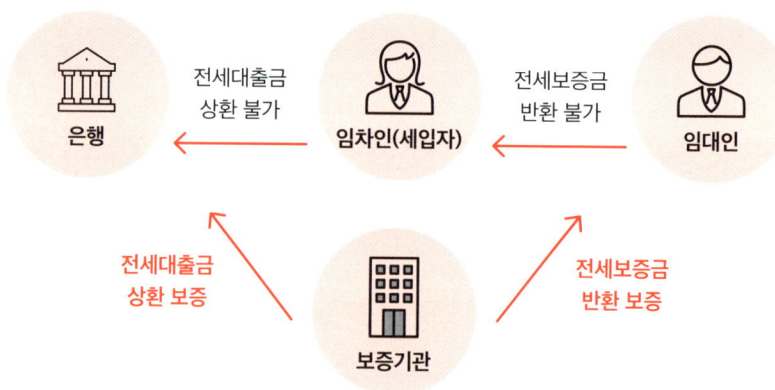

출처: 금융감독원 금융꿀팁 200선

　전세대출금상환보증은 주택도시기금 전세대출을 받을 때나 금융기관의 일반 전세대출을 받을 때 은행이 알아서 가입해준다. 만약 가입되지 않으면 전세대출을 해주지 않는다. 본인들의 대출 상환을 보장할 수 없으니 당연한 것이다.

　개인이 집주인으로부터 돌려받는 전세보증금반환보증은 개인이 알아서 보증보험에 가입해야 한다. 단, HUG전세대출은 ①과 ②를 모두 보장하므로 대부분 같이 가입하게 된다.

　전세보증금반환보증의 작동 방식은 다음과 같이 쉽게 설명할 수 있다.

① 전세 계약 후 세입자 또는 집주인이 전세보증금반환보증 가입
② 집주인이 전세금을 돌려주지 않는 상황 발생
③ 보증회사가 세입자에게 전세금을 대신 상환
④ 보증회사는 집주인에게 보증금 청구

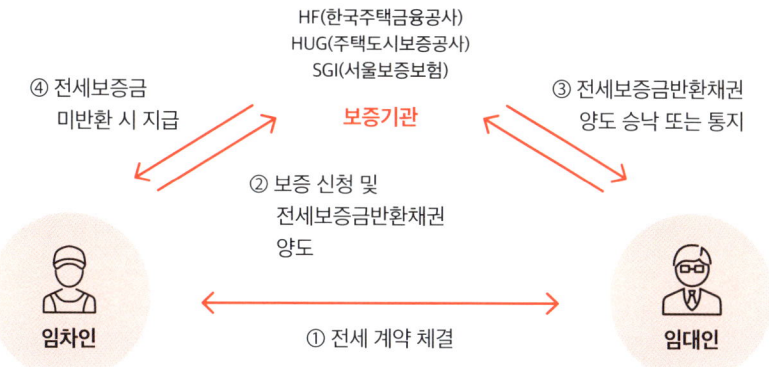

출처: 금융감독원 금융꿀팁 200선

　보증기관은 전세금을 보호해주는 대신 보증료를 받는다. 보험료를 받고 일이 터지면 보험금을 내어주는 보험사와 비슷하다. 그래서 '임대보증금반환보험' 또는 '임대보증금신용보험'이라고도 불린다.

　HF의 상품은 HF전세대출을 이용하는 사람만 가입할 수 있다. 하지만 HUG나 SGI의 전세보증금반환 상품은 다른 전세대출 상품을 활용하고 있더라도 가입이 가능하다. 기존에는 SGI전세대출 이용자는 HUG전세보증금반환보증에 가입할 수 없었는데, 2024년 4월 SGI와 HUG가 이를 가능케 하는 업무 협약을 맺음으로써 SGI전세대출 이용자도 좀 더 저렴한 HUG전세보증보험을 활용할 수 있게 되었다.

　이를 쉽게 정리하면 다음과 같다.

▼기관별 전세보증금반환보증보험의 특징

항목	주택도시보증공사 (HUG)	한국주택금융공사 (HF)	서울보증보험 (SGI)
상품명	전세보증금반환보증	일반전세지킴보증	전세금보장신용보험
가능한 보증금	· 수도권 7억 원 이하 · 비수도권 5억 원 이하		· 아파트는 제한 없음 · 아파트 외 10억 원 이하
한도	주택 가격×90%-선순위채권 (단, 선순위채권이 주택 가격의 60% 안에 포함될 것)		
보증료율	0.122~0.128%	0.04~0.18%	0.183~0.208%
신청인	임차인		
특징	상환 능력이 다소 부족해도 가입 가능 (단, 소득이 0원이면 부결될 수 있음)	임대인이 법인인 경우에도 가입 가능	보증 한도가 가장 크고 제한 사항이 그나마 적음
신청 방법	안심전세 APP, 네이버페이, 카카오페이	한국주택금융공사	SGI 지역별 영업지점

잠깐만요

선순위채권이란

대출을 받으면서 담보로 잡은 부동산이 경매에 넘어가게 되면 '누가 먼저 돈을 받을 수 있느냐'가 가장 중요해진다.

예를 들어보자. 어떤 아파트에 A은행이 가장 먼저 4억 원을 빌려주고 근저당을 설정했다면, A은행은 그 집에 대해 4억 원만큼의 우선권을 갖는다. 그런데 이후에 B은행이 추가로 1억 원을 빌려주고 또 근저당을 걸었다면, B은행은 A은행보다 후순위가 된다. 즉, 이 아파트가 팔렸을 때 A은행이 먼저 4억 원을 챙기고, 남은 돈이 있어야만 B은행이 돈을 돌려받을 수 있다. 여기서 A은행의 4억 원이 바로 '선순위채권'이다.

참고로 채권은 대출에서만 발생하는 개념이 아니다. 전세보증금도 임차인 입장에서 '집주인에게 전세보증금 전액을 돌려받을 권리'라는 채권이 생긴다. 그래서 대출이 없던 아파트에 세입자가 들어가서 거주하고 있었는데, 그 아파트를 담보로 대출을 받는다고 하면 그 대출의 선순위 채권은 살던 세입자의 전세보증금이 되는 것이다.

① HF전세대출을 받은 사람 → HF, HUG, SGI전세보증금반환보증 상품 전부 이용 가능
② HUG전세대출을 받은 사람 → HUG전세보증금반환보증 상품을 이용 중일 것이므로 가입 여부 확인
③ SGI전세대출을 받은 사람 → HF전세보증금반환보증 이용 불가, HUG, SGI 상품 이용 가능

2022~2024년 부동산 시장에서 가장 큰 이슈는 '전세 사기'였다. 전세보증금을 세입자에게 반환하지 않은 임대인들이 쏟아지면서, 보증기관들은 엄청난 돈을 은행에 대위변제했다. 그리고 그 돈을 세입자에게 청구했다. 하지만 세입자들은 돈이 없어 그 돈을 보증기관들에게 돌려주지 못했다. 이에 금융당국은 보증기관들의 전세보증금반환보증보험 가입 요건을 강화시켰다.

우선 은행이 해주는 전세대출금을 100%에서 90%로 보증 비율을 낮췄다. 이마저도 서울 수도권은 80%다. 그래야 은행도 피해를 보는 금액이 생겨 경각심을 갖고 전세대출 심사를 까다롭게 진행할 것이기 때문이다. 또한 임차인의 상환 능력을 고려해 전세대출에 가입할 수 있도록 규정을

정비하고 있다.

이에 SGI는 1주택자이면서 전세보증금 대비 대출금이 60%를 초과하는 임차인에게는 DSR 40% 이하 기준을 적용하는 내부 규정을 만들었다. 과거에는 DTI 40%를 적용해 전세대출 이용자가 내고 있는 이자만 신경 썼다면, 이제는 원금 상환 비율까지 전부 고려해 전세대출을 해주겠다는 것이다.

HF와 HUG도 심사에 임차인 혹은 임대인의 상환 능력을 반영하는 방향으로 내부 규정을 검토하고 있다고 하니 앞으로 전세대출을 이용할 사람들은 이 내용을 꼼꼼하게 체크할 필요가 있다.

25
내 집 마련을 위한 주택담보대출 상품

정책 주택담보대출 상품 한눈에 보기

 주택 구입용 정책자금은 전세자금과 달리 종류가 간단하다. 디딤돌대출, 신생아 특례 디딤돌대출, 보금자리론, 이 세 가지로 구성된다. 한눈에 비교할 수 있도록 표로 정리해보았다.

▼정책 주택담보대출 상품별 비교

구분	디딤돌대출	신생아 특례 디딤돌대출	보금자리론
주택 가격 제한	· 일반 5억 원 · 신혼부부나 2자녀 이상 6억 원 · 만 30세 이상 미혼 단독 세대주 3억 원	9억 원	6억 원
소득 제한	· 부부 합산 6,000만 원 · 생애최초, 2자녀 가구 7,000만 원 · 신혼부부 8,500만 원	1억 3,000만 원	· 부부 합산 7,000만 원 이하 · 신혼부부 8,500만 원 이하 · 1자녀 9,000만 원, 2자녀 이상 1억 원
자금 용도	주택 구입만 해당	주택 구입, 대환 (구입자금에 한함)	주택 구입, 갈아타기, 대환, 임차보증금 반환 (1주택자)
주택 수	1주택 (구입자금 3개월 내 대환 시에만)	무주택 또는 1주택(대환)	무주택 또는 1주택
최대 대출 한도	· 기본 2억 원 · 일반 세대주이면서 생애최초 2억 4,000만 원 · 신혼부부나 2자녀 3억 2,000만 원 · 만 30세 이상 미혼 단독 세대주 1억 5,000만 원 (생애최초 2억 원)	4억 원	· 3억 6,000만 원 · 생애최초 4억 2,000만 원

LTV	70% (생애최초주택매수자의 경우 규제 및 수도권은 70%, 지방은 80%)		· 아파트 70%, 빌라 65% · 규제지역인 경우 10%씩 차감(단, 서민실수요자*인 경우 규제지역이어도 10%를 차감하지 않을 수 있음) · 나의 소득이 추정소득일 경우 최대 60%까지만 적용 · 생애최초주택매수자의 경우 규제 및 수도권은 70%, 지방은 80%
DTI	60%		· 60% · 규제지역 50%
DSR	무관		
만기	10~30년		10~50년
금리	상황에 따라 2.85~4.15%	상황에 따라 1.8~4.5%	상황에 따라 3.75~4.05%
면적 제한	· 85m² 이하 · 읍면 지역 100m² 이하 · 만 30세 이상 미혼 단독 세대주 60m² 이하	· 85m² 이하 · 읍면 지역 100m² 이하	없음
체증식 가능 여부	만 40세 미만 근로자 가능		만 40세 미만 가능

기타 특징	· 재개발·재건축 단지 잔금 사용 불가
	· 거치 기간(이자만 내는 기간) 1년 가능
	  (단, 1개월 이내 전입 후 1년 실거주 의무 있음)
			· 한도 내에서 디딤돌대출+보금자리론 가능
			· 중도상환수수료 없음
			· 거치 기간 불가
			  (단, 수도권 및 규제지역 내 매수 시 6개월 내 전입 의무 있음)

*서민실수요자: 투기지역 및 투기과열지구에서는 ① 부부 합산 연소득 9,000만 원 이하, ② 주택 가격 9억 원 이하, ③ 무주택 세대주 등의 요건을 모두 충족하는 경우를 말한다. 또 조정대상지역에서는 ① 부부 합산 연소득 9,000만 원 이하, ② 주택 가격 8억 원 이하, ③ 무주택 세대주 등의 요건을 모두 충족하는 경우를 말한다.

디딤돌대출, 신생아 특례 디딤돌대출, 보금자리론은 왜 굳이 헷갈리게 여러 가지 상품으로 구분해놓은 것일까? 정부가 내놓은 정책 모기지는 얼핏 비슷해 보이지만, '누구에게 얼마를 얼마나 싸게 빌려줄 것인가'라는 철학이 서로 다르다.

디딤돌대출은 서민층 중 중저가 아파트를 매수하는 사람들에게 저금리로 대출을 해주자는 취지로 만들어진 주거 상품이다. 금리가 신생아 특례 디딤돌대출보다 높지만 보금자리론보다는 낮기 때문에 최우선으로 검토하는 사람이 많은데, 충족해야 하는 요건이 까다롭고 주택 가격 제한, 소득 제한, 아파트 면적 제한 등이 있어 이용할 수 있는 사람이 많지는 않다.

신생아 특례 디딤돌대출은 출산 장려 및 출산 가구의 재정적 어려움을 덜어주고자 정부에서 내놓은 주거 상품이다. 금리가 매우 저렴하고 주택 가격 제한이 낮으며, 대출 한도가 높다. 게다가 연봉이 높은 가구도 활용할 수 있어 신생아 출생 가구라면 필수로 검토해보아야 한다.

보금자리론은 무주택 실수요자들이 각종 규제 속에서도 대출을 조금 더 용이하게 받을 수 있도록 해주자는 취지로 만들어진 주거 상품이다. 소득이 많지 않은 경우에는 DSR 때문에 일반 금융기관에서 대출을 받기가 쉽지 않다. 그렇다고 대출을 많이 받기 위해 고금리 상품을 이용할 수도 없다. 때문에 주택 가격은 6억 원으로 제한되어 있지만 DSR이 아닌 DTI만 적용하며 그 수치도 60%로 널널하게 적용하는 보금자리론이 실수요자, 사회초년생 수요자 등에게 인기 있는 상품으로 자리 잡았다.

이 중에서 나의 소득 수준과 내가 원하는 집, 출산 계획 등에 따라 각자 본인에게 유리한 상품을 고르면 된다. 예를 들어 한 부부의 합산소득이 3,000만 원 수준이고, 매수하려는 집은 2억 5,000만 원 수준이라면 어떤 상품을 이용하는 것이 좋을까? 이용할 대출금이 크지 않은 상태에서 굳이 많은 한도를 부여하지만 금리가 좀 더 높은 보금자리론을 이용할 이유가 없다. 디딤돌대출을 활용하는 것이 가장 적절한 선택이다.

일반 금융기관의 주택담보대출 상품

정책 주택담보대출 조건에 해당되지 않으면 일반 금융기관, 즉 은행이나 보험사의 주택담보대출 상품을 이용해야 한다.

일반 금융기관들은 영리를 추구하기 때문에 가입에 제한을 두지 않아야 최대한 많은 사람이 이용할 테니 되도록 규제를 두고 싶지 않을 것이다. 그러나 정부에서 가계 부채 관리를 위해 만든 규제들은 어쩔 수 없이 반영해야 한다. 때문에 규제지역은 LTV 40%로 제한하거나, DSR을 40%로 제한하는 등 나름의 조건이 있다.

▼일반 금융기관의 주택담보대출 상품

구분	생애최초매수자 조건	서민실수요자* 조건	일반
주택 가격 제한	없음	· 투기 및 투기과열지역: 9억 원 · 조정대상지역: 8억 원	없음
소득 제한	없음	부부 합산 9,000만 원	없음
자금 용도	주택 구입		주택 구입, 대환, 임차보증금 반환
주택 수	생애최초 무주택만 해당	무주택	· 규제지역 및 수도권은 2주택자 대출 금지 · 지방은 주택 수 상관 없음(한도만 다름)
최대 대출 한도	6억 원		6억 원(주택구입자금 외 생활안정자금 등 최대한도 1억 원)

LTV	· 규제지역 및 수도권: 70%
	· 그 외 지방: 80%
		70%	· 비규제지역 70%, 규제지역 40%
			· 1주택자 처분조건부
			 - 규제지역: 40%
			   (6개월 내 매도)
			 - 비규제지역: 70%
			   (6개월 내 매도)
			· 2주택 이상자
			 - 지방: 60%
			 - 수도권 및 규제지역: 대출 불가

DTI	60%	· 투기 및 투기과열지역: 40% · 조정대상지역: 50% · 그 외 수도권: 60% · 비규제: 규제 없음 (일반 금융기관에선 현재 DSR 때문에 특수한 경우를 제외하곤 의미 없는 지표임)	· 투기 및 투기과열지역: 40% · 조정대상지역: 50% · 그 외 수도권: 60% · 수도권 외: 규제 없음 (일반 금융기관에선 현재 DSR 때문에 특수한 경우를 제외하곤 의미 없는 지표임)

DSR	40% 또는 50%
만기	· 수도권 및 규제지역: 최대 30년 · 지방: 최대 40년
금리	· 은행에서 산출하는 금리 적용: 3.7%~ · 보험사: 4.1%~
면적 제한	없음
체증식 가능 여부	×
기타 특징	거치 기간 1년 가능

*서민실수요자: 투기지역 및 투기과열지구에서는 ① 부부 합산 연소득 9,000만 원 이하, ② 주택 가격 9억 원 이하, ③ 무주택 세대주 등의 요건을 모두 충족하는 경우를 말한다. 또 조정대상지역에서는 ① 부부 합산 연소득 9,000만 원 이하, ② 주택 가격 8억 원 이하, ③ 무주택 세대주 등의 요건을 모두 충족하는 경우를 말한다.

① 금융기관 생애최초 주택 구입

주택담보대출을 취급하는 모든 금융기관, 즉 은행, 보험사, 저축은행, 캐피탈 모두 생애최초주택매수자라면 LTV 80%를 적용받을 수 있다. 여기서 은행을 제외한 나머지 기관이 익숙하지 않은 이유는 은행의 주택담보대출이 금리가 가장 낮기 때문이다. 하지만 은행은 DSR 40%를 적용하며, 그 외 금융기관은 DSR 50%를 적용한다. DSR 10%의 여유는 주택담보대출을 거의 연봉만큼 더 받을 수 있다. 그래서 그나마 금리가 은행만큼 저렴한 보험사의 주택담보대출이 많이 이용되고 있다.

생애최초 주택구입자금은 규제지역은 LTV 70%, 지방은 LTV 80%까지 가능하다. 한도는 최대 6억 원이다. 따라서 규제지역의 아파트를 매수할 때 굉장히 유리하다. 가령 규제지역에 9억 원짜리 아파트를 매수하려면 원래 40%인 3억 6,000만 원밖에 받지 못하는데(단, 서민실수요자 제외), 생애최초주택매수자는 70%를 곱한 6억 3,000만 원에서 최대 상한선인 6억 원까지 대출을 받을 수 있다. 물론 정책 주택담보대출이 아니기 때문에 DSR 40% 또는 50% 제한을 만족해야 한다. 그래서 부부 합산 연소득이 7,000만~8,000만 원이 넘는 사람들이 6억 원을 초과하는 중고가 아파트를 매수하고 싶을 때 적극 활용한다.

② 금융기관 일반 주택담보대출

정책 주택담보대출을 활용하지 않는데 생애최초주택매수자도 아니라면 금융기관 일반 주택구입자금을 활용해야 한다. 그러나 규제는 언제든 바뀔 수 있으니 새로운 규제가 나온다면 나에게 해당하는 내용은 없는지 확인할 필요가 있다. 인터넷 검색창에 '은행업감독규정' 또는 '은행업감독업무시행세칙'을 검색하면 금융기관의 감독 규정과 업무 시행 세칙을 찾아볼 수 있다. 이는 정부에서 정한 가계 부채 관리 방안이므로 반드시 준수해야 한다.

2025년 6월 27일을 기점으로 대출 규제가 강화되었다. 소득과 상관없이 서울 수도권 등의 규제지역 대출 최대한도를 6억 원으로 제한했다. 현금이 없으면 고가 주택을 매수하지 못하게 막아둔 것이다. 그러나 이후에도 부동산 시장이 과열되면 새로운 규제들이 또 등장할 수도 있다.

> **Tip**
>
> **보험사의 주택담보대출 상품은 뭐가 다를까**
>
> 이용자들에게는 보험사의 주택담보대출 상품과 은행의 주택담보대출 상품이 그리 다르게 느껴지지 않을 것이다. 하지만 보험사는 은행이 아니라는 점, 금리가 조금 더 비싼 대신 DSR은 은행보다 널널한 50% 제한이라는 점이 다르다. 또한 금리가 유사하다면 보험사 대출 한도가 더 좋다. 나아가 보험사는 '중도상환수수료 50% 면제' 등의 조건을 내세워 서류상 중도상환수수료가 1%라도 실제로는 0.5%만 부과된다는 등의 특징이 있다. 이처럼 보험사는 제1금융권보다 대출 심사 기준이 조금 더 널널한 편이라 선호하는 사람이 많다. 게다가 은행들은 최저 금리를 적용받으려면 각종 부수 거래(카드 개설, 급여통장 사용, 적금 가입) 조건을 내걸지만, 보험사는 그런 조건이 없거나 10만~20만 원짜리 연금보험을 가입시키는 정도에 그친다.
>
> 간혹 보험사에서 대출을 받으면 신용점수가 떨어진다고 생각하는 사람들이 있다. 하지만 이는 오해다. 대출을 받는 기관의 종류에 따라 신용점수에 미치는 영향이 조금씩 달랐던 시절도 있었다. 하지만 지금은 아니다.
>
> 보험사든 은행이든, 카드사든 캐피탈이든 담보대출이라면 금리와 상환 방식, 대출금 규모가 유사한 조건이라면 신용점수에 미치는 영향은 같다. 물론 담보대출이 아닌 신용대출의 경우에는 보험사나 캐피탈에서 받으면 은행보다 부정적으로 평가되는 경향이 아직도 남아 있긴 하다.

나에게 맞는 주택담보대출 상품 고르기

나에게 맞는 주택담보대출 상품을 고르는 순서는 다음과 같다. 먼저 주택 가격 제한, 소득 요건 등을 살펴 정책 주택담보대출을 활용할 수 있는지를 체크한다.

만약 정책 주택담보대출을 활용한다면 신생아 특례 디딤돌대출(해당하는 경우) → 디딤돌대출 → 보금자리론 순으로 검토한다. 예를 들어 디딤돌대출의 요건 중 신혼부부는 대출 한도가 4억 원으로 상향된다. 4억~5억 원대 아파트를 매수할 생각이라면, 보금자리론보다 금리가 낮은 디딤돌대출을 활용하는 것이 좋다. 그런데 원리금을 따져보니 40년 분할상환을 적용해야 대출금을 문제없이 갚을 수 있을 것 같다면 디딤돌대출은 30년이 최대 만기 기간이니 보금자리론을 활용해야 한다.

정책 주택담보대출을 활용하지 않는다면 일반 금융기관 주택담보대출로 자금 계획을 짜보자. 예를 들어 수도권 규제지역에 7억 원짜리 아파트를 매수하고 싶다면 생애최초주택매수자는 주택담보대출의 70%인 4억 9,000만 원의 대출이 나올 테니 DSR을 통과할 수 있는지 체크해야 한다.

만약 지방의 7억 원짜리 아파트를 매수하고 싶다면 주택담보대출의 80%, 5억 6,000만 원의 대출이 나올 테니 역시나 DSR을 체크하고, DSR 여유가 있다면 신용대출은 얼마까지 더할 수 있는지 확인해야 한다. 그리고 최종 산출된 원리금 부담액을 본인이 감당할 수 있는지 확인해야 한다. 무리라고 판단되면 아파트 가격을 낮춰가며 다시 계산해봐야 한다.

따끈따끈한 청년주택드림 디딤돌대출

2025년 5월 청년주택드림 디딤돌대출이 출시되었다. 대출금리는 2.4~4.15% 수준이고, 만 39세 이하 청년 그리고 주택드림 통장을 통한 청약 당첨자만 활용할 수 있다.

부부 합산 연소득이 1억 원 이하인 경우에 활용할 수 있는데, 대출금은 최대 3억 원(신혼부부는 4억 원)으로 책정되어 LTV 80%가 큰 효과를 발휘하지 못할 것으로 판단된다. 최근 분양가가 5억 원을 넘기는 경우가 많다

보니 신혼부부가 아닌 이상 5억 원 중 대출이 3억 원밖에 나오지 않으니, 2억 원의 현금이 없는 사람들은 청년주택드림 디딤돌대출이 아닌 보금자리론을 선택할 것으로 예상된다.

▼청년주택드림 디딤돌대출 조건 및 특징

구분	청년주택드림 디딤돌대출
주택 가격 제한	6억 원
청약 통장 이용	대출접수일 기준 1년 이상 가입 및 1,000만 원 이상 납입 요건 충족 필요
소득 제한	· 미혼 7,000만 원 이하 · 신혼부부 합산 1억 원 이하
자금 용도	주택 구입만 해당
주택 수	무주택만 해당
최대 대출 한도	· 기본 3억 원 · 신혼부부 4억 원
LTV	70%(생애최초 한도 내 80%)
DTI	60%
DSR	무관
만기	10~30년(연봉 4,000만 원 이하면 40년 가능)
금리	상황에 따라 2.4~4.15%
면적 제한	· 85m² 이하 · 읍면 지역 100m² 이하
체증식 가능 여부	만 40세 미만 근로자 가능
기타 특징	· 재개발·재건축 단지 잔금 사용 불가 · 거치 기간(이자만 내는 기간) 1년 가능 · 대출지급일로부터 1개월 내 전입 후 2년 이상 거주 의무

출처: 주택도시기금

26

사례로 보는
주택담보대출 활용법

신용대출+보금자리론으로 아파트 매수

보금자리론, 디딤돌대출과 같은 정부 주택담보대출은 DSR이 아닌 DTI만 통과하면 받을 수 있다. 그리고 그 수치도 60%이기 때문에 충족하기 어려운 정도는 아니다. 지금부터 이 규정을 활용해 6개월이라는 짧은 기간에 아파트를 마련한 수강생의 사례를 소개하려 한다.

부동산 투자 경험이 전혀 없던 그가 종잣돈 3,000만 원으로 5억 원짜리 집을 매수할 수 있었던 전략은 다음과 같다.

① 인터넷 전문은행 앱에서 신용대출 한도 확인

신용대출을 많이 받아도 DTI에는 이자만 계산되므로 이것을 최대한 활용해야 한다. 현재 신용대출은 인터넷 전문은행을 이용했을 때 가장 많이 받을 수 있다. 그리고 각 은행의 내부 신용평가 시스템에 의해 결정된 한도를 일괄 적용하므로 굳이 금융회사를 일일이 방문할 필요가 없다.

단, 상호금융의 신용대출을 알아보려 하거나, 회사와 연계된 금융기관이 존재하는 근로자라면 예외다. 이 경우에는 해당 금융기관에 직접 방문할 때 더 좋은 조건의 신용대출이 나올 수도 있다.

② 신용대출이 최대한도일 때 보금자리론도 최대한도까지 받을 수 있는지 DTI 확인

신용대출이 너무 과하면 연봉에 따라 보금자리론의 한도가 달라질 수 있다. 따라서 부동산계산기.com의 DTI 계산기나 한국주택금융공사 홈페이지에 접속한 뒤 [주택담보대출] → [예상대출조회]를 클릭해 보금자리론을 최대한도까지 받을 수 있는지 확인해야 한다.

③ 매매 계약 후 보금자리론을 받고 월세 세입자를 구함. 단, 아파트 매매 잔금일에 보증금을 지불하되 전입은 다음 날에 진행

①과 ②의 검증이 끝났다면 부동산 매매 계약을 진행해도 된다. 이때 주의해야 할 점이 있다. KB시세와 매매가가 차이가 없거나 매매가가 더 낮은 아파트를 골라야 한다는 것이다. 보금자리론은 2개의 값 중 더 낮은 것을 기준으로 70~80% 대출을 취급하기 때문에 KB시세가 더 낮은 경우 실제 매매가에 비하면 60~70% 수준으로 대출액이 줄어들 수 있다.

월세 세입자를 구할 때 세입자는 아파트 대출이 70~80%인 걸 알고도 들어올 사람이어야 한다. 또 보금자리론이 생애최초 조건(4억 2,000만 원)으로 실행되기 위해서는 대출실행일에 전입이 있으면 안 된다. 만약 대출실행일에 전입, 즉 임대차계약에 의해 임차인의 권리가 있다면 생애최초 조건은 사용할 수 없다. 그러면 수도권과 규제지역의 경우 LTV 최대 한도가 3억 6,000만 원으로 줄어든다.

만약 생애최초매수자 조건을 활용하지 못하고 세입자의 보증금만큼 대출 한도가 줄어도 잔금을 치를 수 있다면 세입자가 전입이 되어 있어도 상관없다. 그러나 생애최초 조건을 사용해야 한다면 세입자의 전입을 늦춰야 한다. 이미 눈치를 챈 사람도 있겠지만, 이는 세입자가 싫어하는 조건들이다. 따라서 이 전략을 사용하려면 세입자에게 월세 할인 등의 혜택을 주어야 한다.

가령 매수할 아파트의 월세 시세가 3,000만 원/100만 원이라면 3,000만 원/85만 원 정도로 내놔야 세입자를 구할 수 있다. 하지만 남들보다 매월 15만 원씩 손해 본다고 생각해서는 안 된다. 부동산 매수 타이밍을 놓치지 않기 위해 대출을 최대한 활용하는 것이기 때문이다.

이 전략을 활용하는 목적은 다른 사람들보다 먼저 자산을 획득해 시세차익을 얻기 위해서다. 매수 후 아파트 가격이 2년간 2,000만 원이 오른다면 매월 15만 원씩 2년간 본 360만 원의 손실이 크게 느껴지지 않을 것이다. 그렇다면 부동산이 하락할 경우, 이 전략은 무의미할까? 그것은 사람마다 다를 것이다.

사실 집을 사면서 부동산 하락을 예상하는 사람은 거의 없다. 대부분 집값이 상승할 거라 기대하면서 집을 사기 때문이다. 그러나 예상과 달리 집값이 하락할 수도 있다. 하지만 금융 비용을 월세로 충당하고, 관리비는 세입자가 내기 때문에 보유하는 데 생각보다 큰돈이 들어가지 않는다. 때문에 다시 상승장이 올 때까지 보유하며 기다리거나, 미련 없이 매도하고 더 좋은 집을 매수할지 검토할 수 있다.

④ 현금+신용대출+보금자리론+월세보증금으로 잔금 지불

이 수강생이 가지고 있는 현금은 3,000만 원뿐이었다. 하지만 그는 본인이 거주하고 있는 지역의 중상급지에 속하는 5억 원짜리 아파트를 매수했다. 신용대출로 5,000만 원, 보금자리론에서 생애최초 조건으로 4억 2,000만 원을 마련할 수 있었다. 그는 '현금+신용대출+보금자리론'으로 아파트 잔금을 모두 준비했다. 하지만 취득세와 부대 비용, 추후 유동성으로 인한 리스크를 관리하기 위해 실거주를 포기하고 월세를 주기로 했다.

추가로 확보한 월세보증금 3,000만 원 중 일부는 잔금일에 사용하고, 나머지는 이 아파트를 유지하기 위한 금융 비용으로 보금자리론 이자가 빠져나가는 통장에 넣어두었다. 그 금액이 360만 원을 초과했기에 수강생은 매월 15만 원의 손해로부터 벗어날 수 있었다. 이 아파트의 2년 뒤 기대되는 시세 차익은 보수적으로 5,000만 원 수준이다.

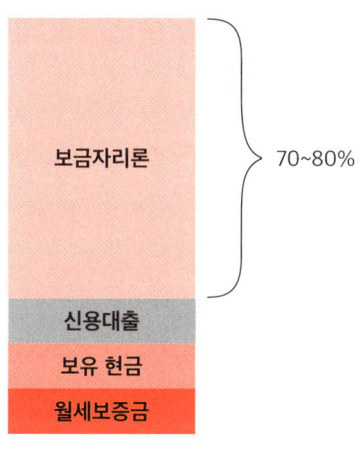
▲수강생의 자금 마련 전략

⑤ 월세 세입자에게 안내한 뒤 전입 진행

소유권 이전 등기가 끝나고 월세 세입자가 전입과 이사를 마쳤다. 세입자는 저렴한 월세가 만족스러웠고, 수강생은 빠르게 내 집 마련에 성공해 재미를 본 뒤 다음 스텝인 부수입에 집중하고 있다.

이 전략을 활용할 때 주의할 점은 세입자의 전입을 제어하는 것이다. 그래야 최대한도로 대출을 받을 수 있기 때문이다. 또한 기존 세입자와의 계약 만기로 새로운 세입자를 들일 때, 새로운 세입자는 더 적은 보증금으로 들어오고 싶어 할 수도 있다. 어쩔 수 없이 보증금을 낮춰야 한다면 기존 세입자에게 돌려줄 보증금 액수가 부족해진다. 이 경우 내가 보유한 현금이 투입되어야 하니 예비 자금을 모아두어야 한다.

신분당선 역세권에 내 집 마련

이번에 소개할 신혼부부는 모아둔 돈이 7,000만 원뿐이어서 3억~4억 원대 아파트를 보고 있었다. 그런데 둘의 소득을 따져보니 보금자리론을 활용하면 그보다 더 높은 가격대의 아파트도 매수가 가능했다. 그리고 그 아파트는 불과 5개월 만에 3,000만~4,000만 원이 상승했다. 반면 그들이 선택하려던 아파트는 가격이 떨어졌다. 그들은 대출을 잘 활용해 더 좋은 주거 환경에 살면서 5개월 만에 4,000만 원을 벌어들인 것이다.

그들이 집을 매수할 수 있었던 전략은 다음과 같다.

① 인터넷 전문은행 앱에서 신용대출 한도 확인

부부의 신용대출 최대치 한도를 확인했다. 아내는 사업자였기에 신용대출이 많이 나오지 않았고, 남편 역시 4대보험 신고가 되어 있지 않은 근로자였다. 그래서 전략을 촘촘하게 짜야 하는 상황이었다.

② 잔금 기간 미루고 남편의 4대보험 신고 권고

남편의 회사에서 4대보험을 신고한 뒤 급여를 받을 수 있다는 것을 확인하고 3개월을 기다리기로 했다. 4대보험 근로자로 입사 후 최소 3개월은 지나야 신용평가가 좋아지기 때문이다. 잔금 시점에 3,000만~4,000만 원 정도 신용대출이 가능할 것으로 예상되었다.

③ 4대보험 가입 후 1개월 만근하면 소득 연환산 인정

보금자리론의 소득 규정에 따르면, 입사한 지 얼마 되지 않았더라도 소득을 연환산으로 인정해주는 부분이 있다. 남편의 1개월 치 급여를 연환산하면 연봉이 3,600만 원 정도로 책정되었고, 이를 통해 보금자리론이 4억 1,000만 원 정도 가능하다는 것을 확인했다.

④ 여유자금 대책 마련

남편의 신용대출 3,000만~4,000만 원, 보금자리론 4억 1,000만 원에 현금 7,000만 원을 더하면 약 5억 1,000만 원의 아파트를 매수할 수 있었다. 하지만 대출은 어떤 변수가 발생할지 모르니 최대한 보수적으로 보는 것이 좋다. 그래서 추가로 아내의 캐피탈대출도 염두에 두었다. 대략 3,000만 원 정도가 가능했기에 위급 상황에 충분히 활용할 수 있을 것 같았다. 고금리대출을 사용하게 되는 순간이 온다 하더라도 평생 가져가기엔 부담스러운 것이 캐피탈 금리다. 따라서 아내 또는 남편이 추가로 신용대출을 받을 수 있는 방법을 고민했다.

① 남편의 근속연수 증가에 따른 추가 신용대출 실행 가능성
② 아내의 4대보험 근로자 포지션 고민
③ 사업에 투입되는 자금을 정책자금으로 충당해 여유자금 확보

⑤ 탄탄한 자금 계획의 결실

최악을 고려해 자금 계획을 탄탄하게 세우자 의욕이 샘솟았고, 좋은

가격에 괜찮은 아파트를 로얄동 로얄층으로 잡아왔다. 미리 설계한 대로 남편 회사에 4대보험 신고를 요청하고, 신용대출을 받았다. 그런데 이때 변수가 생겼다. 남편의 4대보험 신고가 다소 늦게 진행된 것이다. 그래서 남편의 신용대출로 충당하기로 했던 만큼을 아내의 캐피탈로 충당했다. 주택 잔금을 모두 치른 후에야 4대보험 신고가 만 3개월이 채워졌고, 아내의 캐피탈대출을 남편의 신용대출로 상환했다.

이 부부의 소득은 세후 500만~550만 원이었는데, 보금자리론과 신용대출의 이자는 180만~200만 원 수준이었다. 그들에게는 충분히 감당할 수 있는 금액이었기에 계획을 진행할 수 있었다.

그들은 그렇게 '내 집에 저축하는 기분'으로 신혼집에 거주하게 되었고, 매수가에서 최소 1억 원 정도 상승할 것으로 예상되기에 아마 후회 없는 선택이 되지 않을까 싶다.

하락기에 특례보금자리론으로 마포구 입성

대출 규제는 강화만 되는 것이 아니다. 상황에 따라 완화되기도 한다. 그리고 그 시점은 대부분 부동산 하락기다. 그러나 부동산은 상승도, 하락도 영원하지 않다. 엄밀히 말하면 부동산은 실물자산이기 때문에 장기적으로 우상향하게 되어 있다. 즉, 하락기는 기회라고 볼 수 있는 것이다. 그렇게 기회가 주어질 때 대출까지 화끈하게 풀어주니 우리는 그 시점을 노려야 한다. 물론 아파트 가격이 사이클의 하방을 다졌는지, 사용 가능한 상품이 고정금리인지 변동금리인지 등을 따져 충분히 대응할 수 있어야 한다.

2022년 말 부동산 하락기가 길어질 즈음, 정부는 2023년에 '특례보금자리론'이라는 정책 모기지 상품을 운영할 것을 예고했다. 이는 직전 상승기 때 빡빡하게 만들어둔 DSR 규제를 회피할 수 있는 상품이었다.

내 컨설팅을 받고 이 대출을 활용한 신혼부부는 마포구의 대단지 아파트를 계약했고, 이 아파트는 1년 뒤에 2억 원이 올랐다. 그 과정을 정리하면 다음과 같다.

참고로 현재는 없어진 상품에 대해 이야기하는 이유는 향후 규제 변동이나 새로운 상품의 등장으로 상황이 변할 때 남들보다 빠르게 움직이기 위함이다.

① 종잣돈 약 2억 원

이 부부의 종잣돈은 약 2억 원이었다. 그러나 서울 아파트를 매수하기에는 턱없이 부족했기에 내 집 마련은 미뤄둔 상태였다. 하지만 특례보금자리론에 대한 강의를 듣고 난 뒤 그들의 생각이 달라졌다.

② 특례보금자리론은 DSR 규제 없이 DTI 60%만 적용, 대출 최대한도는 5억 원

지금은 없어졌지만 특례보금자리론은 소득 제한이 없고 대출 한도는 더 큰 상품이었다. 없어진 대출 상품을 굳이 언급하는 이유는 상품을 잘 아는 것이 큰 힘이 된다는 사실을 알려주기 위해서다.

③ DTI만 보는 대출은 신용대출을 적극적으로 활용

DSR은 이자만 내는 신용대출의 원리금 상환액이 5년 분할상환처럼 계산되지만, DTI는 이자만 계산되니 신용대출이 수치에 큰 영향을 미치지 않는다. 게다가 60%만 넘지 않으면 되므로 최대한도인 5억 원을 받기 어렵지 않았다.

그래서 부부는 둘이 합쳐 신용대출을 1억 5,000만 원 받고, 특례보금자리론 5억 원, 보유한 현금 2억 원으로 마포의 대단지 아파트를 샀다. 매수 시점에는 9억 원 이하로 하락했으나 입지가 좋은 곳이어서 분명히 다시 오를 것이라 확신했다. 전고점은 12억 원이었다.

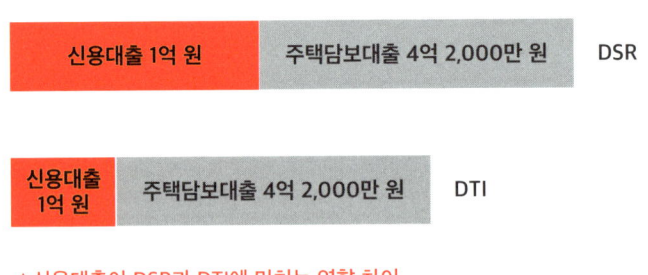

▲신용대출이 DSR과 DTI에 미치는 영향 차이

④ 오른다는 확신이 있다면 도전하라

나는 그들에게 지금 사려는 가격에서 5,000만 원이 더 하락해도 괜찮냐고 물었다. 그들은 "괜찮아요"라고 답했다. 어차피 타이밍을 놓쳐 오른

후에 사면 그만큼 또 손해이니 현재의 고민은 무의미하다는 의견이었다. 그 결과 그들이 매수한 가격은 해당 아파트 단지의 최저가 수준이었고, 1년이 지난 지금은 실거래가 10억 2,000만 원을 찍었다.

사실 아내는 사업가였다. 그것도 꽤 능력 있는 사업가였기에 집에 큰 신경을 쓰지 않아도 먹고사는 데 아무런 문제가 없었다. 그 때문에 선택이 더 쉬웠을지도 모른다. 그러나 바꿔 생각해보면 이렇게 기회가 왔을 때 주저 없이 도전하는 태도가 있었기에 능력 있는 사업가가 될 수 있었던 것이 아닐까?

내 역할은 방법을 제시하는 가이드다. 여행지에 도착했는데 아무런 정보가 없다면 꽤나 막막할 것이다. 그리고 그 상태로 여행을 하게 되면 시간적·금전적 손해를 볼 가능성이 크다. 그래서 사람들은 가이드를 찾는다. 기회는 소중하니까.

하물며 내 집 마련은 오죽할까. 내 강의와 컨설팅을 듣고 기회를 잡은 사람도 있지만, 그렇지 않은 사람도 있다. 그중에는 타이밍이 좋지 않아 안내를 받고도 매수하지 못한 사람도 있다. 하지만 그들도 타이밍이 왔을 땐 매수 소식을 전해주었다.

배우고 준비가 되어 있다면 기회가 왔을 때 놓치지 않을 수 있다. 이것이 바로 시장과 정책을 꾸준히 관찰해야 하는 이유다.

27

청약 당첨 시 알아야 할 대출 포인트

여섯 가지 대출 포인트

많은 사람이 집은 사지 않아도 청약은 한다. 웃기는 일이다. 청약 또한 분양권을 매수하는 것이니 집을 계약하는 것과 마찬가지인데, 청약은 마치 게임처럼 여긴다. 그래서 아무 생각 없이 청약을 한 사람들은 향후 아파트가 다 지어지고 입주 지정 기일이 다가오면 혼란에 빠진다. 만약 프리미엄도 많이 붙고, 전매 제한도 없다면 매도하면 그만이지만, 반대로 잘 팔리지도 않고 결국 잔금까지 치러야 한다면 대출이 잘 나오지 않는 경우가 많기 때문이다.

따라서 전매 제한 기간이 없거나 짧고, 프리미엄이 상승할 것이라고 확신이 서는 경우가 아니라면 청약을 하더라도 대출을 생각해야 한다.

청약 당첨 시 알아두어야 할 여섯 가지 대출 포인트를 짚어보자.

① 대출 상품 연계 조건 확인

당첨된 주택 유형에 따라 이용 가능한 정책 주택담보대출 상품(디딤돌, 보금자리론, 청년주택드림 디딤돌대출 등)이 달라진다. 특히 재개발·재건축으로 형성되는 단지라면 디딤돌대출 종류는 사용할 수 없으니 꼭 체크해야 한다.

청년주택드림 청약 통장으로 당첨된 사람은 청년주택드림대출 조건을 살펴보자. 대출 한도가 부족하다면 보금자리론으로 잔금 계획을 세워도 괜찮은지 판단하자.

② 생애최초 LTV 우대 활용

생애최초주택매수자는 LTV 최대 80%(그 외 70%)까지 적용된다. 하지만 한도가 6억 원이고, DSR을 통과해야 한다는 점을 잊지 말아야 한다.

③ DTI, DSR 관리

보금자리론과 디딤돌대출은 DSR 대신 DTI만 심사하기 때문에 6억 원 이하(신생아 특례 디딤돌대출은 9억 원 이하) 아파트라면 적극 도전해보자. DTI는 생각보다 통과하기 쉽다. 그런데 만약 분양가가 6억 원을 초과한다면 무조건 DSR이 적용된다고 생각하자.

간혹 "분양 시점에 마이너스 프리미엄 때문에 6억 원 미만이 되면 보금자리론을 활용할 수도 있잖아?"라고 이야기하는 사람이 있는데, 대출은 그렇게 긍정적으로 접근하면 절대 안 된다. 6억 원을 초과할 경우를 생각하고 접근해야 한다.

④ 중도금대출이 나오지 않을 가능성 고려

분양권을 확보했다면 지어질 아파트는 내 것이나 다름없다. 따라서 내 아파트를 짓고 있는 시공사에게 중간중간 돈을 주어야 한다. 그것을 '중도금'이라 부른다. 중도금은 사전에 시행사, 시공사와 협약된 금융기관으로부터 중도금대출을 받아 지불하게 된다.

보통 아파트가 지어질 때 중도금을 적게는 4회, 많게는 6회 내게 되니 대출도 그 횟수에 맞추어 실행된다. 예를 들어 1억 원짜리 아파트에 중도금을 6회 납입하기로 되어 있다면 아파트가 지어지는 기간 동안 텀을 두고 1,000만 원씩 6회 대출이 실행된다는 의미다.

중도금대출은 규제가 약하다. 이 규제가 심하면 시공사가 돈을 받지 못할 수도 있는데, 그러면 건설에 문제가 생기고, 주택 공급에 차질이 생기면 많은 문제를 야기하기 때문이다.

그렇다고 규제가 아예 없는 것은 아니다. 아파트의 경우 은행은 보통 HUG 보증이 있을 때만 중도금대출을 실행해준다. 그런데 HUG의 중도금대출보증 상품은 가입 제한이 있다. 기본적으로 세대 기준 2개가 최대이고, 이마저도 두 번째 중도금대출보증이 규제지역이면 불가하다.

예를 들어 A씨가 분양권 ①을 보유해 이미 중도금대출을 받았다고 가정하자. 이때는 규제지역이든 비규제지역이든 상관없다. 만약 분양권

②에 당첨되어 중도금대출을 받으려는데 분양권 ②가 규제지역이라면 중도금대출을 받을 수 없다. 비규제지역일 때만 중도금대출이 실행된다.

개수 제한 기준은 세대다. 만약 직계비속 중에 이미 분양권을 보유한 상태에서 중도금대출보증을 사용하고 있는 사람이 있다면 규제지역 청약이 당첨된 경우 세대를 분리하는 것도 하나의 방법이다.

그 외 중도금대출은 최소한의 상환 능력만 입증되면 웬만하면 승인이 난다. 하지만 신용불량자, 추정소득 산출이 불가한 자 등 상환 능력이 없다고 판단되면 중도금대출이 부결될 수도 있으니 주의하자.

⑤ 입주 시점 주변 전세가 파악

분양권인 경우에는 구축 매수와 다르게 세입자의 보증금에 대출을 더하는 것이 거의 불가능하다. 입주 시점에 바로 등기사항전부증명서가 생성되지 않아 권리관계를 명확히 할 수 없다 보니 세입자를 들이는 집주인(수분양자)에게는 대출을 내어주지 않을 가능성이 크기 때문이다.

따라서 전세를 놓고 그 돈으로 잔금을 치를 계획이었는데, 입주 시점에 예상한 전세가가 턱없이 부족하다면 꼭 대출을 최대한으로 받아야 한다. 그리고 월세로 바꿔 월세보증금을 활용하거나 그것도 안 된다면 DSR을 낮추기 위한 방법을 찾아야 한다.

⑥ 활용할 수 있는 모든 가용자금 파악

좋은 아파트 청약은 대부분 분양가에 이미 가치가 반영되어 비싸다.

그래서 미리 겁을 먹고 포기하는 사람이 많다. 잔금 때문에 청약을 포기하기 전에 자신이 끌어 쓸 수 있는 모든 자금을 한번 나열해보자.

- 예적금담보대출
- 신용대출
- 캐피탈대출
- 월세보증금(향후 입주 시점에 들어올 월세 세입자)
- 가족 또는 친인척에게 담보 제공받기
- 금액 자체를 개인적으로 대여하기
- 자동차담보대출
- 분양권잔금대출을 하는 P2P 금융기관

협약이 되지 않아도 분양권잔금대출을 취급하는 P2P 금융기관이 있다. 일반 금융기관과 달리 규제가 거의 없어 규제지역도 LTV를 80%까지 풀어주기도 한다. 단, 금리가 10%를 넘는 경우가 있으므로 주의하자.

과거 청약은 '선당후곰(선 당첨, 후 고민)'이었으나 그때는 규제가 이렇게까지 심하지 않았다. 규제가 다양하고 세밀해진 지금은 자금 계획을 더 촘촘하게 세워야 한다. 그렇게 하지 않아 계약금을 날린 사례를 여러 번 보았다. 소중한 계약금은 물론이고, 아까운 기회를 어이없이 날리지 말자.

28

혼인신고, 해야 할까 말아야 할까

부부는 경제 공동체

결혼 준비를 하고 있거나 갓 결혼한 부부들이 많이 하는 질문이 있다. "혼인신고를 하는 게 대출에 유리한가요, 그렇지 않은가요?"

이는 생각보다 단순하지 않은 문제다. 혼인신고가 대출에 미치는 영향은 상황에 따라 전혀 다를 수 있다. 여기서도 가장 중요한 개념은 DSR이다. 대출 한도를 결정할 때 가장 큰 영향을 미치기 때문이다.

① 부부 모두 대출이 없는 경우

먼저 두 사람 모두 대출이 전혀 없는 상태라면 혼인신고를 하는 것이 좀 더 비싼 아파트를 사는 데 유리할 수 있다. 금융기관은 부부 소득을 합산해 DSR을 계산하기 때문이다. 그러면 혼자일 때보다 소득이 더 높게 책정되어 더 많은 금액의 주택담보대출을 받을 수 있다. 예를 들어 남편의 소득이 4,000만 원이고, 아내의 소득이 3,000만 원이라고 가정하면 남편 또는 아내 둘 중 한 명의 소득으로는 대출 한도가 3억~4억 원 정도로 제한될 수 있지만, 둘의 소득을 합산하면 총 7,000만 원으로 계산되어 최대 대출 가능 금액이 5억~6억 원까지 올라갈 수 있다.

② 부부 중 한 명이라도 대출이 있는 경우

부부 중 한 명이라도 대출이나 신용대출이 있는 상태라면 이야기가 달라진다. 예를 들어 남편이 신용대출과 카드론 등으로 연봉의 절반에 달하는 원리금을 상환하고 있고, 아내는 대출이 거의 없는 상태라면 이때는 혼인신고가 오히려 불리하게 작용할 수 있다. 혼인신고를 하게 되면 금융기관에서 두 사람의 부채와 소득을 전부 합산해 DSR을 산정하기 때문이다.

만약 남편의 높은 DSR 수치가 아내의 소득에까지 영향을 미쳐 아내 명의로 받을 수 있던 더 높은 한도의 대출이 불가능해진다면 굳이 소득합산, 즉 혼인신고를 할 필요가 없다. 참고로 혼인신고를 하지 않은 상태에서 각자 대출을 받고 난 후에 혼인신고를 하는 것은 상관없다. 대출 시점이 중요하기 때문이다.

상황에 따라 전략적으로

혼인신고가 유리할 때와 불리할 때의 대표적인 사례를 몇 가지 더 살펴보자.

① 생애최초주택매수자라면 불리

둘 중 한 명이 생애최초주택매수자에 해당한다면 혼인신고를 잠시 미루는 것이 좋다. 혼인신고를 하는 순간 배우자가 기존에 주택을 소유한 이력이 있으면 나머지 배우자도 생애최초주택매수자로 인정받을 수 없기 때문이다. 따라서 생애최초가 갖는 혜택을 놓치고 싶지 않다면 혼인신고를 미루자.

② 보유 대출이 적다면 유리

부부 모두 신용대출이 거의 없고 앞으로도 크게 늘어날 가능성이 적으면서 둘의 소득을 합산해 충분히 높은 대출 한도를 받을 수 있다면 혼인신고를 하는 것이 매우 유리하다. 특히 신혼부부가 바로 실거주할 집을 구하는 상황이라면 대출 한도를 늘려 더 좋은 아파트를 매수하는 전략이 유효하다.

③ 외벌이라면 보류

외벌이인 경우에는 혼인신고가 큰 의미가 없을 수 있다. 외벌이는 어차피 한 명의 소득으로 대출 한도를 산정하기 때문이다. 이런 경우 혼인 신고를 하지 않으면 세금 혜택 등 다른 장점을 유지할 수 있다.

이처럼 부부의 현실적인 경제 상황과 장기적인 계획, 세금과 명의 문제 등을 바탕으로 전략적이고 현명한 선택을 하길 권한다.

29

같은 듯 다른
분양권잔금대출

선 대출, 후 담보

분양권이란, 주택이 완공되기 전에 분양 계약을 체결하고 계약금과 중도금을 납부함으로써 해당 주택을 우선적으로 분양받을 수 있는 권리를 말한다. 예비 청약자 또는 분양권을 매수하려는 자가 시행사와 분양 계약을 맺으면, 아직 건물이 완성되지 않은 상태에서 일정 비율의 금액을 선지급하고 완공 후 잔금을 치르면 소유권 이전이 이루어지는 구조다. 선지급하는 금액은 통상 계약금으로 분양 대금의 10%, 중도금으로 분양 대금의 60% 정도다.

시행사는 이 과정에서 사업 전 과정을 기획·관리하고, 자금을 조달하는 주체다. 한마디로 아파트를 지어 파는 사람이라고 생각하면 된다. 그들은 토지 매입부터 시작해 각종 설계와 인허가를 진행하다 아파트가 다 지어지면 주인이 될 사람들을 뽑는다. 이것이 바로 '분양'이다. 그리고 분양을 받은 사람을 '수분양자'라고 표현한다. 즉, 분양권은 '미래에 완성될 내 집에 대한 우선 구매권'이다.

분양권잔금대출이란, 분양권을 가진 사람들이 아파트에 입주하기 전에 시행사나 건축주에게 잔금을 치르기 위해 받는 대출이다. 그러나 대부분 잔금 이전에 중도금을 치르기 위해 중도금대출을 받았을 것이다. 그리고 이 중도금대출은 완공이 되고 나면 그 역할을 다했기에 '갚아져야' 한다. 시행사는 이 중도금대출을 완납한 사람에게만 소유권 이전 등기를 할 수 있는 서류와 아파트 열쇠를 내어준다.

즉, 우리는 시행사에 잔금 30%, 은행에 중도금대출 60%를 갚아야 한다. 따라서 결국 내가 실제로 낸 계약금 10%(혹은 20%)를 제외하면 나머지는 모두 입주 시점(잔금 시점)에 해결해야 한다. 그것이 총분양가의 80~90% 수준이다. 만약 잔금대출이 분양가를 기준으로 70% 수준밖에 나오지 않는다면 결국 10~20%를 현금으로 준비해야 하는 것이다.

분양권잔금대출은 보통 등기 이전에 이루어진다. 아파트가 완공되고 입주가 시작되더라도 소유권 이전 등기(보존등기)가 완료되지 않으면, 입주자는 법적으로는 아직 아파트 소유권을 갖지 못한 상태에서 거주를 하는 것이다. 등기사항전부증명서에 소유권이 공식적으로 명시되어야 진정한 의미의 소유권이 인정된다.

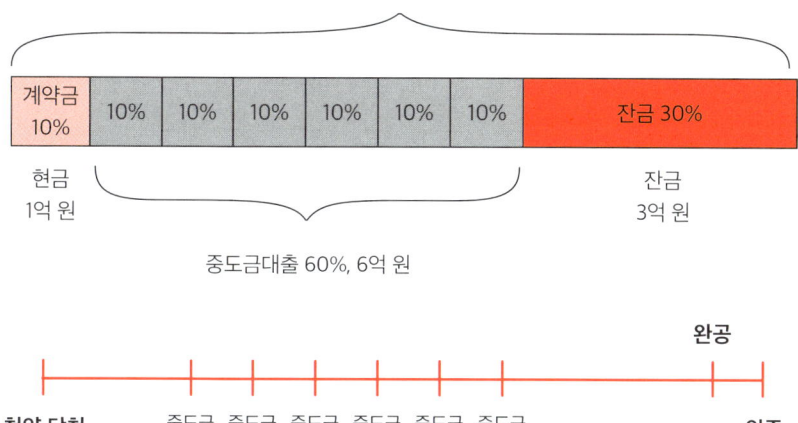

▲ 분양권의 중도금과 잔금의 구조

> **소유권 이전 등기란**
> 소유권 이전 등기란, 부동산을 매수한 새 주인이 법적으로 소유권을 인정받기 위해 등기사항전부증명서에 이름을 올리는 절차를 말한다. 매매·증여·상속 등 권리 변동이 발생하면 일정 기간 내에 관할 등기소에 신청해야 하며, 등기가 완료되어야만 법적 보호를 받을 수 있다. 이 과정에서 매수인은 인감증명서, 매매계약서 등 서류를 준비하고, 취등록세와 수수료 등을 납부해야 한다.

은행 입장에서 생각하면 대출을 해줄 때는 반드시 담보가 필요한데, 그 담보는 등기사항전부증명서에 표기된다. 그런데 아직 등기가 없으니 담보를 잡을 수가 없다. 그래서 이럴 때 금융기관은 '후취 담보 계약'이라는 특별한 계약 방식을 이용한다.

후취 담보 계약은 아직 등기가 완료되지 않았지만 나중에 등기가 생기고 소유권이 확실히 이전되면 은행이 그 시점에 담보를 잡겠다는 일종의 약속이다. 즉, 아파트가 등기가 나기 전에 입주자가 들어가서 살 수 있도록 미리 돈을 지급하고, 나중에 담보 설정을 하겠다는 계약인 것이다.

분양권잔금대출 처리 절차

분양권잔금대출이 처리되는 과정을 정리하면 다음과 같다.

① 대출 상품 검토, 상담 및 신청

사전 점검 때 이야기를 나눈 금융기관 또는 커뮤니티를 통해 알게 된 금융기관에 접촉해 대출 가능 여부를 확인하고, 본인에게 최적의 조건을 제시하는 쪽에 대출을 신청한다.

② 서류 준비

심사가 완료되면 분양계약서, 소득확인증명서(원천징수영수증, 급여명세서), 재직증명서, 금융 거래 내역 등 대출을 신청한 은행이 요청하는 서류를 준비한다.

③ 대출 한도 확정 및 약정

은행으로부터 최종 대출 한도를 통보받고 자필서명일(약정일)을 정한 뒤 은행에 방문해 서류를 작성한다. 이때 은행에 분양계약서, 소유권 이전 등기를 법무사에게 위임하는 서류, 인감증명서 등을 제출해야 한다.

④ 잔금대출 실행

은행은 잔금지급일에 맞춰 대출금을 수분양자의 계좌로 넣어주거나, 시행사와 중도금대출을 해준 은행에 알아서 각각 송금을 해준다. 이 과정에서 모자란 돈은 은행이 안내를 해줄 것이며, 현금으로 준비해두었다가 은행 또는 법무사로부터 어디 어디에 송금을 하라는 안내를 받으면 그에 맞게 처리한다.

⑤ 관리사무소에서 스마트키 불출

소유권 이전에 대한 일은 등기사항전부증명서 자체가 생성되지 않았기 때문에 법무사가 나중에 처리할 것이다. 잔금 납부와 중도금대출 상환을 완료했다면 관리사무소 또는 입주지원센터에 방문해 요구하는 서류를 제출하고 세대 비밀번호와 스마트키를 받으면 된다.

분양권잔금대출의 특징

분양권잔금대출의 한도는 어떻게 결정될까? 분양 당시 가격(분양가)일까, 아니면 아파트의 현재 시세일까? 금융기관마다 약간의 차이가 있지만, 잔금 시점의 아파트 시세를 기준으로 삼는 경우가 많다. KB시세가 이미 공시되었으면 KB시세를 따르고, 아니라면 대출을 해주는 은행의 '감정평가사가 감정한 금액'을 시세로 본다. 이는 아파트의 최초 분양가보다 높거나 낮아질 수도 있지만, 신축 아파트의 경우 대체로 시세가 분양가보다 상승하는 경우가 많다. 따라서 대출 한도도 높아질 가능성이 매우 크다.

예를 들어 분양가가 5억 원이었던 아파트가 입주 시점에 7억 원까지 올랐다면, 금융기관은 7억 원을 기준으로 대출을 진행할 수 있다. 일반적으로 주택담보대출의 LTV가 70~80% 정도라고 하면, 7억 원의 70%는 4억 9,000만 원이다. 분양가 대비로 생각하면 98% 정도 대출을 받는 셈이다. 이 때문에 많은 입주 예정자가 분양권잔금대출을 통해 보다 여유롭게 자금을 마련할 수 있다.

대규모 신규 아파트 단지의 경우, 분양권잔금대출이 집단대출로 진행되는 경우가 많다. '집단'이라는 이름이 붙는 이유는 동일한 아파트 단지의 많은 세대가 한 번에 잔금대출을 신청하는 형태이기 때문이다. 금융기관 입장에서는 한 번에 수백에서 수천 세대의 고객을 유치할 수 있기 때문에 경쟁이 치열한데, 그로 인해 좋은 조건을 내거는 경우가 많다. 예를 들어 다른 기관보다 높은 한도를 내세우거나 더 낮은 금리 조건을 내세운다.

이런 상황에서 중요한 건 자신의 조건에 가장 잘 맞는 금융기관을 선택하는 것이다. 평소 거래하는 주거래 은행만 고집하면 손해를 볼 수도 있으니 꼭 모든 금융기관의 조건을 꼼꼼히 살펴보자. 10억 원 규모의 대출을 받을 경우 금리 0.2% 차이는 매월 200만 원 이상이기 때문에 분양권잔금대출을 고려할 때는 여러 금융기관에서 제시하는 조건을 철저하게 비교하는 것이 필수다.

분양권 잔금을 치를 때 DSR이 초과되어 대출이 나오지 않거나 하는 경우가 발생하지 않도록 미리 대출가액을 예상해야 한다. 그럼에도 불구하고 잔금대출로만 해결하기에 돈이 부족하다면, 왕도가 없다. 자신이 활용할 수 있는 자금을 나열해보자. 생각보다 많은 사람이 가족으로부터 담보를 제공받거나, 자금을 대여해 문제를 해결한다. 또는 손해를 보더라도 월세보증금을 높이고, 월세(임대료)를 적게 받는 등의 방법을 사용해 부족한 금액을 채운다. 하지만 역시나 최선은 청약 시점 또는 분양권을 매수하는 시점에 자금 계획을 미리 짜두는 것이다.

분양권이 여러 개라면

대출 상담을 하다 보면 분양권을 여러 개 보유하고 있는 분들을 종종 만난다. 이런 분들은 잔금을 치르는 과정에서 대출 규제 때문에 큰 어려움을 겪는다. 특히 DSR 규제는 분양권을 2개 이상 가진 투자자들에게 큰 걸림돌로 작용한다. 먼저 잔금일이 도래하는 현장에서 잔금대출을 받으려 할 때 금융기관은 보유 중인 다른 분양권에서 받은 중도금대출까지 모두 합산해 DSR을 계산하기 때문이다.

중도금대출은 일반적으로 25년 분할상환 방식으로 계산되기 때문에

DSR이 매우 높게 산정되어 대출 한도가 크게 줄어들 수밖에 없다. 여기에 수분양자가 신용대출까지 사용 중이라면 이 역시 DSR 계산에 포함되므로 대출 한도는 더욱 줄어든다.

이런 상황에서 현실적으로 잔금을 해결할 수 있는 방법은 크게 두 가지가 있다.

① 세입자의 월세보증금 활용하기

첫 번째 방법은 소득이 높은 경우에 유효하다. 잔금대출, 즉 주택담보대출을 최대한도인 60%만큼 받을 수 있다면 두 분양권을 담보로 대출받고 동시에 월세 세입자의 보증금으로 잔금을 충당하는 것이다.

예를 들어 A분양권이 5억 원, B분양권이 4억 원이고 현금 2억 원을 가지고 있다고 해보자. A분양권에서 잔금대출 3억 원을 받고, 월세 세입자를 두어 그 보증금 5,000만 원을 활용하면 3억 5,000만 원이 해결되므로 계약금을 제외한 나머지 1억 원만 준비하면 된다. 또 B분양권에서 잔금대출 2억 4,000만 원을 받고, 월세 세입자를 두어 그 보증금 5,000만 원을 활용하면 2억 9,000만 원이 해결되니 계약금을 제외한 나머지 6,000만 원만 준비하면 된다.

이렇게 DSR만 통과한다면 '대출+월세' 세팅으로 자금 계획을 세우고 준비한 현금으로 해결할 수 있다. 하지만 이 전략이 성공하려면 낮은 월세와 유연한 거주 조건, 예를 들어 반려동물 허용, 다양한 편의 제공 등 보증금이 조금 높더라도 세입자들이 기꺼이 계약할 수 있는 조건을 제시해야 한다. 특히 낮은 월세는 세입자 입장에서 매우 매력적일 수 있으며, 이를 통해 높은 보증금을 부담하고도 이 아파트에서 오래 거주하려는 수요를 만들어낼 수 있다.

실제로 많은 투자자가 DSR 규제를 극복하기 위해 이 전략을 사용한다. 투자자 관점에서 보면 월세 수입은 줄어들지만 당장 급한 자금을 조달할 수 있다. 따라서 부동산 자산을 안정적으로 확보할 수 있다는 장점이 있다.

② 전세가율이 낮은 곳에 몰아주기

두 번째 방법은 자금을 한쪽에 몰아주는 것이다. 대부분 전세가율이 낮은 현장에 몰아준다. A현장과 B현장의 잔금을 치러야 하는데, A의 전세가가 높다면 굳이 A의 잔금을 대출과 월세로 마련할 필요가 없다. A잔금을 '대출+월세'로 세팅한다면 대출 때문에 DSR 비율을 차지하게 될 것이고, 그로 인해 B의 잔금대출이 힘들어지기 때문이다.

따라서 공급이 적어 전세가율이 높을 것으로 예상되는 현장은 전세로, 나머지 현장은 대출과 월세, 박박 긁어모은 현금으로 잔금을 치를 계획을 세워야 한다. 만약 아무 생각 없이 전세가율이 높은 현장 잔금을 대출과 월세로 처리하면, 두 번째 현장의 잔금을 처리할 때 전세가율이 받쳐주지 않아 위험에 처할 수도 있다.

결국 분양권을 여러 개 보유하고 있는 투자자는 이 두 가지 방법 중에서 자신의 상황에 적합한 것을 선택해야 한다. 잔금 처리에 앞서 미리 계획을 세우고, 본인의 DSR 현황과 소득 상황을 철저히 점검해 최적의 대안을 선택하는 것이 무엇보다 중요하다.

30

실무자만 아는
대출 활용 포인트

대출 규정 완전 정복

지금부터 내 집 마련을 하는 데 있어 중요한 포인트를 이야기하려고 한다. 미리 말하지만, 이 이야기는 모두 공시되어 있는 내용이다. 하지만 평범한 사람들이 변호사처럼 법전을 공부하지 않듯, 내가 읽는 '대출 규정과 세칙'을 읽지 않는다.

법률 문제를 해결하기 위해 변호사가 필요한 것처럼, 대출 규정과 세칙에 대한 해석과 문제를 해결하기 위해 이 장을 준비했다. 자산운용사에서 대출 문제에 관한 자문 활동을 하고 있는 내가 중요하다고 생각하는 포인트만 발췌했으니 봐두면 분명 많은 도움이 될 것이다.

① 최근 1개년 소득이란

현재 규정에서 '소득'이라 함은 '최근 1개년 소득'을 의미한다. 하지만 대출을 받아본 사람은 '2개년 소득을 보던데?'라고 생각했을 것이다. 맞다. 하지만 2개년 소득을 확인하는 것과 적용하는 것은 다르다. 은행에서 재작년과 작년의 소득 증빙 서류를 요청하는 이유는 '소득의 변동성'을 확인하기 위함이다.

예를 들어 2023년에 5,000만 원을 번 사람이 2024년에는 1억 원을 벌었다면 이것을 연봉 1억 원으로 인정해주어야 할까? 근로자라면 모르겠지만 사업자나 프리랜서의 경우에는 향후에도 계속 이 연봉을 유지할지 알 수 없다. 그래서 사업자나 프리랜서는 재작년 소득과 직전년도 소득의 차이가 크면 두 액수의 평균을 사용하는 방식으로 보정한다.

단, 직장인(근로자)은 다르다. 우리나라에는 급여가 1억 원이었다가 갑자기 5,000만 원으로 삭감되는 식의 사례가 거의 존재하지 않는다. 그래서 직장인에게 최근 1개년 소득은 말 그대로 최근 1개년 소득이다.

① 직전년도 소득금액증명원 또는 원천징수영수증
② 최근 12개월 치 급여명세서 합계(12개월 미만일 시 합하여 연환산)

여기서 중요한 것은 '12개월 미만일 시 합하여 연환산'이라는 부분이다. 이는 직장에 다닌 지 얼마 되지 않았다 하더라도 형평성을 위해 받은 급여들을 연환산해준다는 뜻이다. 즉, 1개월을 만근하고 급여를 받은 적이 한 번이라도 있다면 그것을 연환산해 계산한다. 따라서 대출을 받기 전에 한 달만 직장 생활을 해도 받은 월급에 12를 곱해 소득으로 인정받을 수 있다.

즉, 부부 중에서 외벌이를 하는 남편이 대출을 받으려 할 때 DSR 규제 등으로 불가능하다면 아내가 대출을 신청하기 전에 1~2개월 정도 아르

※ 지속가능성을 가진 상시소득의 판단
1. 근로소득인 경우(휴·복직자)에는 상시소득으로 간주하되, 근로계약기간이 1년 미만으로 확인되는 경우는 제외
2. 사업소득자 등은 채무자가 상시소득임을 입증하는 서류를 통해, 발생 시점부터 1년 이상 지속됨이 증빙되면 상시소득임을 포괄적으로 인정
3. 근로소득자 외에도 보험설계사, 시간강사, 기타 사업자 등도 위의 사유가 입증되면 상시소득으로 인정 가능

※ 상시소득 증명 예시
1. 근로소득 : 건강보험자격득실확인서·재직증명서 등
2. 사업소득 : 사업장의 임대차계약서(자가건물은 부동산 등기사항전부증명서), 고용계약서 등
3. 연금소득 : 연금증서·연금수급권자확인서 등 지속적인 연금지급 증명 서류
4. 기타소득 : 고용계약서 등 (원칙적으로는 상시소득으로 인정하지 않으나, 근로소득과 유사한 성격의 기타소득임을 입증하는 경우에 한함)

4) 소득발생기간이 1년 초과~2년 미만인 경우 1년 미만 소득을 연환산하여 비교
5) 소득발생기간이 1년 이하로 2개년 소득확인이 불가한 경우 동 1년 이하의 소득을 연환산 후 10% 차감하여 소득 산정(이하 '10% 차감소득')
  ○ 상시소득에 해당하는 경우 소득 차감 미적용
6) 제5장 1. DTI(총부채상환비율)에서 정하는 '실수요자' 소득요건 판단 시, '2개년 평균소득' 또는 '10% 차감소득'을 적용하는 경우 이를 적용한 소득으로 판단
7) 소득발생기간이 현재 유지중인 소득원을 기준으로 최소 1개월 이상이어야 하고, 1년 미만인 경우에는 반드시 연환산
  (1) 사업소득은 계절효과로 인해 연환산이 도리어 소득액을 왜곡할 수 있어 연환산 여부를 선택 가능
  (2) 연환산 시에는 재직증명서, 건강보험자격득실확인서 등으로 소득입증서류 상의 소득발생기간이 1개월 이상 ~ 1년 미만임을 채무자가 입증해야 하며, 사업소득은 사업자등록증 상의 개업일로도 연환산 가능

▲보금자리론 소득 규정
출처: 한국주택금융공사

바이트를 하면 부부의 소득은 외벌이일 때보다 1,000만 원 이상 늘어날 것이다. 단, 은행에서 인정하는 소득이어야 하니 4대보험 신고가 되어야 한다는 사실을 잊지 말자.

커진 소득만큼 대출금도 커질 테니 집을 살 기회가 왔다고 판단했다면 수입이 없는 사람이 취직을 하거나, 프리랜서로서 일하는 사람이 잠시라도 4대보험 근로자 신분으로 급여를 받거나 하는 것을 고려해보자.

> **Tip 소득 기준은 왜 보금자리론 업무처리기준을 따를까**
> 이는 실무에서도 자주 받는 질문이다. 왜 은행 기준이 따로 없고 보금자리론의 기준을 따르는 걸까? 그 이유는 생각보다 간단하다. 보금자리론은 정부대출이지만 은행이 업무를 처리한다. 이런 상황에서 보금자리론과 은행의 일반 주택담보대출 소득 기준이 다르면 고객은 혼란스러울 수밖에 없다. 보금자리론에서는 내 연소득이 7,000만 원이라고 하고, 일반 주택담보대출에서는 1억 원이라고 한다면 대체 기준이 뭐냐고 되묻는 사람이 생길 것이다. 그래서 아예 보금자리론은 보금자리론 업무처리기준을 따르고, 만약 은행 내부 기준과 다른 점이 생긴다면 그건 별도로 「은행업감독업무시행세칙」에 명시하는 방식으로 통일을 해둔 것이다.
> 이렇게 하기로 약속한 내용은 「은행업감독업무시행세칙」 '별표 18'의 7페이지 9(연소득의 산정) 부분에 정확히 명시되어 있다.

② 추가 주택 매수 금지 약정

보금자리론과 디딤돌대출에 대한 이야기다. 두 정책 모기지는 서민형 상품이라 DSR을 생략할 수 있는 만큼 그 외 조건이 까다롭다. 이 상품을 이용해 주택을 취득하면 '추가 주택 매수 시 6개월 내 처분'이라는 조건이 붙는다. 서민형 상품으로 집을 사게 해줬으면 투기와 같은 추가 주택 매수는 하지 말라는 의도다.

그런데 이 조건이 은행보다 유연하다는 것을 알아야 한다. 추가 주택을 매수하더라도 6개월 내에 처분하기만 하면 패널티도, 조기 상환 문제도 발생하지 않는다. 참고로 패널티는 '대출금 즉시 회수' 및 '3년간 정부의 주택담보대출 활용 금지'다.

게다가 더 안심해도 되는 것은 6개월이라는 기간은 내가 주택을 사고 난 직후가 아니다. 정부 금융기관이 추가로 주택을 매수했는지 검증하는 검증기준일로부터 6개월이다. 극단적으로 표현하면 '걸리고 난 후 6개월 내 처분'이다.

참고로 검증기준일은 디딤돌대출의 경우 대출이 발생하고 난 후부터 매 분기이며, 보금자리론은 매년 대출이 실행된 날짜에 검증한다. 즉, 내가 만약 보금자리론을 이용해 주택을 매수하고 1개월 뒤에 추가로 집을 산다면 11개월+6개월인 17개월의 시간을 벌 수 있는 셈이다.

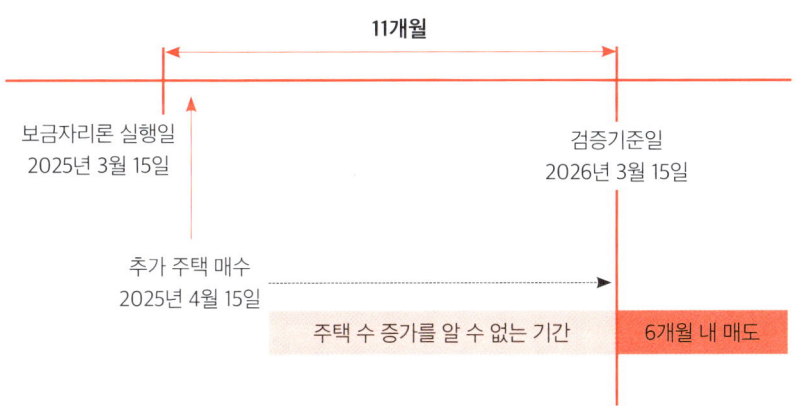

▲보금자리론의 검증기준일 계산

③ 전입 의무 유지에 관한 내용

과거 대출 규제가 가장 강력했을 때는 비싼 아파트나 추가 주택을 매수하기 위해 대출을 받으려면 전입을 해야 하는 등의 조건이 있었다. 그리고 이 의무는 추가약정서라는 서류를 작성하면서 확정된다. 그러나 이런 전입에 대한 약정은 보통 규제지역의 아파트를 매수할 때 해당되는데, 대상 주택의 지역이 규제지역에서 해제된다면 약정은 무효가 된다.

이외에 '기존 주택 처분 조건'이라는 특약도 마찬가지다. 지역의 규제 완화나 정책에 따라 전입을 유지하지 않고도 대출을 갚지 않은 채 사용할 수 있다. 그러니 은행 직원이 "기존 주택을 처분하세요"라고 말했다고 해서 처분하고, "전입 유지를 하지 않으면 대출을 회수합니다"라고 말했다고 해서 억지로 전입을 유지할 필요가 없다. 만약 규제 내용을 제대로 알고 있다면 은행 직원에게 이렇게 말하기만 해도 문제가 쉽게 해결된다.

"규제지역에서 해제되었기 때문에 전입을 하지 않아도 되는 걸로 알고 있어요. 규정을 다시 한번 확인해주시겠어요?"

이렇게 기존 주택을 처분해야 하는 줄 알았는데 처분하지 않는 것, 전입을 끝까지 유지해야 하는 줄 알았는데 하지 않아도 되는 것들이 별것 아닌 것 같지만, 실제로는 내 자산을 큰 폭으로 오르내리게 만든다.

④ 무주택으로 보는 기준

무주택의 기준은 정부대출과 은행대출이 조금 다르다. 은행의 경우에는 두 가지로 나뉜다. 전자는 정부대출 상품의 무주택 기준을 그대로 따르고, 후자는 어떤 형태의 주택이든 주택 수에 포함시킨다. 규정상으로는 후자가 맞지만 금융기관, 특히 상호금융의 경우에는 해석의 여지가 분분하기 때문에 정부 주택담보대출 상품의 조건에 따라 기존 주택이 있다 해도 무주택으로 간주하곤 한다.

참고로 은행이 얄짤없이 "주택법상 주택은 다 주택이야"라고 주장하면서 주택 수에 포함되지 않는 물건들을 주택 수에 포함시켜 대출을 거절하는 일도 있다. 이 부분에 대해 확실하게 알아두면 은행이 제대로 업무를 처리하지 않았을 때 이의를 제기할 수 있다.

[무주택으로 보는 경우]

1. 상속으로 인하여 취득한 주택의 공유지분을 처분한 경우
2. 「국토의 계획 및 이용에 관한 법률」에 따른 도시지역(주거지역, 상업지역, 공업지역, 녹지지역)이 아닌 지역 또는 면의 행정구역(수도권은 제외한다)에 건축되어 있는 주택으로서 다음의 어느 하나에 해당하는 주택의 소유자가 해당 주택건설지역에 거주(상속으로 주택을 취득한 경우에는 피상속인이 거주한 것을 상속인이 거주한 것으로 본다)하다가 다른 지역으로 이주한 경우
   (1) 사용승인 후 20년 이상 경과된 단독주택
   (2) 85㎡이하의 단독주택
   (3) 소유자의 「가족관계의 등록에 관한 법률」에 따른 최초 등록기준지에 건축되어 있는 주택으로서 직계존속 또는 배우자로부터 상속 등에 따라 이전받은 단독주택
3. 개인주택사업자가 분양을 목적으로 주택을 건설하여 이를 분양 완료하였거나 그 지분을 처분한 경우
4. 세무서에 사업자로 등록한 개인사업자가 그 소속근로자의 숙소로 사용하기 위하여 주택을 건설하여 소유하고 있거나 정부시책의 하나로 근로자에게 공급할 목적으로 사업계획승인을 얻어 건설한 주택을 공급받아 소유하고 있는 경우
5. 20㎡이하의 주택을 소유하고 있는 경우. 다만, 본건을 제외하고 2호(戶) 또는 2세대 이상의 주택을 소유한 자는 제외한다.
6. 건물등기부 또는 건축물대장등의 공부상 주택으로 등재되어 있으나 주택이 낡아 사람이 살지 않는 폐가이거나 주택이 멸실되었거나 주택이 아닌 다른 용도로 사용되고 있는 경우 실제 사용하고 있는 용도로 공부를 정리한 경우
7. 무허가건물을 소유하고 있는 경우
8. 문화재로 지정된 주택

▲보금자리론 업무처리기준
출처: 한국주택금융공사

⑤ 집값의 기준

기본적으로 은행은 아파트의 경우 KB시세를 기준으로 대출 한도를 산정한다. 내가 실제로 매수하는 가격이 KB시세보다 크거나 작거나 상관없이 말이다. 이를 잘 생각해보면 우리는 한 가지 아이디어를 얻어낼 수 있다.

"그럼 내가 KB시세보다 5,000만 원 싸게 산다면?"

이에 대해 생각해보면 매수하는 가격 대비 LTV가 80%를 초과하는 일도 발생할 것이다. 예를 들면 다음과 같다.

생애최초주택매수자의 경우(LTV 80%)
- KB시세: 5억 원
- 매수 가격: 4억 5,000만 원
- 대출 한도: 5억 원×80%=4억 원
- 매수 가격 대비 대출 한도 비율: 4억 원/4억 5,000만 원×100=89%

즉, 내가 KB시세보다 싸게만 산다면 내 종잣돈이 조금 모자라도 집을 살 수 있는 것이다. 역시나 이런 기회는 부동산 하락기일 때 가능하다. 이때는 시세보다 더 싸게 매도하려는 심리가 생기기 때문이다.

하지만 정부의 정책대출 상품은 다르다. 안타깝게도 매수가와 KB시세를 비교해 더 낮은 금액을 기준으로 한다. 따라서 KB시세보다 싸게 산다면 매수가의 70% 혹은 80% 대출이 가능한 것이고, 만약 더 비싸게 산다면 매수가 기준 70%도 대출이 나오지 않을 수 있다.

따라서 KB시세보다 싸게 사도 정책대출을 이용하는 사람은 아무런 이점을 느끼지 못할 수 있다. 하지만 한 가지 중요한 포인트가 있다. 정책대출을 적용할 수 있는 주택 가격인지 아닌지를 따질 때도 매수가와 KB시세 중 더 낮은 금액을 기준으로 한다는 것이다(단, 보금자리론은 제외하고 디딤돌대출과 신생아 특례 대출만 해당. 보금자리론은 둘 중 하나라도 6억 원을 초과하면 불가).

싸게만 산다면 남들은 받지 못하는 정책 주택담보대출을 나는 받을 수 있게 되는 것이다.

싸게 사는 것이 정책대출에도 이점으로 작용할 때
- KB시세: 6억 3,000만 원
- 매수 가격: 5억 9,000만 원
- 신혼부부 디딤돌대출 기준은 둘 중 더 낮은 5억 9,000만 원을 따름
- 따라서 KB시세 6억 원 초과 아파트임에도 디딤돌대출 가능

이를 아는 사람은 KB시세가 6억 원을 초과했다고 포기한 사람들과 다른 성과를 얻을 수 있다. 집주인과 적극적으로 소통해 매수가를 6억 원 이하로 낮춘다면 말이다.

Tip | 대출도 승계가 될까

대출은 원칙적으로 승계가 가능하다. 하지만 실무적으로는 거의 하지 않는다. 어차피 주택을 매수하는 사람 입장에서 새롭게 대출을 심사했을 때 산출되는 금액이 기존 대출 금액과 다른 경우가 많기 때문이다.

대출 승계는 매도인이 이용 중인 금액을 그대로 승계해야 한다. 이론상으로는 대출금이 달라져도 되는 것처럼 명시되어 있으나 실무적으로 불가능하다고 생각하면 된다. 따라서 매도인이 받은 대출 금액이 충분하지 않다고 생각되면 굳이 승계받을 필요가 없다.

그런데 만약 매수인이 받을 수 있는 대출보다 매도인이 더 큰 액수를 사용하고 있다면 매수인이 승계를 원하지 않겠느냐고 생각할 수도 있다. 하지만 이 역시도 결국 매수인이 승계를 받을 수 있는지 심사가 이루어진다. 이 심사는 신규 대출과 똑같이 이루어지므로, 매수인이 받을 수 있는 신규 대출 금액보다 승계받는 금액이 클 가능성은 없다. 이런 이유로 승계는 거의 이루어지지 않는다.

다만 다가구주택에서는 종종 승계가 이루어지는 경우가 있다. 기존 매도인이 대출을 받고 난 후에 발생한 임대차계약이 있을 시 매수인이 새로 대출을 받으려면 그 '임대차계약상 보증금'들이 선순위 채권이 되어 대출 가능 금액이 매우 부족해지는 경우가 발생한다. 이 경우 권리관계의 변동에 의해 매도인이 보유하고 있던 대출금보다 신규 대출금이 매우 작아지므로 이 권리관계를 그대로 유지한 채 다가구주택을 매수하고 싶다면 기존에 대출을 해준 금융기관에 승계를 요청할 수 있다.

31

중고가 아파트 매수자와 고연봉자들을 위한 팁

DSR 통과가 우선

지금까지 한 이야기들은 정부의 주택담보대출 상품에 초점이 맞추어져 있다. 그래서 지금부터는 소득이나 매수하려는 아파트 가격이 기준을 초과해 정부 상품을 이용하지 못하는 사람들을 위한 대출 전략에 대해 이야기해보고자 한다.

소득이 높거나 중고가 아파트(필자 기준 6억 원 초과~15억 원 이하)를 매수하려는 수강생들을 코칭해주다 보면 결국엔 항상 DSR로 끝난다. 그리고 DSR을 통과하는 방법을 찾는 건 쉽지 않다. 규제가 그렇게 만들어져 있으니 당연하다. 물론 6·27 대출 규제로 수도권과 규제지역의 최대 대출 한도가 6억 원으로 제한되었다. 하지만 얼마 안 되어 보이는 6억 원도

DSR에 걸려 받지 못하는 사람이 굉장히 많았다. 내가 그들에게 안내하는 DSR을 줄이는 방법은 크게 두 가지가 있다. 이때 대출을 최대한 많이 활용하기 위해 보험사나 상호금융의 주택담보대출을 활용하는 것은 기본이다.

① 소득을 높인다.
② 신용대출을 줄인다.

　소득을 높이는 건 어려운 일이긴 하지만, 종종 여러 개의 직업을 가질 수 있는 사람들이 있다. 가령 프리랜서로 억대 연봉을 받고 있지만 소득 증빙이 어려운 경우, 본업과 동시에 4대보험 신고가 가능한 부업을 하기도 한다. 일부 전문직 종사자는 A회사와 B회사 두 곳에 소득 신고가 되는 경우가 종종 있는데, 결국 신고되는 소득이 DSR을 결정짓기 때문에 그 신고액을 늘리는 것이다.
　신용대출을 줄이는 방법은 앞에서 이미 언급했기 때문에 짧게 이야기하면, 결국 이 방법의 목표는 DSR에 대한 악영향을 제거하는 것이다. 하지만 신용대출을 줄일 수 없는 상황이라면 조금이라도 더 대출이 나올 수 있도록 10년 분할상환으로 전환해야 한다. 수강생과 컨설팅 의뢰인들은 신용대출을 줄이기 위해 가족이나 지인 찬스를 쓰는 경우가 많았다. 일단 신용대출을 줄여 주택을 매수하고 다른 금융기관 자금을 받아 갚거나 목돈이 생길 때마다 상환하는 방식이다.

참고로 지인에게 자금을 빌리는 것을 껄끄럽게 생각하는 사람이 있는데, 그건 충분한 이자를 지불하지 않으려 해서다. 나는 지인에게 자금을 융통할 땐 연 15% 이상 사례를 한다. 사실 금융업자들에겐 당연한 수준의 이자율이다. 물론 이는 일회성이어야 한다. 잦은 경우엔 불법 대부가 되기도 하니 조심하기 바란다. 또한 부모님께 자금을 융통할 때도 차용증을 작성하고 반드시 이자를 드리는 것이 좋다. 증여로 추정될 수 있는 가능성을 배제해야 하기 때문이다.

생애최초에 목매지 말자

중고가 아파트를 매수하려 한다면 생애최초 주택 매수 조건이 무의미할 수 있다. 무슨 소리인지 이해가 되지 않는다면 다음 상황을 보자. 일반 무주택자(LTV 70%)가 지방 비규제지역의 9억 원짜리 아파트를 매수하려고 한다. 생애최초 조건이 아니면 아파트를 담보로 대출은 6억 3,000만 원이 나온다. 그럼 생애최초주택매수자는 80%를 곱한 7억 2,000만 원이 나올까? 아니다. 생애최초 최대한도인 6억 원밖에 나오지 않는다. 따라서 높은 한도의 대출을 두고 굳이 생애최초 조건으로 받을 필요가 없는 것이다. 그래서 지방의 8억 6,000만 원 이상 아파트라면 생애최초 조건에 목맬 필요가 없다.

① 후순위대출을 이용하자

많은 사람이 모르고 있는 사실인데, 전세 세입자가 있는 아파트를 내 수하면서도 대출을 받을 수 있다. 6·27일 대출 규제로 수도권과 규제지역에서 후순위대출을 이용하는 것은 불가능해졌지만, 지방과 비규제지역에서는 여전히 유효하다. 전세보증금이 이미 있는 상태에서 대출을 받는 것이므로 향후 돈을 돌려받을 수 있는 순위가 보증금보다 뒤에 있어 '후순위대출'이라고 한다. 후순위대출 한도를 구하는 공식은 다음과 같다.

매수할 아파트의 KB시세×LTV(70% or 80%)-임차보증금

이 공식에 따르면 결국 KB시세의 70% 혹은 80%는 임차보증금과 대출로 채워진다는 이야기가 된다. 그래서 생애최초주택매수자가 후순위대출로 집을 사는 경우 KB시세의 20%만 있으면 고가 주택 매수가 쉬워진다. LTV 80%를 적용하기 때문이다.

예를 들어 생애최초매수자가 매수하려는 아파트의 KB시세가 15억 원이라고 가정하자. 그리고 전세 세입자의 전세보증금은 8억 원이다. 이때 후순위대출 한도는 4억 원(15억×80%-8억 원)이다. 이렇게 4억 원의 후순위대출을 받고 기존에 들어가 있는 전세보증금 8억 원을 감안하면 내가 치러야 할 돈은 3억 원(15억 원-8억 원-4억 원)이다. 즉, 3억만 필요한 것이다.

단, 예시에서 대출 한도를 구할 때 생애최초주택매수자 조건인 LTV 80%를 적용했다. 그럼 후순위대출 한도 역시 생애최초 주택 매수 조건

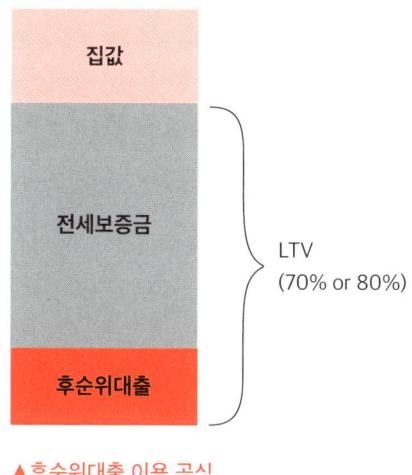
▲후순위대출 이용 공식

인 6억 원을 초과할 수 없다. 예를 들어 KB시세가 15억 원인 아파트에 전세 세입자가 보증금 5억 원을 내고 살고 있다. 이 아파트를 매수할 때를 가정해보자.

$$15억\ 원 \times 80\% - 5억\ 원 = ?$$

물음표에 들어갈 답은 얼마일까? 7억 원 같지만 이 값은 6억 원을 넘을 수 없다. 물론 후순위대출 한도가 6억 원을 초과하는 경우는 전세가율이 꽤 낮은 경우가 아니라면 거의 없다. 그럼에도 무조건 '내 돈 20%만 있으면 집을 살 수 있다'로 일관하지는 말자.

② 선 대출, 후 전세

아파트를 살 때 대출을 먼저 받고 세입자의 보증금을 받은 후에 잔금을 치르는 방법이다. 일반적인 경우에는 세입자가 구해지지 않기 때문에 아는 사람만 아는 방법이다.

이 방법은 전세보증금의 보증보험 가입 조건에 의해 성립할 수 있다. 전세보증금의 보증보험 가입 조건 중 핵심은 대출채권최고액과 보증금이 주택 가격의 90%를 초과할 수 없다는 것이다.

> **대출채권최고액이란**
> 대출채권최고액이란, 근저당권 설정 시 등기사항전부증명서에 기재되는 금액으로, 실제 대출 금액이 아니라 금융기관이 담보를 통해 회수할 수 있는 최대 금액을 의미한다. 즉, 담보를 잡는 액수는 대출금보다 더 크다.
> 보통 대출 원금의 110~120% 수준으로 설정되는데, 이렇게 더 크게 잡는 이유가 있다. 만약 채무자가 돈을 갚지 않는 등의 이유로 대출금이 회수되지 않는 경우 담보로 잡은 부동산을 경매에 넘기는 등의 처분을 해 돈을 돌려받아야 하는데, 처분을 하는 기간 동안 받지 못하는 이자와 처분에 쓰이게 되는 비용이 발생한다. 이것을 감안해 더 넉넉하게 잡아야 원금뿐 아니라 마땅히 받을 이자와 발생한 비용 등을 모두 받을 수 있기 때문이다.

즉, 주택 매수자가 받을 대출의 채권최고액과 들어올 세입자의 보증금의 합이 주택 가격(아파트는 KB시세)의 90%를 초과하지 않아야 한다는 것을 의미한다. 다음 예시를 보자.

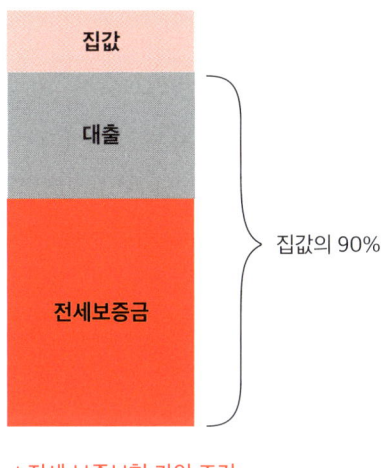

▲전세 보증보험 가입 조건

· KB시세: 15억 원
· 전세 시세: 8억 원
· 선순위대출: 4억 원
· 선순위대출의 채권최고액: 4억 4,000만 원(대출채권최고액을 110%만 설정하는 은행이라고 가정)

    15억 원의 90%는 13억 5,000만 원이다. 전세보증금과 선순위대출의 채권최고액이 13억 5,000만 원을 넘으면 안 된다. 전세보증금이 8억 원, 채권최고액이 4억 4,000만 원이니 총 12억 4,000만 원이다. 13억 5,000만 원을 넘지 않으므로 전세 세입자는 보증보험에 가입할 수 있다.

    하지만 세입자가 아무리 보증보험에 가입할 수 있다 해도 주변과 전세 시세가 비슷하고 대출 비율까지 높은 아파트에는 살고 싶지 않을 것이다. 이런 경우에는 가격이 합당해야 세입자를 빨리 구할 수 있다. 예를 들어 보증금을 7억 원으로 낮추고, 낮춘 만큼 1억 원의 대출을 더 받는 것이다.

- KB시세: 15억 원
- 전세 시세: 8억 원
- 전세보증금: 7억 원
- 선순위대출: 5억 원
- 선순위대출의 채권최고액: 5억 5,000만 원

5억 5,000만 원+7억 원은 12억 5,000만 원이다. 13억 5,000만 원을 넘지 않기 때문에 7억 원의 보증금에 대해선 보증보험 가입이 가능하다. 심지어 13억 5,000만 원이 되기까지 1억 원 정도의 여유가 있으므로 대출을 5,000만 원 더 받는다 해도 여전히 후순위 세입자가 보증보험에 가입할 수 있다.

'대출 한도인 1억 원을 채우면 안 되나'라고 생각한 사람이 있을 것이다. 1억 원을 채우면 채권최고액이 1억 1,000만 원이 되어 보증보험 가입 범위를 넘어서게 되니 꽉꽉 채워도 9,000만 원 정도가 최대다.

그런데 이 방법이 현실적으로 많이 쓰일까? 그렇지 않다. 매수자 쪽에서 전세 시세를 1억 원이나 싸게 줘야 하는 상황이다. 내가 보증금을 1억 원 싸게 해줬으니 남들보다 1억 원 부족하게 보유한 상태로 24개월이 흘러간다. 그 1억 원을 예금 통장에만 넣어두어도 매월 20만~30만 원을 벌 수 있는데(예금이자 2.5~3% 가정) 그것을 포기하는 것이니 20만~30만 원 비용을 초래하게 된다고 가정할 수도 있다. 거기에 더해 그 차액을 현금이 아닌 대출을 받아 메꾸게 되면 사실상 그 부담감이 배로 늘어나기 때문에 매수자를 망설이게 만든다.

그리고 공인중개사 입장에서는 대출이 있으면 세입자가 그냥 "NO"를 외치는 경우가 많기 때문에 세입자에게 자신 있게 권할 수 없게 된다. 그러면 내 물건이 사람들에게 소개되는 경우가 현저히 줄어들 것이다.

또한 이 방법을 사용하려고 했는데 세입자가 도저히 맞춰지지 않으면 매수자는 계약금을 날리거나 더 낮은 전세보증금을 제시해야 한다. 즉, 예측할 수 없는 위험 요소가 추가로 존재하는 것이다.

그럼에도 불구하고 적극적인 투자자는 수많은 공인중개사에게 이 방법에 대해 브리핑을 하고, 다른 물건들보다 먼저 소개될 수 있도록 최대한 어필한다. 또한 세입자의 보증금을 확실히 줄여주고, 각종 수리를 약속하는 등의 방법을 사용한다. 이 미션을 성공하면 달콤한 보상이 있다는 것을 잘 알고 있기 때문이다.

생각해보면 연봉과 아파트 가격을 불문하고 각각의 상황에 맞게 적용할 수 있는 대출 아이디어들이 있다. 이 방법을 얼마나 적극적으로 찾아내느냐에 따라 매수 가격과 시점이 달라진다. 그리고 그 차이가 불과 몇 년 만에 수천만 원 혹은 수억 원이라는 차익을 만들어내니 대출의 중요성이 날로 커지는 것도 납득이 된다.

대출 상담 사례

선 대출, 후 전세는 분명 가능하다

이번 장에서 언급했던 방법으로 강남 아파트를 소액으로 매수한 고객이 있다. 그 고객은 2024년 초부터 강남 아파트 시장이 상승기로 돌아섰다고 판단하고 투자할 아파트를 찾고 있었다. 이미 1주택을 보유하고 있는 상황이었기에, 강남처럼 대출 규제가 강한 지역에서는 일반적으로 주택담보대출이 30% 수준밖에 나오지 않아 애초부터 매수자금 마련에 난항이 예상되었다.

하지만 그는 이런 상황에서도 강남에서 덜 오른 매물을 발굴해 적극적으로 매수 전략을 세웠다. 전략의 핵심은 바로 '선 대출, 후 전세'였다. 즉, 잔금을 치르는 날에 대출을 받고, 같은 날에 전세 세입자를 들여 전세보증금으로 부족한 자금을 채우는 방식이었다.

그런데 앞서 이야기했듯, 이 방법은 결코 쉽지 않다. 특히나 2022~2024년 부동산 시장에서 가장 큰 이슈는 '전세 사기'였다. 그때만큼 세입자들이 극도로 신중한 적이 없었다. 하지만 그는 나에게 컨설팅을 받고 확신이 섰다며 끝까지 포기하지 않았다. 전세보증보험 가입이 가능하다는 점을 공인중개사들에게 적극적으로 어필했고, 결국 신혼부부 세입자가 나타났다. 그들은 주택도시기금의 버팀목전세대출을 활용해 입주하겠다며 계약을 진행했다.

하지만 계약 직후에 예상치 못한 일이 발생했다. 주택도시기금의 버팀목전세대출을 받으려면 반드시 HUG에서 보증을 받아야 하는데, HUG 측에서 최근 새롭게 추가된 정책으로 인해 '잔금 당일 근저당권 설정이 동시에 일어나면 전세대출을 불허한다'라는 규정을 적용하기 시작한 것이다. 그로 인해 안타깝게도 신혼부부와의 계약이 해지되었다. 그리고 해당 규정은 현재도 유효하기 때문에 선 대출, 후 전세의 경우 HUG전세대출을 받는 것은 어렵다고 봐야 한다.

하지만 이런 상황에서도 고객은 포기하지 않고 다시 세입자를 찾기 시작했다. 다행히 얼마 지나지 않아 현금으로 보증금을 준비한 새로운 세입자가 나타났다. 이 세입자는 전세보증보험 가입이 가능하다는 점과 주변 시세보다 저렴한 전세보증금에 큰 매력을 느껴 신속히 계약을 진행했다.

실제로 이런 세입자가 꽤 존재한다. 특히나 집값이 상승할 것을 알고 있는 세입자는 오히려 이를 이용한다. 내가 컨설팅을 한 또 다른 선 대출, 후 전세 사례도 있는데, 은행 직원이 싼 전세로 들어와 주거비를 많이 줄이고 잘 살고 있다. 이런 세입자는 절대로 구할 수 없다고 생각하는 사람들이 있기에 하는 말이다.

본론으로 돌아와, 덕분에 고객은 잔금일에 30% 수준의 주택담보대출과 20% 수준의 현금 그리고 세입자의 전세보증금을 활용해 부족했던 자금을 충당할 수 있었다.

대출 규제가 아무리 강력해도 틈이 있기 마련이다. 이 아파트의 가격은 9억 5,000만 원에서 호가 기준 11억 5,000만 원으로 상승했다. 상급지가 더 많이 상승할 동안 그나마 덜 오른 아파트라서 향후 1년 안에 2억 원 정도는 더 오를 거라 예상한다. 그가 30대의 젊은 나이에 강남에 아파트를 가지게 된 것은 대출을 고민하고, 찾아내고, 물어보고, 합리적인 선택을 했기 때문이다.

5장

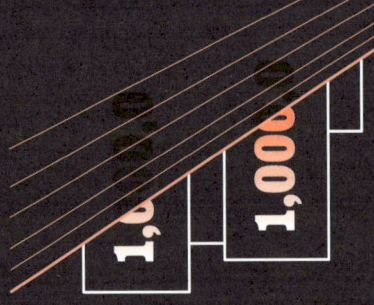

1주택자에게 더 중요한 대출 지식: 갈아타기부터 추가 매수까지

32
아는 맛이 무섭다

기회는 반드시 온다

이 책의 내용에 더 공감하고 흥미를 가진 사람은 높은 확률로 주택을 매수해본 경험이 있는, 즉 1주택자일 것이다. 실제로 컨설팅을 요청하는 사람의 50% 이상이 1주택자다.

아파트이기만 하면 다른 것은 따지지 않고 LTV 80%로 대출을 받을 수 있던 시절이 있었다. 지금으로선 믿기지 않겠지만, 그때는 "내 집 갖고 내가 대출받겠다는 데 네가 무슨 상관이야!" 하는 분위기였다.

지금은 '소비자 보호'라는 명목하에 거래가 굉장히 많이 제한되었다. 그러다 보니 옛날에 집을 샀던 사람들은 요즘 규제가 매우 당황스럽게 느껴질 것이다. 사실 '옛날'까지 갈 필요도 없다. DTI, DSR 규제가 본격

▼2002~2025년 부동산 규제 변화 내용

연도	주요 변화 내용	규제 방향
2002년	LTV 규제 도입: 60% 설정	강화
2003년	투기지역 LTV 강화: 만기 3년 이하 대출의 LTV를 50%로 축소	강화
	만기 10년 이하 대출의 LTV를 40%로 추가 축소	강화
2005년	DTI 규제 도입: 30세 미만 미혼자에게 DTI 40% 적용	강화
2006년	투기지역 6억 원 초과 아파트 신규 구입 시 DTI 40% 적용	강화
	투기지역 모든 아파트 담보대출에 DTI 40% 적용	강화
2008년	지방 아파트 LTV 70% 완화	완화
2010년	1가구 1주택자 DTI 미적용	완화
2014년	LTV, DTI 규제 완화: 수도권 70%, 비수도권 60% 상향	완화
2016년	LTV, DTI 규제 강화: 투기과열지구 지정 및 규제 강화	강화
2017년	다주택자에 대한 대출 규제 강화: 투기지역 내 LTV, DTI 40% 적용	강화
2018년	고가 주택(9억 원 초과) 및 다주택자에 대한 대출 규제 강화	강화
2019년	DSR 규제 도입: 은행권 70%, 비은행권 60% 적용	강화
2020년	신용대출 규제 강화: 1억 원 초과 신용대출에 DSR 적용	강화
2021년	차주단위 DSR 확대 적용: 6억 원 초과 주택에 대해 DSR 40% 적용	강화
2022년	DSR 규제 전면 확대: 총대출액 2억 원 초과 차주에 DSR 40% 적용	완화
2023년	DSR 규제 강화: 총대출액 1억 원 초과 차주에 DSR 40% 적용	강화
2024년	스트레스 DSR 도입: 변동금리대출에 금리 상승 위험 반영한 DSR 적용	강화
2025년	스트레스 DSR 3단계 적용: 수도권 및 규제지역 아파트 주택구입자금 6억 원 제한, 6개월 내 전입 의무, 다주택자 대출 금지	강화

적으로 시행되기 전, 즉 불과 4~5년 전까지만 해도 규제가 이 정도로 심각하지는 않았다.

이런 상황에서 규제를 극복하려 가장 애쓰고 있는 사람들이 바로 1주택자다. 그들이 이토록 애를 쓰는 이유는 대출을 받아서라도 집을 사두는 것이 큰돈을 벌 수 있는 기회라는 사실을 알고 있기 때문이다.

반면 대부분의 무주택자는 대출이 조금밖에 안 된다고 하면 빠르게 수긍하고 눈높이를 낮춘다. 여러 가지 방법이 있다는 것을 알려줘도 '굳이 그렇게까지?'라고 생각하며 방어적인 자세를 취한다.

부동산 시장을 오랜 시간 지켜보면 알 수 있는 것이 하나 있다. 바로 규제는 대체로 완화되지 않고 강화된다는 것이다. 따라서 자산을 쌓으려는 사람들은 더 좋은 아파트로 주거지를 옮길 수 있거나 일시적 1가구 2주택 비과세 요건에 맞춰 추가로 아파트를 매입할 수 있는 환경이 조성되면 어떻게든 이행하려고 한다. 적극적이고 능동적으로 말이다.

그래서 지금까지 쌓인 나의 경험과 통계를 바탕으로 이 책을 읽고 있는 여러분의 마음을 추측해보자면, 현재 상급지 아파트로 갈아타기 위해 적당한 금리로 대출을 최대한 많이 받을 수 있는 방법에 관심이 많을 것이다. 하지만 1주택자라면 대부분 LTV에 대한 차감, 기존 주택을 매입하면서 사용한 신용대출 비율, DSR 등의 이유로 뾰족한 수를 떠올리지 못하고 있을 것이다.

그래서 지금부터 갈아타기 또는 추가 매수를 고민 중인 1주택자를 위한 대출 방법을 소개하려고 한다. 최대한 많이 머릿속에 담아두었다가 기회가 왔을 때 놓치지 말고 반드시 잡기 바란다. 열심히 공부를 해두면 설령 규제가 생각과 다른 방향으로 바뀌더라도 그 속에서 '틈'을 발견할 수 있을 것이다.

33

갈아타기 전에
꼭 따져야 하는 여섯 가지

갈아타기를 준비하는 자세

본격적으로 대출 이야기를 하기 전에 확실히 해두어야 할 것이 있다. 대출을 받을 수 있는 만큼 받는 건 좋지만, 자신의 예상보다 결과가 좋지 않으면 평생 대출을 욕하며 살게 될 수도 있다. 그래서 갈아타기를 하려는 사람이 무조건 따져야 하는 여섯 가지 항목을 준비했다.

① 예산(가용자금)

갈아타기를 하기 위해서는 우선 현재 갖고 있는 아파트를 매도하거나 담보로 잡아 대출을 받는다면, 얼마짜리 아파트를 살 수 있는지 파악해야 한다. 그러기 위해서는 보유한 예산이 얼마나 되는지 정확히 알아야 한다.

이때 보유한 자산은 순자산이 아닌 융통할 수 있는 돈의 규모를 말한다. 대출금이어도 괜찮다. 심지어 DSR을 잡아먹는 신용대출이어도 상관없다. 가용자금을 파악해야 매수할 아파트의 가격을 정할 수 있기 때문이다. 대표적인 예산은 다음과 같다.

가용자금 예시
· 신용대출(캐피탈대출 포함)
· 예적금 및 청약담보대출
· 주식담보대출
· 보험약관대출
· 사업자의 경우 중소기업중앙회 또는 노란우산공제 대출
· 군인 및 교직원의 경우 공제회 대출
· 보유한 주택의 부채(전세금 포함)를 제한 금액
· 타인으로부터 개인적으로 차용할 수 있는 금액
· 사내 기금을 통해 차용할 수 있는 돈(회사 정책자금)

이 작업을 하고 나면 가용할 수 있는 자금이 생각보다 많다는 것을 알게 된다. 하지만 아직 따져봐야 할 조건이 다섯 가지나 남아 있다. 나머지 조건들까지 따지면 지금보다 눈높이를 낮춰야 할 수도 있다. 그래도 괜찮다. 그 아파트는 다음 타깃이 될 테니까.

② 갈아탈 아파트의 최대 매수 가격

1주택자인 당신이 기존 주택을 매도하는 시점과 새로운 주택을 매수하는 시점을 맞춘다고 가정했을 때 최대 대출 금액은 무주택자 기준으로

LTV 비규제지역 70%, 규제지역 40%다. 이 비율로 접근 가능한 아파트의 최대 가격을 구할 수 있다. 여기서 DSR은 잠시 뒤로 미루자. DSR은 여러 가지 방법으로 극복할 수 있기 때문이다. 하지만 담보 물건에 따른 LTV는 절대 변하지 않는다. 그래서 일단 LTV를 역산해 구입 가능한 최대 가격을 가늠해보는 것이다.

무주택자(생애최초 ×)의 비규제지역 최대 매수 가격
· 아파트 가격-아파트 가격×70%=내 돈
→ 아파트 가격×(1-70%)=내 돈
→ 아파트 가격=내 돈/30%

가지고 있는 돈이 2억 원이라고 가정해보자. 그럼 2억 원을 30%로 나눈 6억 6,000만 원이 살 수 있는 아파트 가격이다. 이를 검산하면 6억 6,000만 원×70%=4억 6,200만 원이다. 여기에 내가 가지고 있던 돈 2억

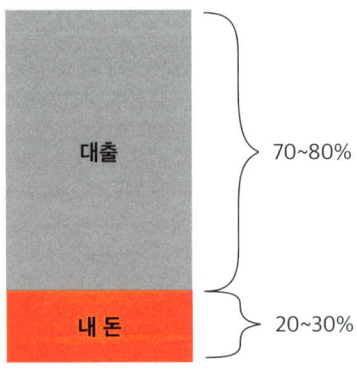

▲갈아탈 아파트의 최대 가격

원을 보태면 6억 6,000만 원짜리 아파트를 딱 맞게 매수할 수 있다는 것을 확인할 수 있다. 이를 간소화하면 다음과 같다.

가용자금/(1-내게 적용되는 LTV)

단, 수도권 비규제지역의 경우 최대한도 6억 원을 고려했을 때 가용자금이 2억 5,700만 원을 초과하면 해당 식이 맞지 않는다. 검산으로 증명해보자.

① 8억 5,600만 원×70%=5억 9,900만 원
② 내가 가진 돈: 2억 5,700만 원
①+②=8억 5,600만 원

같은 이유로 지방 생애최초주택매수자는 가용자금이 1억 7,200만 원을 초과하면 해당 식을 적용할 수 없다. 이렇게 단순화할 수 없는 경우에는 가진 돈에 최대한도 6억 원을 더한 값을 매수 가격으로 가정하고 검산을 해보자.

이 내용을 한 번 더 정리하면 다음과 같다.

① 규제지역 아파트를 생애최초주택매수자가 매수하거나, 비규제지역 수도권 아파트를 일반 무주택자가 매수하는 경우 가용자금이 2억 5,700만 원 이하라면 그 가용자금을 30% 나눈 값이 매수 가능한 최대 주택 가격이다.
①-1 가용자금이 2억 5,700만 원을 초과하면 그 가용자금에 6억 원을 더한 값이 매수 가능한 최대 주택 가격이다.
② 지방 비규제지역 주택을 생애최초주택매수자가 매수하는 경우 가용자금이 1억 7,200만 원 이하라면 가용자금을 20% 나눈 값이 매수 가능한 최대 주택 가격이다.
②-2 가용자금이 1억 7,200만 원 초과~2억 5,800만 원 미만이라면 가용자금에 6억 원을 더한 값이 매수 가능한 최대 주택 가격이다.
②-3 가용자금이 2억 5,800만 원 이상이면 해당 가용자금을 30%로 나눈 값이 매수 가능한 최대 주택 가격이다.

이렇게 부대 비용(취등록세, 부동산 중개수수료, 인테리어비, 법무사 수수료 등)을 제외하고 현재 갈아탈 수 있는 아파트 가격 최대치를 확인한 뒤 매물을 찾아야 시간을 아낄 수 있다.

③ 부동산 사이클

갈아타기는 언제 해야 유리할까? 결론부터 말하면, 거시적인 관점에서 부동산 시장이 좋지 않을 때다. 그 이유는 두 가지다.

첫째, 가격이 좋지 않아야 갈아탈 수 있는 아파트의 퀄리티가 올라가기 때문이다. 가령 살 수 있는 가격대가 10억 원이라면 상승장 때는 서울 아파트는 웬만해선 꿈도 꿀 수 없는 가격이지만, 하락장 때는 저렴해져 10억 원 안으로 들어온다.

하락장 때는 보유 중인 아파트 가격도 같이 떨어지기 때문에 결국 매도해도 남는 돈이 없어 도긴개긴이 아니냐고 생각할 수 있다. 하지만 앞서 계산해본 것처럼 대출을 제외하고 내가 마련해야 할 돈의 비율은 어차피 고정되어 있다.

비규제지역 30%로 예를 들어보도록 하겠다. 상승장 때 20억 원이던 아파트를 매수하기 위해 6억 원(20억 원×30%)이 필요했다고 가정하자. 이 아파트 가격이 하락장 때 15억 원으로 하락한다면 4억 5,000만 원(15억 원×30%)으로 줄어드니 부담감도 1억 5,000만 원만큼 감소하는 것이다.

둘째, KB시세보다 저렴한 매물들이 나오기 때문이다. 주택담보대출은 KB시세를 기준으로 하기 때문에 상승장 때는 매매가가 KB시세보다 높아져 결국 그 차액만큼 내 현금이 추가로 투입되어야 한다. 반대로 하락장 때는 매매가가 KB시세보다 낮아 내 현금이 덜 들어간다.

이런 특성들을 토대로 한다면 갈아타기에 최적인 시점은 아파트 가격 사이클 중 회복기 이전 시점이라고 할 수 있다.

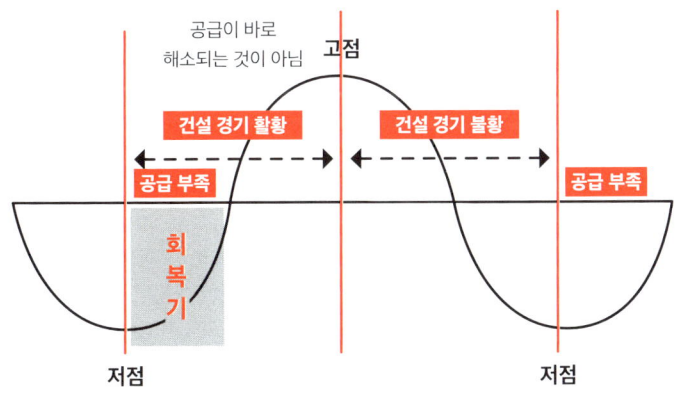

▲부동산 사이클

회복기 이전 시점이 갈아타기에 최적인 이유를 좀 더 자세히 살펴보자. 저점 구간에서는 건설사들이 아파트를 짓지 않아 공급이 부족해진다. 그러면 신축 아파트가 부족해지니 신축을 매수하려고 했던 사람들은 살 수 있는 아파트 중에서 가장 최근에 지어진 아파트를 매수하기 시작한다. 그렇게 신축 아파트 가격이 오르면 다른 아파트와 가격 차이를 보이며 모든 아파트의 가격 상승 압력이 생긴다.

회복기에는 그나마 협상이 가능하다. 부동산에 관심이 없는 사람들은 신축 아파트의 시세가 다시 상승세로 접어들든 말든 신경 쓰지 않기 때문이다. 그렇게 관심 있는 사람들만 기웃거리다가 언론에서 대대적으로 아파트 가격이 상승한다고 알리면 너도나도 매수에 동참한다. 이렇게 호황기로 진입하게 되는데, 이 시점이 되면 많은 사람이 아파트를 비싸게 팔고 싶어 하기 때문에 협상이 원활하게 진행되지 않는다.

또 회복기에는 금융 규제가 강화되지 않는다. 한 차례 하락을 거친 후이기도 하고, 아직 대대적인 부동산 시장의 상승이 없어 굳이 강화책을 내세울 필요가 없기 때문이다. 그래서 이때 높은 LTV에, 특판과 같은 조건 좋은 정책 주택담보대출을 이용할 기회를 잡을 수 있다.

이렇듯 회복기 초입 또는 그 전에 매수하는 건 싸게 사는 것뿐만 아니라, 시장과 협상을 할 수 있음과 동시에 바닥을 다지고 상승하는 시기라 리스크가 적다. 매도를 생각해서라도 매수 타이밍으로 가장 효과적인 시기라고 볼 수 있다.

④ 개발 가능성

대출을 받아 원하는 집을 매수했다 해도 그 뒤에 가격이 하락한다면 좋은 집에 살면서 누렸던 이용 가치는 더 이상 생각하지 않게 된다. 그러나 대출이자에 대해서는 더 자주, 많이 생각하게 된다. 그러니 투자 관점에서도 따져봐야 한다.

갈아타기를 하는 실거주자들은 투자자보다 조금 더 우직하게 기다릴 수 있다. 그리고 기다린 만큼 보상을 받으려면 실수요자로서 그곳에 거주하며 보낸 시간이 전혀 아깝지 않은 지역을 골라야 한다. 교통이든, 정비사업이든, 학군이든 호재가 있는 곳이어야 긴 하락장을 버틸 수 있다.

⑤ 매도 가능성(거래량)

수많은 고객과 실제 투자 상담을 하고, 대출 컨설팅을 하며 느낀 건 갈아타기를 해본 사람이 앞으로도 여러 차례 갈아타기를 할 가능성이 높다는 것이다. 자산 가치 상승을 한 번이라도 경험해본 사람은 더 큰 상승을 기대하게 되기 때문이다.

갈아타기를 하려면 매수와 함께 보유 중인 아파트도 함께 매도해야 한다는 미션이 주어진다. 그런데 이때 거주 중인 아파트의 거래량이 굉장히 낮다면 갈아탈 타이밍을 놓치기 쉽다. 따라서 부동산을 사고팔면서 자산을 늘릴 계획이라면 거래량이 풍부한 아파트만 골라 매수해야 한다.

단지 거래량은 KB시세, 네이버페이 부동산, 호갱노노 등의 프롭테크 앱을 통해 확인할 수 있다. 결국 세대수가 많은 단지가, 대체로 24~34평 아파트가 거래량이 많다. 그래서 부동산 전문 투자자들이 최소 300세대 이상의 상급지 중소형 아파트를 추천하는 것이다.

⑥ 원리금 상환 능력

이 부분이 내가 늘 강조하는 리스크 관리다. 사실 장기적으로 핵심지 아파트는 우상향할 수 있으니 매수 타이밍이 좋지 않더라도 기다리면 웃는 날이 올 수 있다. 하지만 우리의 인생 그래프는 아파트와 다르게 우상향이 아닌 롤러코스터다. 따라서 지금은 충분히 부담할 수 있는 원리금이 향후에는 불가할 수 있고, 반대로 지금은 감당하기 어려운 원리금이 조금만 지나면 감당할 수 있는 상황이 되기도 한다.

본인이 판단하겠지만, 굳이 수치로 따지자면 보수적인 관점에선 원리금이 평소 저축 가능 금액의 80% 이하가 되게끔 해야 한다. 만약 본인의 성향이 적극적인 투자자라면 저축 가능 금액의 100%까지 채워도 좋지만, 그러려면 소비를 절약하거나 부업을 동원하는 등 비상금을 최대한 마련해두어야 한다.

하지만 애초에 저축할 수 있는 여력이 거의 없는 사람들도 있다. 그럼 갈아타기를 포기해야 할까? 그렇지 않다. 일단 기존 주택을 매도했을 때 들어올 현금의 양을 보고 그것을 다음과 같이 나눠보자.

① 주택 매수에 일시적으로 투입할 현금
② 주택을 매수하며 받은 대출 원리금을 충당할 현금

예를 들어 기존 주택을 매도해 생기는 현금이 4억 원이고, 이것으로 10억 원짜리 아파트를 매수한다고 가정해보자. DSR은 통과한다고 가정하면 10억 원×70%만큼 대출을 받을 것이고, 이에 대한 원리금은 매월 300만 원 수준이다(40년 분할상환, 금리 4% 가정). 어쨌든 7억 원의 대출이 나오니 내가 가진 4억 원 중 3억 원을 투입하면 10억 원짜리 집을 살 수 있다. 그리고 나머지 1억 원은 매월 빠져나갈 300만 원을 위해 원리금이 나가는 통장에 넣어놓는다. 이러면 거의 3년을 버틸 수 있게 된다.

만약 3년 동안 아파트 가격이 2억 원 오른다면 원리금용 1억 원을 제외해도 1억 원을 버는 것이다. 하지만 이는 아파트 가격이 올랐을 때의 상황이고, 아파트 가격이 하락하면 리스크는 더욱 커진다.

기회와 리스크는 늘 공존한다. 누군가는 리스크를 감내하고 갈아타기를 도전할 것이고, 누군가는 아직 때가 아니라며 타이밍을 기다릴 것이다. 둘 다 존중한다. 나는 단지 선택지를 늘려주는 역할을 할 뿐이다.

34

계약금조차 없는
당신을 위한 전략

하루하루 열심히 살았지만

40대 초반 고객의 이야기다. 평범한 직장인인 그는 신혼 때부터 거주하던 아파트가 너무 낡고 상품성이 떨어진다는 생각에 늘 갈아타고 싶은 마음이 있었다. 하지만 주택담보대출 원리금을 상환하느라 목돈이 전혀 모이지 않았다. 그러던 어느 날, 아이도 제법 성장해 집이 좁기도 하고, 더 이상 가만히 있으면 안 되겠다는 생각에 나를 찾아왔다.

나는 '대출금 원리금 상환이 아무리 힘들어도 1,000만 원조차 모으지 못한 이유가 뭘까' 하는 궁금증을 갖고 상담을 시작했다. 그리고 얼마 지나지 않아 그 이유를 알아챌 수 있었다.

2016~2017년 즈음 금융당국이 가계 부채를 줄이기 위해 주택담보대

출 분할상환 장려 정책을 실시했다. 그 역시 원금균등분할상환으로 대출을 받은 상태였으며, 상환 기간은 20년이었다.

만약 2억 5,000만 원의 대출을 20년 동안 원금균등분할상환한다면 초기에 매월 갚아야 하는 원리금은 187만 원이다. 시간이 흐를수록 남은 원리금이 줄어 부담이 점점 줄긴 했지만, 그에 맞춰 아이도 성장해 학원비 등으로 월급의 60% 수준이 고정지출로 나가고 있었다. 나머지 100만~150만 원으로 3인 가족이 생활해야 했으니 빠듯할 만했다.

꿈을 이뤄준 두 가지 솔루션

그의 문제를 해결하기 위해 제공한 솔루션은 다음과 같다.

① 상환 기간이 더 긴 상품으로 대환을 요청한다

즉, 대출을 다시 일으키는 것이다. 이는 월마다 나가는 돈을 줄여 계약금을 마련하기 위함이다. 월 100만 원 정도의 여유가 생긴다면 그 돈을 차근차근 모을 수 있을 뿐 아니라 신용대출을 받았을 때 이자를 갚기도 수월하다. 그래서 이런 경우에는 지금 당장 월 부담금을 낮추는 것이 굉장히 중요하다.

② 주택담보대출 채무자가 아닌 사람의 신용대출을 활용한다

DSR 규제 때문에 대출을 더 이상 받지 못한다고 포기하는 사람이 많다. 하지만 대출을 공부해보면 DSR은 부부라 하더라도 제한이 각각 적용된다는 사실을 알 수 있다.

확인해보니 주택담보대출을 받은 남편의 DSR은 이미 제한 수치를 초과해 아무 대출도 받을 수 없는 상태였지만, 아내는 신용대출이 가능했다. 이미 원리금 상환 기간을 늘려 대환을 했기 때문에 월 부담을 100만 원가량 줄였다. 그래서 신용대출을 5,000만 원 가까이 받아도 가계를 유지하는 데 문제가 없었다. 이렇게 새로운 아파트를 매수하기 위한 계약금을 마련할 수 있었다.

결국 계약금도 없었던 고객은 아주 간단한 두 가지 솔루션을 통해 더 넓은 아파트를 계약할 수 있었다. 게다가 새 아파트 잔금을 치를 때쯤 우연찮게 시세가 올라 500만 원 정도 싸게 산 셈이 되었다.

35

일시적 2주택을
유지하기 위한 전략

조건도 모르고 받은 대출

30대 중반 고객의 이야기다. 처음으로 부동산을 매수하고 약간의 집값 상승을 맛본 그는 부동산 공부에 매진했다. 일시적 1가구 2주택 제도를 활용해 다음 주택을 매수해놓은 뒤 기존 주택을 3년 안에 매도하는 전략이 가장 효과적이라고 느꼈다. 이는 그때도 지금도 여전히 유효한 일시적 1가구 2주택 양도소득세 비과세 전략이다.

문제는 세가 껴 있는 다음 집을 매수하려고 할 때 더 이상 받을 수 있는 대출이 없다는 것이었다. 기존 주택을 담보로 생활안정자금이라는 대출을 받았는데, 이 대출에는 한 가지 특약이 걸려 있었다. 대출을 받은 뒤 주택 수가 늘어나면 빌려준 자금을 전부 회수한다는 내용이었다.

당시 이 대출을 받은 사람들은 자신이 가진 집을 담보로 대출을 받을 수는 있어도 추가로 집을 살 수는 없다고 생각했기에 고객의 고민이 충분히 납득이 되었다. 그런데 이 문제도 간단히 해결할 수 있다. 생활안정자금을 받지 않으면 된다. 무슨 소리인지 이해가 되지 않을 테니 규정을 보며 더 자세히 이야기해보자.

일단 우리가 알아야 할 개념 중에서 가장 중요한 건 대출은 목적에 따라 성격이 달라진다는 것이다. 물론 담보나 채무자의 상태에 따라서도 달라지지만 목적에 의해서도 달라진다는 것이 중요한 포인트다. 대출이 그 목적대로 쓰이지 않았을 때 금융기관이 회수 조치를 하는 것이다.

주택을 담보로 하는 대출도 목적에 따라 크게 세 가지로 분류된다.

① 집을 사기 위한 주택매수자금
② 사업을 위한 사업자금
③ 각종 가계 안정을 위한 생활안정자금

③ 생활안정자금을 받아 주택매수용으로 쓴다면 금융기관 입장에서는 목적에 맞게 쓰지 않은 것이다. 이를 방지하기 위해 대출자와 약속을 한다. '이는 병원비, 교육비 등 가계 안정을 위해 빌려주는 돈이니 부동산 구매 등 다른 용도로 활용하면 대출을 회수한다' 하고 말이다.

그래서 생활안정자금대출로 집을 산 사람들은 빌린 돈을 뱉어내야 할 뿐만 아니라 금융기관과의 약속을 어겼기 때문에 '약정을 위반했다'라는 내용이 신용 정보에 기재되어 3년간 주택 관련 대출을 받지 못한다.

규정 속 틈을 찾아라

이 문제를 푸는 열쇠는 주택을 추가 매수하기 위한 대출을 해달라고 분명하게 밝히는 것이다. 즉, ① 대출을 진행해달라고 요구하는 것인데, 얼핏 생각하면 이런 조건의 대출을 은행에서 해줄 리 없다고 생각할 것이다. 게다가 은행 직원이 집을 사는 건 절대 안 된다고 이야기까지 했다면? 대부분의 사람이 불가능한 일이라며 체념할 것이다. 하지만 그렇게 생각한 당신도, 은행 직원도 틀렸다.

은행들은 규정을 근거로 업무를 처리한다. 하지 말라는 것은 하지 않아야 하지만, 그것이 아니라면 괜히 기죽을 필요가 없다. 「은행업감독규정」의 '별표 6' 주택 관련 담보대출 등에 대한 리스크 관리 기준 1페이지를 보자.

자. '주택 구입 목적의 주택담보대출'이라 함은 소유권 보존 등기 또는 소유권 이전 등기일로부터 3개월 이내에 그 주택에 대해 실행된 주택(주택 관련 수익증권을 포함한다.)을 담보로 한 대출을 말하며, 신규 주택 구입을 목적으로 기존 보유 주택을 담보로 받은 대출을 포함한다. 또한 아래의 대출에 대해서도 해당 주택의 주택 구입 목적 주택담보대출로 본다.
(1) 분양 주택에 대한 중도금대출 및 잔금대출
(2) 재건축·재개발 주택에 대한 이주비대출, 추가 분담금에 대한 중도금 및 잔금대출

처음에는 외계어처럼 들리겠지만 밑줄 그은 부분만 다시 한번 읽어보자. '주택 구입 목적의 주택담보대출'이라는 범위에 '기존 보유 주택을 담보로 받은 대출을 포함한다'라고 정확하게 명시되어 있다. 즉, 기존 주택을 담보로 추가 주택 구입용 대출을 받을 수 있다는 것이다.

이 사실을 깨달았다면 이제 우리가 해야 할 일은 하나다. 이 규정을 받아들여 대출을 해줄 금융기관만 찾으면 된다. 그런데 그 금융기관을 우리가 일일이 찾아다닐 필요가 없다. 대출 상담사들이 전부 파악하고 있을 테니 말이다.

이렇게 고객은 기존 주택을 매도하지도 않고, 대출금을 회수당하지도 않고 두 번째 주택을 매수할 수 있었다. 그는 규정을 따랐을 뿐이다. 이렇게 레버리지를 활용해 마련한 2개의 큰 자산은 1년 만에 8,000만 원 정도가 올랐다. 부동산 투자자들에게는 큰돈이 아닐 수도 있지만, 평범한 사람들에게는 평소 저축하는 돈 외에 추가로 8,000만 원 수익을 냈다는 건 매우 기쁜 일이다.

36

LTV를 극복하는 전략

대출은 모르면 손해

 복습 차원에서 문제를 풀어보자. 1주택자가 두 번째 주택을 매수하려고 은행에 가면 주택담보대출은 집값의 몇 퍼센트만큼 받을 수 있을까? 1주택자의 LTV를 묻는 것이다.

 정답은 지방 비규제지역을 기준으로 생활안정자금은 70%, 주택매수자금은 60%다. 그래서 주택이 하나 있는 상태에서 다음 주택을 매수하려고 할 때 집값의 60%밖에 대출이 나오지 않기 때문에 40%의 자금을 마련해야 한다. 4억 원짜리 집을 사려고 한다면 1억 6,000만 원의 현금이 있어야 한다는 의미다.

 만약 기존 주택에도 이미 대출을 많이 받아놓은 상태라 LTV 60%를 초과했다면 앞서 소개한 사례에서 언급한 '기존 주택을 담보로 한 주택매수자금'도 받을 수 없게 된다. 딱 여기까지만 알고 있던 30대 후반 고객이 내게 이렇게 물었다.

"그럼 어떻게 하면 60%를 제외한 40%를 마련할 수 있을까요?"

그는 60%밖에 대출을 받을 수 없으니 나머지 40%만큼 현금을 가지고 있지 않으면 집을 매수할 수 없다고 생각하는 듯했다. 하지만 기존 주택을 매도하는 계약서를 작성해 간다면 LTV 70%까지 대출을 신청할 수 있다. 그래서 나는 이렇게 대답했다.

"기존 주택을 처분하기로 하는 매도계약서를 제출하면 30%만 준비하면 됩니다. 어차피 기존 집을 매도하실 테니 그 30%를 어디서 빌린다 해도 금방 갚을 수 있을 것 같은데요?"

이 예시보다 더 심각한 경우도 있다. 대출 규제에 대해 아예 공부를 하지 않은 사람은 "집이 있으면 대출을 못 받아"라고 말한다. 이때 공부를 조금이라도 한 사람은 "집이 있어도 LTV가 낮아질 뿐 대출은 받을 수 있어"라고 말한다. 그리고 이보다 더 공부한 사람은 "1주택자는 처분 조건으로 대출을 많이 받을 수 있어"라고 말한다.

그렇다. 어차피 기존 주택을 처분할 사람, 즉 진정으로 갈아타기를 생각하고 있는 1주택자는 처분조건부 주택담보대출을 활용하면 무주택자와 다를 바 없이 대출을 받을 수 있다. 1주택자 기준으로 규제지역을 매수할 때는 LTV가 30%이지만, 기존 주택을 6개월 내에 처분하는 조건의 특약을 작성하면 무주택자와 같은 LTV 40%를 부여받을 수 있다.

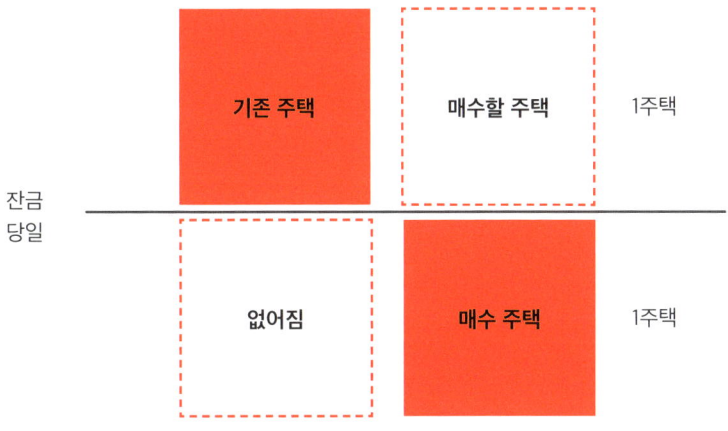

▲잔금 당일 소유 주택의 변화

예외 사항에 주목하라

다시 한번 정리해보자. 1주택자가 비규제지역의 주택을 추가 매수할 때는 LTV가 60%이지만 기존 주택을 매도하는 조건으로 한다면 무주택자와 같은 LTV 70%가 적용된다. 단, 수도권 및 규제지역의 아파트를 기존 주택 처분조건부로 매수할 때는 6개월 내에 매도를 완료해야 한다는 점을 명심하자.

주택 추가 매수 시 지역별 특약 기준
· 수도권 및 규제지역 기존 주택 6개월 내 처분 조건으로 LTV 40% 또는 70%
· 지방 비규제지역은 기존 주택 즉시 처분 조건으로 LTV 70% 가능. 기존 주택을 처분하지 않고 추가 매수 시에도 60%까지는 가능

이 특약을 부담스럽게 생각하는 사람도 있는데, 사실 매도 계약을 먼저 마치는 것이 정상적인 과정이고, 여러 리스크를 줄일 수 있는 방법이다. 간혹 용감한 사람들은 기존 주택에 대한 매도가 확실하지 않은 상태에서 새 주택에 대한 매수 계약을 진행하기도 한다. 이런 경우에는 기존 주택이 팔리지 않았을 때를 대비해 자금 계획을 세워야 한다. 집은 안 팔리는데 새집의 잔금일이 점점 다가와 압박을 받다 보면 기존 주택을 매우 헐값에 매도할 수도 있기 때문이다. 따라서 확실하게 매도 계획(매도 시기와 가격 등)을 짜놓지 않는다면 대출을 받더라도 금전적인 피해를 볼 수 있다.

그런데 변수를 고려해 이런 경우를 생각해볼 수도 있다. 만약 비규제지역 아파트를 매수하기 위해 매도 계약을 하고 매도계약서를 제출했는데 내 집을 사기로 했던 매수인이 계약을 파기한다면?

이는 은행마다 처리 기준이 조금씩 다르다. "매도계약서까지 작성해 제출했으니 70%로 대출이 나간 것은 정상적이다. 계약이 파기된 건 어쩔 수 없다. 그러나 6개월 내에 꼭 매도해야 한다"라고 처리할 수도 있고, 대출금 10% 상환을 요구할 수도 있다.

이렇게 처리 방법이 다른 이유는 규정에 이런 특수한 경우가 명시되어 있지 않기 때문이다. 이 말인 즉, 매도계약서 제출까지만 규정에 나와 있으니 그 이후 계약이 파기되어 주택을 매도하지 못하게 되더라도 어쩔 수 없이 그냥 둬야 된다는 금융기관도 있다는 이야기다.

또 다른 경우를 생각해보자. 규제지역의 아파트를 매수하기 위해 6개월 이내 기존 주택 처분 조건 특약을 작성하고 새로운 주택을 40% 대출 받아 매수했다. 그런데 6개월 이내에 처분되지 않았다면?

이 경우는 규정에 정확하게 명시되어 있다. 특약을 어긴 것이 되므로 새로 주택을 매수하면서 받았던 40% 대출을 전부 회수하고, 향후 주택 관련 대출을 3년간 금지한다는 내용이 신용 정보에 반영된다. 이처럼 규정에 정확히 명시된 사항은 모든 금융기관이 따르니 규정을 확실하게 아는 것이 정말 중요하다.

다시 수강생의 사례로 돌아가자. LTV 규제로 갈아타기를 포기하려던 그는 강의를 통해 규정을 정확히 파악한 뒤 기존 주택을 매도하기로 했고, 끝내 매도계약서까지 작성했다. 그리고 매도 잔금일이 정해졌다. 이 계약서를 포함해 대출을 신청하니 70%까지 대출이 나왔고, 그 덕에 원하던 아파트를 매수할 수 있었다.

대출을 해준 은행은 한 가지를 부탁했다. 기존 주택 매도 잔금이 이루어지면 매도가 완료되었다는 사실을 증빙할 수 있는 서류(소유권 이전 후 발급한 등기사항전부증명서 등)를 제출해달라는 것이었다.

이렇게 규정을 정확히 아는 사람들은 적극적으로 행동할 수 있다. 하지만 모르면 가만히 있을 수밖에 없다. LTV 10%는 5억 원짜리 아파트를 매수할 때 5,000만 원이라는 큰 차이를 만들어낸다. 이렇게 간단한 사례만 보아도 대출 공부는 필수라 할 수 있다.

> **Tip** **다른 지역에 추가 매수를 하는 경우**
>
> 지역을 이동하는 경우에도 동일한 규제가 적용된다. 즉, 기존 주택을 어느 지역에 갖고 있느냐는 중요하지 않다는 뜻이다. 규제지역에 1주택이 있는 사람과 비규제지역에 1주택이 있는 사람 모두 규제지역의 주택을 추가 매수하는 경우 LTV 30%, 비규제지역의 주택을 추가 매수하는 경우 LTV 60%를 동일하게 적용한다.

37

부족한 전세보증금 반환 전략

사회 충격을 완화하는 역전세반환대출

2020~2021년 우리나라는 부동산 폭등기와 함께 유례없는 전세가 상승 국면을 맞이했다. 여러 가지 이유와 함께 임대차 3법까지 시행되었는데, 이때 유행한 투자가 바로 갭투자다. 갭투자는 매수하려는 주택의 전세가와 매매가의 차액만큼만 자기자본을 투입해 집을 사고, 나머지 비용은 전세보증금으로 충당하는 전략이다.

예를 들어 매매가가 5억 원인 아파트를 매수하면서 동시에 전세가 4억 5,000만 원에 세를 놓으면 투자자는 5,000만 원의 현금만 들여 집을 확보할 수 있다. 그리고 전세가 만기되는 2년 혹은 4년 뒤에 시세 차익을 노릴 수 있다.

> **잠깐만요**
>
> **임대차3법이란**
> 2020년에 시행된 임대차3법은 전월세 시장의 안정성과 세입자 보호를 강화하기 위해 도입된 세 가지 핵심 제도다. 그 내용은 다음과 같다.
> ① 계약갱신청구권: 기존 임차인은 2년 계약이 끝난 뒤 1회에 한해 추가 2년을 연장할 수 있다.
> ② 전월세상한제: 계약 갱신 시 임대료 인상률을 직전 계약 대비 연 5% 이내로 제한한다.
> ③ 전월세신고제: 모든 전월세 계약은 관할 관청에 신고해야 하며, 공공 데이터로 공유된다.
> 취지는 임차인 보호였으나 임대인들이 매물을 회수하거나 신규 공급을 꺼리면서 상한제 적용 후 오히려 전월세 매물이 줄고 가격이 상승하는 부작용도 나타났다.

그런데 이 전략은 부동산 시장이 악화되어 집값과 전세가가 크게 떨어지면 문제가 발생한다. 전세가가 하락하면 다음 세입자를 구할 때 이전 세입자에게 받았던 보증금만큼 받을 수 없다. 이런 상황을 흔히 '역전세'라고 한다. 이렇게 되면 임대인은 보증금을 돌려주고 싶어도 돌려줄 돈이 부족해 전세 사기범으로 몰릴 수도 있다.

이런 상황에서 임대인이 활용할 수 있는 현실적인 해결책은 무엇일까? 바로 '역전세반환대출특례'다. 정부는 최근 심화된 역전세 문제를 해결하기 위해 2023년 7월 3일 이전에 맺어진 임대차계약을 대상으로 특별한 대출 규제 완화책을 내놓았다. 간단히 말해, 임대인이 보증금을 돌려주기 위한 목적으로 받을 수 있는 대출인데, 가장 큰 특징은 DSR이 아닌 DTI만 적용해 대출 금액을 정한다는 점이다. 즉, DSR이 걸려 대출이 어려웠던 사람도 DTI만 적용하면 더 많은 금액을 대출받을 수 있다. 임대인은 역전세반환대출특례를 통해 기존 세입자에게 보증금을 반환하기 위한 자금을 마련할 수 있다.

이 정책은 2023년 7월 23일부터 1년간 시행할 예정이었지만, 2025년 12월 31일까지 기간이 연장되었다.

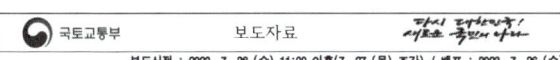

▲역전세반환대출특례 안내문

전세보증금반환제도 이해하기

그런데 이 대출로도 자금이 부족한 경우가 있을 수 있다. LTV 60% 혹은 70%를 적용해도 돌려줘야 하는 전세보증금이 큰 경우다. 이럴 땐 새로운 세입자를 구하는 동시에 대출을 받는 전략을 활용할 수 있다. 앞서 말한 '선 대출, 후 전세'와 같이 전세보증보험을 활용한 방법이다.

과거 KB시세는 10억 원, 기존 세입자 A의 전세보증금은 7억 원이었는데, 하락기를 맞아 현재 KB시세는 9억 원이 되었고, 새로운 세입자 B는 전세보증금 6억 원으로 들일 수 있게 되었다고 가정하자. 그리고 이 상황에 처한 사람이 다주택자라면 현재 KB시세 9억 원에서 최대한 대출받을 수 있는 금액은 60%를 곱한 5억 4,000만 원이다. 세입자 A의 보증금은 7억 원이기에 DSR이든 DTI든 LTV를 충족하지 못해 7억 원을 다 돌려주지 못하게 되는 것이다.

이런 상황을 역전세반환대출특례 '전세보증금반환제도'를 활용해 해결할 수 있다. 먼저 세입자 A의 전세보증금 7억 원을 돌려줘야 하는 날에 맞춰 실행되는 주택담보대출 1억 원을 신청한다. LTV 60%가 5억 4,000만 원이었으니 1억은 충분히 LTV를 충족한다. 또한 금액이 적은 데다 DSR이 아닌 DTI만 통과하면 되므로 웬만하면 실행에 문제가 없다.

그리고 같은 날 새로운 세입자 B를 들이기로 일정을 조율한다. 세입자 B는 잔금 당일에 보증금 6억 원을 낼 것이다. 이것과 대출금 1억 원을 더해 세입자 A에게 7억 원을 돌려주어야 한다. 그런데 세입자 B는 대출이 1억 원 있다고 하면 자신의 보증금 6억 원이 잘못되지는 않을지 불안감을 느낄 것이다.

역전세반환대출특례 안내문에는 전세보증금반환보증보험에 가입해 위기를 극복하라고 명시되어 있다. 그리고 임대인이 직접 전세보증금반환보증보험에 가입할 수 있도록 상품을 만들어두었다.

이렇게 하면 주택 가격의 90%까지 자금을 확보할 수 있는 길이 열린다. 아파트 가격이 10억 원에서 9억 원으로 하락했다 해도 8억 1,000만 원에 가까운 돈을 대출과 보증금으로 마련할 수 있으니 기존 세입자의 돈을 돌려주는 데 큰 문제가 없을 것이다.

이 방법을 통해 임대인은 세입자의 보증금을 안전하게 반환하고, 새로운 세입자의 보증금도 보호하면서, 전세 사기범으로 몰릴 위험도 피할 수 있다.

특례대출 활용이 어렵다면

하지만 이런 특례대출도 조건이 있다. 첫 번째는 계약 시점이 2023년 7월 3일 이전이어야 한다는 것이고, 두 번째는 해당 주택이 정상적인 주거용 부동산이어야 한다는 것이다.

그렇다면 역전세반환대출특례가 적용되지 않는 상황에서는 어떻게 해야 할까? 정답은 임대사업자 또는 매매사업자로 등록하는 것이다. 임대사업자나 매매사업자로 등록되어 있다면 보증금 반환을 목적으로 대출을 받을 수 있다.

일반 개인으로 대출을 신청하는 것과 다르게 사업자 명의로 부동산을 운영한다는 명확한 목적이 있으면 일부 금융기관은 가계대출 규정이 아닌 더 유연한 사업자대출 규정으로 대출 심사를 진행한다. 여기서 명확한 목적은 '보증금 반환'이다. 제1금융권의 경우에는 DSR 회피책으로 판단해 대출을 기피할 수도 있다. 하지만 상호금융의 경우에는 규정상 문제가 없기 때문에 해당 대출을 취급하는 곳이 많다.

이 방법을 사용하면 DSR 비율이 높은 사람이라도 주택 가격의 60%까지 대출을 받을 수 있다. 즉, 임대인 입장에서는 사업자등록을 통해 대출 가능성을 높이고, 더 쉽게 보증금을 마련해 문제를 해결할 수 있는 것이다.

그럼에도 불구하고 잔금을 내어줄 돈이 부족하다면 이제는 캐피탈대출을 활용해야 한다. '사업자대출 60%+캐피탈대출'로 보증금을 반환하는 것이다. 부족한 부분만 고금리대출을 활용하는 것이니 이것이라도 가능하다면 전세 사기범으로 몰리느니 사용하는 편이 좋다고 생각한다.

이런 전략을 잘 이해하고 활용하면 임대인과 세입자 모두에게 유리한 결과를 가져올 수 있다. 임대인은 원치 않게 전세 사기범으로 오해받는 위험을 피할 수 있고, 세입자는 안전하게 보증금을 돌려받을 수 있다. 무엇보다 서로 신뢰를 유지하면서 원만히 문제를 해결할 수 있는 가장 현실적인 방법이다.

38

대출 갈아타기 전략

대출도 유리하게 갈아타자

대출도 집처럼 언제든지 갈아탈 수 있다. 이미 받은 주택담보대출이 있어도 금리가 내려가거나 더 유리한 조건이 나왔다면 대환대출을 고려해야 한다. 대환대출은 기존 대출을 상환하고, 낮은 금리의 대출로 갈아타는 것이다. 이 과정을 통해 매달 내는 이자 부담을 크게 줄일 수 있다.

① 대환대출을 고려해야 할 때

대환대출을 고려해야 하는 순간은 분명하다. 더 낮은 금리로 갈아탈 수 있을 때다. 예를 들어 4% 금리로 대출을 받았는데 신규 금리가 3% 중반대까지 떨어졌다면 그리고 기존 대출을 갚으면서 발생할 중도상환수수료를 제하고도 절약 이자가 더 크다면 대환을 실행해야 한다.

중도상환수수료는 기존 대출 상품 조건에 따라 다르겠지만, 잔액의 0.5~1.0% 정도일 것이다. 정확히 계산하고 싶다면 해당 은행 앱을 이용하거나 담당자에게 연락해 문의하면 된다.

② 대환 시점을 정하는 방법

대환 시점을 포착하는 방법은 매우 간단하다. 금융감독원이 운영하는 웹사이트 금융 상품 한눈에(finlife.fss.or.kr)에 접속한 뒤 [대출] → [주택담보대출]을 클릭해 최근 은행들의 신규 취급 주택담보대출금리를 파악해보거나, 토스나 카카오뱅크 같은 핀테크 앱에서 '주택담보대출 비교하기', '주택담보대출 갈아타기' 등의 서비스를 이용해보자.

또한 금융 및 부동산 커뮤니티에서 수많은 대출 상담사가 최근 은행들의 분위기나 금리 현황 등을 제공하니 이를 통해서도 최근 금리 동향을 파악할 수 있다.

▲금융상품 한눈에 홈페이지

③ 대환 실행하기

여러 차례 검색을 한 뒤 대환을 해야겠다고 판단했다면 본격적으로 접수를 하면 된다. 핀테크 앱을 통해 더 좋은 금리를 알아본 상태라면 조금만 더 진행하면 된다. 대출은 받기 전까지는 신용점수가 떨어지지 않으니 걱정하지 말자. 실행 직전까지 가보아야 진짜 금리를 안내받을 수 있고, 그래야 대환을 통한 이득이 정확히 계산된다.

대출 상담사를 통해 알아보려면 전화 한 통이면 된다. 자신의 상황을 설명하고 더 좋은 금리로 갈아탈 수 있는지 물어보면 이후부터는 상담사가 아파트 주소, 연봉 등을 물어보며 상담을 이끌어줄 것이다. 그리고 그들이 좋은 조건을 찾아내면 당신에게 추천해줄 것이다. 우리는 그때 선택을 하기만 하면 된다.

안내를 받았다고 해서 무조건 실행할 필요는 없다. 대부분의 상담사는 무척이나 노련한 영업사원이다. 문의했으니 반드시 대출을 받으라고 압박하는 아마추어 같은 행동을 하지 않는다. 그러니 걱정하지 말고 편하게 물어보자.

14일 이내면 철회 가능! 대출계약철회권

대환 이야기가 나왔으니 참고 차원에서 '대출계약철회권'에 대해 설명하도록 하겠다. 대출 계약을 체결하고 14일이 지나지 않았다면 원금, 이자, 부대 비용을 전액 반환하고 계약을 철회할 수 있다.

어떤 대출을 받았는데 얼마 지나지 않아 더 좋은 대출을 발견하면 갈아타고 싶은 마음이 들 것이다. 그런데 기존 대출이 중도상환수수료가 있다면 대출계약철회권을 고민해보아야 한다. 14일이 지나지 않았다면 중도상환수수료 없이 대출을 상환처럼 처리할 수 있기 때문이다.

단, 은행이 이 대출을 진행하면서 사용한 비용은 본인이 부담해야 한다. 비용의 종류로는 인지세, 감정평가비, 법무사 근저당권 설정 등기 수수료 등이 있다. 은행에 대출계약철회권을 사용하겠다고 이야기하면 자세히 안내해주니 복잡하게 생각할 것 없다.

지금까지 설명한 내용을 정리하면 다음과 같다.

① A대출을 받았는데 B대출 조건이 더 좋다.
② A대출을 B대출로 갈아탈 수 있는지 알아본다.
③ 갈아타기가 가능하다면 A대출을 상환할 경우 중도상환수수료가 얼마인지 확인한다.
④ A대출을 청약 철회로 반환 처리할 수 있다면 그로 인한 부대 비용이 얼마인지 확인한다.
⑤ 둘 중 자신에게 유리한 것을 선택해 B대출로 갈아탄다.
⑥ 만약 B대출의 조건이 비용을 감수하면서까지 갈아탈 가치가 없다면 A대출을 유지한다.

Tip

대출은 그대로 두고 목적물만 변경할 수 있을까

결론부터 말하면, 이론적으로는 가능하지만 실무적으로는 거의 불가능하다. 왜일까? 금융기관 입장에서 생각해보면 담보대출의 목적물 변경, 즉 담보가 바뀌는 것은 아예 새로운 대출이라고 봐야 한다. 대출 심사를 결정짓는 요소의 90%가 담보 가치이기 때문이다. 그래서 목적물만 바뀌는 것도 신규 대출과 같은 프로세스로 취급한다.

그래도 굳이 목적물만 변경하는 방향으로 심사를 진행한 뒤 목적물을 변경하려 할 때 기존 대출을 유지할 수 없다는 결론이 나온다면? 또는 기존 대출을 유지하는 것보다 신규 대출을 받는 것이 금리가 더 낮다면? 심사를 통과했더라도 고객은 기존 대출 유지가 아닌 신규 대출을 선택할 것이다.

즉, 어차피 신규 대출처럼 심사가 진행되는 목적물 변경은 고객과 은행 모두에게 불필요하다는 것이다. 그러니 대출은 그대로 두고 담보물만 바꾸는 것은 이론과 규정이야 어쨌든 어렵다고 생각하고, 현실적인 대안을 찾는 것이 현명하다.

39

투자와 사업을 준비하는 1주택자를 위한 팁

빠를수록 좋다

직장인으로서 열심히 회사 생활을 할 때가 있었다. 그 시간들 덕분에 결혼도 하고 아이를 낳아 기를 수 있었으며, 꿈에 그리던 내 집도 마련할 수 있었다. 그러나 다시 그 시절로 돌아간다면 투자나 사업을 더 빨리 시작할 것이다.

내 집을 하나 마련한 뒤 약간 시세가 올라 '이 정도면 됐지' 하며 만족하는 동안 너무 많은 기회를 잃었다는 사실을 뒤늦게 깨달았다. 그래서 다시 과거로 돌아간다면 1주택이라는 빵빵한 담보를 이용해 더 많은 기회를 잡을 것이다.

많은 사람이 사업을 하려면 무언가를 심도 있게 공부하고, 일정한 단계를 밟아야만 한다고 생각한다. 하지만 어느 정도 자금만 있다면 거대한 준비 과정 없이도 바로 경험해볼 수 있는 사업이 굉장히 많다.

예를 들어 최근 인기가 많아진 공간임대업은 어떤가. 단기 임대, 에어비앤비 등으로 운영할 숙소를 구하고 세팅하는 데 생각보다 큰돈이 들어가지 않는다. 또 커뮤니티에 가입해 조언을 듣고 가볍게 매물을 보러 가는 것부터 시작하면 심리적 허들을 많이 낮출 수 있다.

심지어 자본이 아예 없어도 가능하다. 스마트스토어를 활용한 도소매업, 콘텐츠제작업 등은 무자본으로 시작할 수 있다. 나중에 돈이 생겼을 때 필요에 따라 자본을 투입하면 큰 수익으로 이어질 수 있다. 중요한 건 일단 시작하는 것이다.

나보다 2년 빠르게 깨달음을 얻은 지인은 지금 나보다 약 10억 원을 더 벌었다. 그때의 나는 아무 생각 없이 놀며 흘려보낸 그 시간이 10억 원의 차이를 만들 거라고는 생각조차 하지 못했다. 그러니 여러분은 절대 1주택에 만족하지 마라. 최소한 갈아타기를 끝없이 시도하며 계속 상급지를 갈구해야 한다.

남들보다 더 벌어 우월감을 느끼고 떵떵거리며 살라는 차원에서 이 이야기를 하는 것이 아니다. 나처럼 뒤늦게 깨닫고 스스로를 원망하는 일이 없었으면 하는 마음에서 하는 진심 어린 조언이다.

최소한의 준비 사항

그럼에도 사업을 시작하기 위해 필요한 최소한의 것들이 있다.

첫째, 현재 가능한 대출을 조회해보아야 한다. 핀테크 앱을 이용하면 신용대출을 조회해볼 수 있다. 나아가 주택을 가지고 있다면 그 주택을 담보로 추가 대출을 받을 수 있는지도 알아보아야 한다. 자신의 가용자금을 확인해야 가능한 사업과 투자처를 나열해볼 수 있다.

둘째, 자신의 재무 상태를 점검해보아야 한다. 자신의 수입과 지출 현황을 분석하지 않은 채 대출이 나온다고 덜컥 받아 사업이나 투자를 해버리면 매월 가계 적자가 발생할 수도 있다. 그러면 사업이나 투자가 부담스러워진다. 사업과 투자는 최대한 긍정적인 마음과 에너지를 갖고 임해야 하는데, 그와 반대로 부정적인 생각이 가득하면 성공으로 나아가기가 매우 어려워진다.

셋째, 최소한의 정보 수집을 해야 한다. 앞서 너무 깊이 파고들 필요는 없다고 이야기했는데, 그렇다고 아무것도 알아보지 않고 다른 사람의 말만 듣고 사업이나 투자를 해서는 절대 안 된다. 정보는 이미 넘치게 공개되어 있다. 유튜브, 블로그 등을 통해 자신의 스타일에 맞게 정보를 수집하자. 그래도 어려우면 책이나 강좌 등을 활용해보기 바란다. 수많은 고급 정보를 머리에 담을 수 있을 것이다.

이 정도만 준비해도 여러분은 상위 10%다. 그러니 너무 걱정하지 말고 행동으로 옮겨라. 정말 여러 기회를 마주하게 될 것이다.

대출 상담 사례

준비된 자가 기회를 잡는다

　대출을 잘 활용해 갈아타기에 성공한 수강생이 참 많다. 그중 직장인 신분으로, 그것도 외벌이로 고작 4년 만에 강서구 20평대 아파트에서 서초구 30억 원 아파트로 갈아타기에 성공한 수강생의 사례를 소개하도록 하겠다.

　그와의 인연은 2023년 초에 시작되었다. 부동산 경기가 매우 좋지 않았던 시기였다. 그 당시 부동산 경기를 살리기 위해 '특례보금자리론'이 출시됐다. 이는 정부의 강력한 DSR 규제를 무마시킬 수 있는, 정책 주택담보대출이었다. 매매매가 9억 원의 아파트까지 DSR을 적용하지 않고, DTI가 60%만 넘지 않으면 대출을 5억 원까지 받을 수 있었다. 그리고 연봉 제한이 없었기 때문에 고연봉자들은 부부가 신용대출을 최대한 활용하면 1억~2억 원으로 7억~8억 원대 아파트를 살 수 있었다.

　하지만 사람들은 이 상품에 대해 잘 몰랐고, 특별히 관심도 없었다. 나는 2023년에 수많은 고가 아파트가 바닥을 치고 있는 것을 보고 많은 사람이 이 상품으로 갈아타기를 할 수 있을 거라 생각했다. 그때 한 수강생이 집요하게 상품의 규정을 물어왔다. 그는 당시 서울의 유망한 재개발 아파트 매물을 보고 있었다. 하락 공포가 무성하던 시기였기에 대출이 잘 나오지 않는 빌라 매물들은 재개발 지역에 포함되었어도 시장에 등장했다.

　보통 재개발로 인해 아파트가 될 빌라들은 당장의 사용 가치는 적지만, 향후 새 아파트가 된다는 기대감으로 프리미엄이 붙어 거래된다. 예를 들면 유사한 빌라가 다른 지역에서는 3억 원에 거래되는데, 재개발 지역에서는 프리미엄 5억 원이 붙어 8억 원에 거래되는 형태다.

　하지만 하락기 때는 이 프리미엄이 급격하게 줄어든다. 그러다 결국 서울의 유망한 재개발 빌라들의 가격이 프리미엄을 포함해 9억 원 이하를 기록하기 시작했다. 수강생은 이 순간을 놓치지 않고 내게 빌라도 특례보금자리론으로 대출을 받을 수 있는지, 그 비율은 아파트와 어떻게 다른지, 방공제(은행이 리스크를 관리하기 위해 소액임차보증금을 차감해 한도를 줄이는 행위)를 피할 수 있는 방법은 없는지 등 질문을 쏟아냈다.

나는 문서들을 뒤지고 한국주택금융공사에 수차례 전화를 해가며 무척이나 중요한 사실들을 발견했다. 원래 특례보금자리론은 KB시세가 없는 경우 원칙적으로 공시 가격을 토대로 대출금이 산정된다. 그런데 고객이 원하면 한국주택금융공사와 제휴된 감정평가사에게 감정을 받아 그것을 기준으로 대출을 받을 수 있다는 사실을 알게 된 것이다.

우리가 찾은 재개발 빌라 매물은 공시 가격이 5억 원대였는데, 프리미엄이 4억~5억 원 이상이어서 실거래가는 10억 원이었다. 보통의 경우에는 '공시가 기준이니 5억 원대 아파트에선 많이 나와봤자 대출이 3억 원대로 나오겠네', '실거래가가 10억 원이니 9억 원 이하로 매수해봤자 감정평가 금액이 9억 원이 초과되어 대출이 안 나오겠네'라고 생각했을 것이다. 그런데 우리는 한국주택금융공사의 감정평가에 실제 거래 금액이 적극 참고된다는 점, 공시 가격이 낮아도 감정평가 금액을 기준으로 할 수 있다는 점을 이용하기로 했다.

딱 9억 원으로 거래 금액을 협상해 맞추니 감정평가 금액도 9억 원에서 살짝 못 미치는 수준으로 나왔다. 그것에 65%를 곱한 값이 5억 원을 초과했기 때문에 최대한도인 5억 원으로 대출을 받을 수 있었다. 그리고 DTI만 보는 특성을 이용해 특례보금자리론을 받기 전에 신용대출을 최대한 받았다. 이렇게 가진 현금 2억 5,000만 원 정도로 이 물건을 매수할 수 있었다. 하락하기 전보다 무려 4억 원 정도 저렴한 매수 가격이었다.

이렇게 서울 핵심지에 신축이 될 아파트를 보유하게 된 수강생은 그 이후에도 공부를 게을리하지 않았다. 대출을 잘만 활용하면 상급지 아파트도 매수할 수 있다는 사실을 깨달았기 때문이다. 그는 시간이 흘러 상승장이 다시 찾아왔을 때 사두었던 재개발 물건을 무려 5억 원의 차익을 남기고 매도했다. 그리고 내게 다시 도움을 요청했다. 우리는 함께 다음 전략도 세워 결국에는 규제지역 50%(당시 규제지역 LTV 기준)가 걸려 있는 30억 원대 서초구 아파트를 매수하는 데 성공했다.

그는 보유하고 있는 부동산을 매도해도 50%를 제외한 15억 원만큼의 현금을 가지고 있는 상황이 아니었다. 하지만 가족들의 대출 여력까지 조사해보니 합법적으로 매수에 사용할 수 있는 자금을 만들어낼 수 있었고, 곧 세입자를 둠과 동시에 잔금을 치를 날을 앞두고 있다.

마지막 종착지인 서초구 아파트를 매수하기까지의 과정은 매우 어렵고 복잡했기에 이 책에 자세히 설명하지 않았다. 다만 그 전략은 이 책에 기술한 내용을 기초로 했다. 또 지금은 특례보금자리론이라는 상품이 없다고 해서 아쉬워할 이유가 전혀 없다. 이 사례를 통해 알 수 있는 건 규제를 극복하는 방법이 있다는 것, 시기에 따라 대출 상품들이 달라진다는 것이다. 특정 상품이 있어야만 좋은 아파트를 살 수 있는 건 아니다. 시장과 정책이 변화하는 과정에서 새로운 방법이 또 등장할 것이며, 그런 방법들을 잘 익혀두면 기회가 왔을 때 놓치는 일이 절대 없을 것이다.

6장

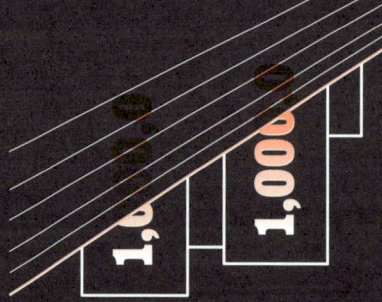

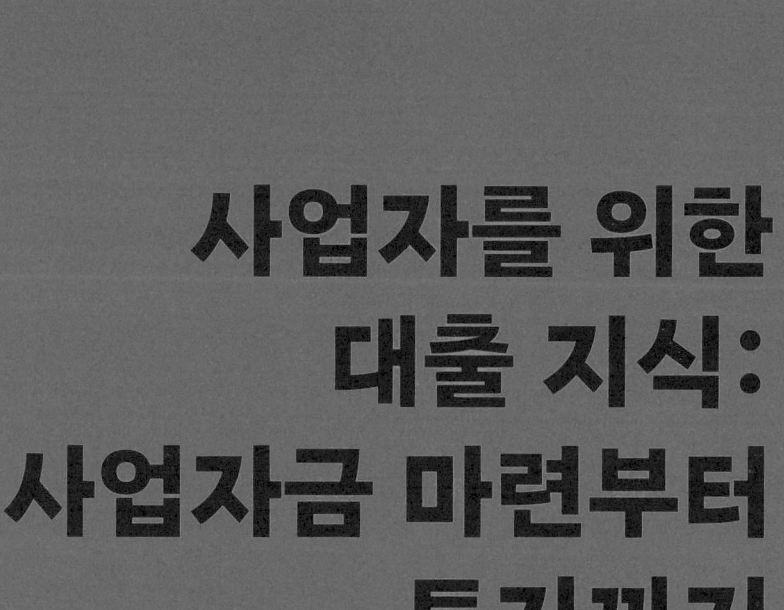

사업자를 위한 대출 지식: 사업자금 마련부터 투자까지

40

사업자대출
활용 전략

대출의 길이 넓어진다

사업자는 대출과 관련해서 훨씬 많은 이득을 볼 수 있다. 실제로 경험해보니 사업자는 자본주의라는 게임을 풀어나가기 위한 필수 아이템 같은 느낌이 들기도 한다.

일단 우리나라의 금융기관은 모든 대출을 가계대출(개인대출)과 사업자대출로 나눈다. 그리고 개인 채무자에게는 가계대출만, 개인사업자에게는 가계대출이나 사업자대출 중 채무자의 목적에 맞는 대출을 시행해준다. 따라서 개인사업자는 가계대출과 사업자대출 두 가지 대출을 전부 받을 수 있고, 이를 위해서는 사업자등록증이 필요하다.

▲사업자등록증

자, 그럼 사업자등록 절차를 거쳐 사업자가 되었다고 가정해보자. 이제 이 사업자를 어떻게 대출과 잘 연결시킬 수 있을까?

진짜 사업자가 되어라

대출은 심사 단계에 오르지 못하면 절대 나오지 않는다. 그런데 사업자대출은 그 사용 목적이 모호하거나, 실제 사업 여부가 확실하지 않으면 정상적인 심사가 어렵다. 그럼 이를 어떻게 증명할 수 있을까? 김이 빠지는 대답일 수도 있지만, 실제로 사업을 하면 된다.

만약 전자상거래 도소매업으로 사업자를 냈다면 네이버 스마트스토어든 쿠팡이든 판매자로 가입해 상품을 올리고 고객들에게 판매를 하면 된다. 콘텐츠창작업이라면 SNS 채널을 개설해 콘텐츠를 올리면 되고, 음식점업이라면 고객에게 음식을 판매하면 된다. 즉, 사업자를 낸 뒤 실제로 상품을 만들고 판매 경로를 확보했다면 사업을 운영하고 있는 사업가라고 할 수 있다. 그것을 은행 직원에게 확인시켜주면 된다.

여기에서 심사 단계까지 가는 마지막 스텝이 바로 매출이다. 사업 준비를 마쳤지만 하나도 팔지 못하고 있다면 은행은 대출을 해주지 않는다. 버는 돈이 없으니 이자도 갚지 못할 거라 판단하기 때문이다. 이때 담보가 있다면 '경매에 넘어가지 않으려면 알아서 잘하겠지'라는 생각으로 심사를 해줄 수는 있으나, 담보마저 없다면 사업자대출을 받기가 정말 어려울 것이다. 그러니 사업자 포지션을 제대로 갖추기 위해선 실제로 무언가를 팔아야 한다.

사업으로 번 돈을 굴리자

그럼 이제 사업을 한다는 사실을 증명할 수 있다고 치자. 그럼 대출금을 어디에 쓸 것인지, 어디에 썼는지는 어떻게 증명할까? 바로 서류다.

예를 들어 음식점을 운영한다면 매장 인테리어를 바꾸기 위해 여러 업체로부터 견적서를 받아보았을 것이다. 그런 서류를 은행에 제출하면 담당자는 대출금의 사용 목적을 정확하게 파악할 수 있다. 이때 계약서까지 있다면 더욱 쉽게 일이 진행된다.

만약 서류가 조금 부족해도 걱정할 것 없다. 견적을 전부 내지 못했다 해도 대출을 받을 수 있다. 돈을 어디에 쓸 것인지 목록을 작성해 제출하는 것도 하나의 방법이다. 내용이 명확하면 담당자는 다음 단계로 넘어

2025년 상반기 관광기금 시설·운영자금 소요내역서			
업체명	한국호텔	대표자명	홍길동 (인)
사업자등록번호		연락처	

상세내역	소요액	비고
* 시설자금	원	
예) 관광시설 신축(증축, 개보수 등)	2,000,000,000 원	
예) 시설장치, 토목공사 등	10,000,000 원	
예) 공사자금 융자금 전환(상세히 작성)	300,000,000 원	
* 운영자금	원	

▲사업 증빙을 위한 자금 소요내역서

가기가 훨씬 쉬워진다.

그렇게 어떤 목적이든 사업자 포지션으로 대출을 받았다면 은행은 이렇게 요구할 것이다.

"대출금을 ○○○에 쓴다고 하셨죠? 그럼 ○○○에 썼다는 증빙 서류를 3개월 내에 제출해주세요."

이는 대출금을 목적에 맞게 잘 사용했는지 확인하기 위함이다. 이때 요구하는 증빙 서류는 은행에 따라 다른데, 대표적으로 세금계산서와 송금 내역 등이 있다. 대출금을 사업이 아닌 다른 목적으로 썼을 경우 전액이 회수된다. 따라서 목적에 맞는 증빙이 필요하다.

하지만 조금 비틀어 생각해보면 사업자대출 규정을 만족하면서 대출금을 좀 더 자유롭게 운용할 수 있는 방법을 찾을 수 있다. 바로 대출금을 사업에 투입해 대출금만큼의 돈을 버는 것이다. 실제 사업자금으로 쓰였기에 대출 규정도 만족시킬 수 있고, 사업을 통해 번 이익잉여금을 모아 투자 용도로 사용할 수도 있다.

  하지만 여전히 사업을 두려워하는 사람이 많다. 두려움을 극복해야 더 큰 이득을 쟁취할 수 있고, 다른 사람들보다 앞에서 달릴 수 있다. 그러니 시야를 넓혀라.

41

부동산임대업을
꿈꾼다면

월세 받는 삶

　월세를 받는 삶과 월세를 내는 삶 중 하나를 선택해야 한다면 누구나 월세를 받는 삶을 선택할 것이다. 그렇다면 어떻게 해야 월세를 받는 삶을 살 수 있을까? 가장 현실적인 방법은 부동산임대업을 하는 것이다. 임대업을 하기에는 자본이 부족하다면 대출을 활용해야 한다.

　그럼 지금부터 월세를 받는 삶을 위해 어떤 대출을 받아야 하는지, 대출 심사는 어떻게 통과해야 하는지, 대출로 월세 받는 시스템은 어떻게 구축해야 하는지 하나하나 알아보자.

　일단 월세를 받으려면 임대할 부동산이 필요하다. 그리고 그 부동산을 구입하려면 당연히 돈이 필요하다. 100% 현금만으로 부동산을 살 수 있는 사람은 극히 드물다. 그래서 우리는 대출을 활용한다.

우리가 구입할 부동산은 크게 두 가지, 주택과 비주택으로 나뉜다. 주택은 아파트, 빌라, 단독주택 등을 의미하고, 비주택은 월세를 받을 수 있는 것으로 한정했을 때 오피스텔, 상가, 지식산업센터 등을 의미한다. 만약 월세를 받을 수 있는 부동산을 구입하면서 대출을 받을 거라면 반드시 사업자등록증이 있어야 한다. 사업자가 아닌 경우에는 가계대출로 취급되므로 DSR이라는 강력한 규제의 문턱에 가로막히기 때문이다.

우리는 월세를 받기 위해 임대를 하는 것이니 부동산을 빌려주는 사업, 즉 부동산임대업을 하는 임대사업자 포지션이다. 부동산임대업자가 사업자대출을 받기 위해서는 대출 목적도 당연히 임대 사업이어야 한다.

여기서 퀴즈 하나! 직접 식당을 운영할 목적으로 상가를 매수하려고 한다. 이런 경우 어떤 사업자로 등록해 은행에 방문해야 할까?

정답은 음식점업이다. 대출을 떠나 생각해도 자신이 하는 일과 사업자등록증상의 업종을 일치시키는 것이 옳다. 세금 측면에서도 그렇다.

부동산임대업자의 목적은 임대 수익

금융기관 입장에서 생각해보자. 대출금을 온전히 회수하기 위해서는 부동산임대업자가 임대 수익을 잘 버는 것이 중요할까, 아니면 값어치가 좋은 상가를 담보로 잡아 적당한 금액만 대출해주는 것이 중요할까? 당연히 임대 수익이 좋아야 한다.

가령 10억 원 정도의 가치가 있는 상가에 4억 원의 대출을 해줬는데 경기가 좋지 않아 계속 공실이라면 어떻게 될까? 채무자는 임대 수익이 없어도 대출금 4억 원에 대한 이자를 지불해야 한다. 물론 아주 싼 가격으로 임차인을 들일 수도 있다. 그러나 그 수익이 이자보다 적거나 간신히 이자만 납입하는 상황이라면 임대 사업을 잘하고 있다고 보기는 어려울 것이다.

그래서 금융기관은 RTI(Rent to Interest, 임대업이자상환비율)로 임대 사업 수익성을 평가한다. RTI는 연간 임대소득을 연간 이자 비용으로 나눈 값, 즉 대출이자 대비 임대소득을 말한다. 이자가 월 100만 원씩 매년 1,200만 원이고, 임차인에게 월세를 월 200만 원씩 매년 2,400만 원을 받는다면 RTI는 얼마일까? 이자보다 월세가 2배 많으니 RTI는 2(2,400만 원/1,200만 원)다.

대출을 받으려면 RTI가 얼마나 되어야 할까? 주택은 1.25, 비주택은 1.5다. 비주택이 주택보다 조건이 높다. 그 이유는 주택은 그나마 월세가 높지 않아도 매수 수요가 많지만, 비주택은 제일 중요한 게 월세 수익률이고, 이게 낮으면 잘 팔리지도 않을 것이기 때문에 더 엄격한 기준을 적용하는 것이다. 만약 RTI를 통과하지 못한다 해도 너무 낙담하지 말자. RTI를 만족할 만큼 대출금을 적게 받아 대출이자를 줄이거나 월세를 더 많이 주는 세입자를 구하면 된다. 하지만 세입자에게 월세를 많이 받는 것이 어렵기 때문에 보통은 대출금을 줄이는 선택을 한다.

▲부동산계산기.com의 RTI 계산기

부동산계산기.com에 접속해 [DTI·LTV] → [RTI]를 클릭하면 RTI를 계산할 수 있다. [금리직접입력]을 선택해 은행에서 제시한 금리 또는 예상 금리를 입력한다. '기타부채금액'이나 '기타부채이율'을 고려하는 경우는 거의 없으므로 입력하지 않아도 된다.

RTI를 완화하는 방법

이자 상환 능력을 입증할 수 있다면 RTI 수치를 1.2로 완화할 수 있다. 따라서 신용점수를 잘 관리하고, 사업이 아닌 다른 곳에서 돈을 꾸준히 벌고 있다는 것을 금융기관에 증명할 수 있다면 RTI 수치를 조정받을 수도 있다.

예를 들어 내가 직장을 다닌다면 재직증명서와 원천징수영수증 등으로 상환 능력을 입증하게 될 것이다. 만약 다른 사업을 하고 있다면 해당 사업장의 매출 내역이나 소득금액증명원을 통해 나의 상환 능력을 입증할 수도 있다. 또는 현금 흐름은 좋지 못해도 주식, 아파트 등 자산들을 보유하고 있으면 그 역시 상환 능력으로 인정해주기도 한다.

한 가지가 더 있다. 새롭게 체결한 월세 계약 또한 RTI 수치에 적용할 수 있는 임대 수익이다. 따라서 현재 공실이거나 상가 임차인이 곧 퇴거할 상황이라면 새로운 임차인을 확보해 그 월세를 기준으로 RTI에 유리하게 작업할 수 있다. 인테리어를 해주는 조건으로 월세를 높이거나 임차인과 협의를 통해 렌트프리 등의 방법으로 월세를 높이는 것이다.

Tip

렌트프리로 RTI 세팅하기

렌트프리란, 임대차계약 체결 시 일정 기간 동안 임대료를 받지 않는 것을 말한다. 예컨대 '2개월 렌트프리'라고 하면 입주 후 처음 두 달 동안은 집주인에게 임대료를 지급하지 않아도 된다.

이 제도는 입주 초기의 비용 부담을 줄여주기 위해 활용되며, 통상 신규 오피스텔이나 원룸, 상가 임대차 시장에서 임차인의 관심을 끌기 위한 인센티브로 제공된다. 그렇다면 왜 이렇게까지 해서 임차인을 받아야 하는 것일까?

일단 수익형 부동산은 손님이 굉장히 귀할 때가 있다. 그런 상황에서 어렵게 찾아온 손님(예비 임차인)에게 박하게 굴면 내 부동산을 오랫동안 공실로 둬야 할 수도 있다. 그럼 매월 발생하는 관리비, 대출이자 등이 굉장히 부담이 된다. 렌트프리 기간을 두고서라도 계약이 이루어지면 일정 기간이 지난 뒤에는 이익 구간에 진입할 수 있다.

그럼 앞서 말한 '렌트프리 등의 방법으로 월세를 높인다'라는 건 어떤 의미일까? 어떤 임차인이 월세 150만 원을 받을 수 있는 상가에 들어오고 싶은데 6개월만 렌트프리 기간을 주면 앞으로 매월 180만 원의 월세를 지불하겠다고 한다. 그럼 내가 계약한 월세는 180만 원이 되는 것이다. 이는 RTI에 좋은 영향을 주고, 대출에도 유리할 수 있다.

그렇다면 이게 실질적으로도 이득일까? 원래 받을 수 있었던 6개월간의 150만 원은 총 900만 원이다. 그 손실을 먼저 감수하면 앞으로 매월 30만 원씩 더 준다고 약속한 것이다. 총 30개월 동안 임대차계약이 유지되면 임대인은 손해 볼 것이 없다. 만약 임차인의 사업이 그 정도 기간은 충분히 유지될 것으로 판단되면 손님도 귀한 상황이고 대출에도 유리하니 이렇게라도 계약을 하는 것이 현명한 선택이 될 수 있다.

42

경매와 대출의 시너지

낙찰가의 최대 90%까지 대출

부동산 경매를 하는 사람들은 보통 실거주가 아닌 투자를 목적으로 한다. 경매와 대출을 합치면 엄청난 효과를 낼 수 있는 투자 수단이 되는데, 주택을 시세보다 저렴하게 매수할 수 있기 때문이다.

많은 사람이 경매대출은 일반 주택 매매 관련 대출과 완전히 다른, 특별한 상품이라고 생각한다. 하지만 그렇지 않다. 같은 대출 상품, 같은 규제다. 한 가지 다른 점이 있다면 경매는 시세가 아닌 낙찰가를 기준으로도 대출 한도가 부여될 수 있다는 것이다.

좀 더 쉽게 풀어 설명하면, 일반적인 주택 매매는 은행이 대출 금액을 산출할 때 보통 KB시세의 70~80% 정도를 기준으로 한다. 그런데 경매로 매입하는 경우는 조금 다르다. 경매로 낙찰받은 부동산은 두 가지로 나뉘어 한도가 계산된다.

> ① KB시세나 감정가에 LTV를 곱한 일반적인 대출 한도
> ② 낙찰가의 80% 혹은 90%를 곱한 값(일부 은행에서는 낙찰가에서 입찰보증금을 뺀 금액을 적용하기도 함)

이 두 가지 중 작은 금액으로 대출 한도가 결정된다. 이런 일이 발생하는 경우는 드물지만, KB시세 10억 원짜리 아파트를 누군가가 7억 원에 낙찰받았다고 하자. 생애최초가 아닌 일반 무주택자의 대출 한도를 두 가지 방법으로 계산해보면 다음과 같다. 이때 ②의 경우를 낙찰가의 90%까지 적용할 수 있는 은행에서 대출을 받는다고 가정한다.

> ① 10억 원×70%=7억 원
> ② 7억 원×90%=6억 3,000만 원

그럼 둘 중 적은 금액인 ②로 대출이 실행될 것이고, 이는 낙찰가에 비하면 90% 수준이다. 이렇게 따지면 둘 중 어떤 것으로 결정되더라도 감정가 또는 KB시세보다 싸게만 낙찰받는다면 일반 매매보다는 대출을 많이 받을 수 있다.

이미 눈치를 챈 사람도 있겠지만, 결국 경매대출은 최소한 KB시세 또는 감정가의 LTV만큼은 대출이 나온다. 그래서 기본적으로 내가 사는 가

격은 KB시세나 감정가보다 저렴할 것이니 사는 가격에 비해 LTV가 일반 매매보다 높을 수밖에 없다. 그럼 이제 은행에 따라 최대한도만 바뀌는 형태다.

> ① 낙찰가의 80%까지가 최대한도인 곳
> ② 낙찰가의 90%까지가 최대한도인 곳
> ③ 낙찰가에서 입찰보증금을 뺀 만큼이 최대한도인 곳

경매를 하는 사람들은 대부분 적은 돈으로도 투자를 할 수 있어 경매를 선택한 것이므로, 투입 자본이 최소화되는 ③을 선호한다. 일부 상호금융에서 ③을 뺀 금액을 최대한도로 두고 있으니 경매 낙찰 시 반드시 상호금융 상담사들을 통해 대출 한도를 산출해보자.

그래도 경매를 통하면 대출이 더 많이 나온다는 것이 이해가 되지 않는다면 이번에는 그림을 보며 이야기해보자. 일반 무주택자가 시세가 10억 원인 아파트를 일반 매매로 10억 원에 산다면 최대 대출금은 시세의 70%인 7억 원이다. 하지만 같은 아파트를 경매로 낙찰받아 8억 원에 산다면 어떻게 될까? 대출 한도를 낙찰가의 90%까지 수용해주는 은행을 찾아갔다고 가정하자.

① KB시세×70%=10억 원×70%=7억 원
② 낙찰가의 90%=8억 원×90%=7억 2,000만 원

①의 7억 원으로 대출 한도가 산출된다. 그러나 대출금과 낙찰받은 가격을 비교해보자. 낙찰가가 8억 원이라는 건 10억 원짜리 아파트를 8억 원에 사는 것이다. 그런데 대출은 7억 원이 나온다. 사는 가격 대비 대출 비율은 87.5%(7억 원/8억 원×100)다.

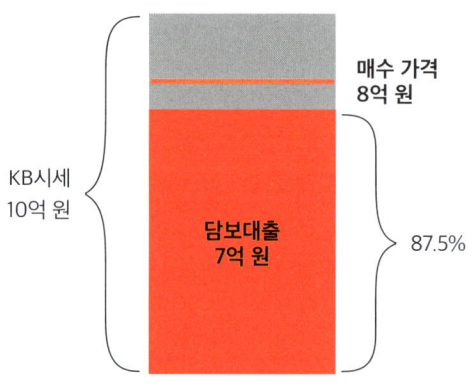

▲매수 가격 대비 대출금은 80~90% 가능

경락잔금대출도 같은 대출이다

이런 대출을 '경락잔금대출'이라고 한다. 이는 별도의 상품이 있는 것이 아니라, 앞서 설명한 모든 대출이 경매 잔금으로 쓰이면 '경락잔금대출'이라고 부른다. 그리고 경매 잔금으로 쓰일 때만 최대 대출 한도가 조금 더 커지게 되는 옵션을 적용할 수 있다고 생각하면 된다. 상품이 아예 다르지 않기 때문에 다른 대출들과 규제도 같다는 점을 명심하자.

즉, 경매에서도 LTV, DSR, DTI 같은 기본적인 금융 규제는 똑같이 적용된다. 다시 말해 주택의 수와 지역에 따라 주택담보대출의 LTV 비율이 정해진다. 그리고 DSR 역시 개인의 연소득 대비 부채 비율을 기준으로 대출 가능 금액을 제한한다. 따라서 DSR 한도를 초과하면 아무리 싸게 낙찰받아도 대출 한도는 제한될 수 있다. 따라서 자신이 받을 수 있는 대출 한도를 정확히 파악하고, 소득과 부채 상황을 고려해 경매에 참여해야 한다.

한 가지 더 주의할 점은 경매대출이라고 해서 모든 은행과 금융기관이 동일한 조건을 제시하는 건 아니라는 것이다. 최대한도에 대한 내용이 어떤 금융기관은 낙찰가의 80%인 반면, 어떤 금융기관은 낙찰가의 90%인 것처럼 말이다. 따라서 여러 금융기관을 비교해 자신에게 가장 좋은 조건을 찾는 과정이 반드시 필요하다. 대출이 많이 나오는 곳은 그만큼 금리가 비쌀 수 있다.

Tip

경락잔금대출 과정

경락잔금대출도 일반 부동산 매매를 하면서 대출을 받는 과정과 크게 다르지 않다.

· 일반 매수: 부동산 선택 → 계약 → 대출 신청 및 승인 → 잔금일 대출 지급
· 경락잔금대출: 경매 물건 선택 → 입찰 및 낙찰 → 대출 신청 및 승인 → 잔금일 대출 지급

큰 틀은 똑같다. 그러나 세부적으로 보면 약간 차이가 있다. 경락잔금대출은 매매 계약이 아니니 매매계약서 대신 매각허가결정문을 제출한다. 그리고 잔금일에 법원에 돈을 내야 하는데, 이때 현금 또는 수표로 납부해야 하기 때문에 직접 방문해야 한다.

경매 담당자로부터 법원보관금납부명령서를 받아 법원 내에 위치한 은행에 방문하면 준비한 현금이나 수표로 잔금을 납부할 수 있다. 이후 일반 부동산 매매와 마찬가지로 등기 절차를 밟아야 하는데, 이 일련의 과정이 복잡하니 보통은 법무사에게 위임해 처리한다. 이 때문에 경락잔금대출이 실행되면 대출금이 내 통장에 들어왔다가 법무사 통장으로 송금된다.

경락잔금대출을 신청하면 안내받는 서류들이 있는데, 이는 은행마다 다르다. 기본적으로 제출하는 서류는 다음과 같다.

· 인감증명서
· 주민등록등본·초본
· 가족관계증명서
· 소득금액증명원
· 신분증, 인감도장
· 전입세대열람내역서
· 매각허가결정문
· 대금지급기한통지서
· 입찰보증금영수증

낙찰 후 잔금대출을 신청하면 해당 은행이 자세히 안내해주니 외울 정도는 없다. 참고만 하기 바란다.

경매는 가장 강력한 투자 전략

그렇다면 사람들은 이렇게 좋은 방법을 왜 활용하지 못하는 것일까? 크게 세 가지 이유가 있다. 그러나 대출만 제대로 공부해도 그중 두 가지를 해결할 수 있다.

① 경매는 어렵다고 생각한다

경매는 밥을 먹거나 잠을 자는 것처럼 큰 노력 없이 쉽게 이룰 수 있는 일이 아니다. 하지만 그것은 부동산을 일반 매수하는 경우도 마찬가지다. 경매매가 어려운 이유는 권리를 해석해야 하기 때문이다. 하지만 우리가 마주할 경매 물건들은 대단한 권리분석을 요하는 경우가 드물다. 대체로 일주일 정도만 투자하면 대부분의 권리를 해석할 수 있다. 경매를 어렵다고 느끼는 사람들은 수박을 자르지 않고 겉만 핥았기 때문이다.

② 대출이 얼마나 나올지 정확히 알 수 없다

경매는 일반 매물을 매매할 때처럼 적극적으로 나서서 도와줄 공인중개사가 없다. 컨설턴트가 약간의 도움을 줄 수는 있지만 경매대출에 대해서는 잘 알지 못한다. 그래서 혹시나 낙찰을 받았는데 대출이 나오지 않아 입찰보증금을 날리게 되는 상황이 벌어지지는 않을까 겁이 난다고 이야기하는 사람이 많다. 입찰보증금은 물건을 낙찰받기 위해 내는 일종의 계약금이라고 생각하면 된다. 통상 최저 입찰가의 10%다. 하지만 이는 대출 기본 지식만 알아도 해결할 수 있으니 겁내지 않아도 된다.

③ 원하는 물건이 경매에 나오지 않는다

원하는 물건이 없다는 것이야말로 사람들이 경매를 활용하지 못하는 이유 중 해결할 수 없는 부분이다. 나에게 좋은 물건은 남들에게도 좋은 물건일 가능성이 높다. 그래서 싸게 낙찰받을 수 있는 부동산은 대부분 비인기 부동산일 것이다. 그러나 기회는 남들이 기피하는 곳에 있다. 재테크 측면에서는 그런 부동산을 매수해야 더 높은 수익률을 올릴 수 있으므로, 대출에 대해 잘 안다면 소액을 투자해 큰 수익을 남길 수 있는 최고의 투자처가 될 것이다.

무주택자가 경매를 통해 생애최초로 집을 마련하려 한다고 가정하자. 앞서 이야기했듯 받을 수 있는 대출은 KB시세의 80%다. 그리고 KB시세보다 저렴하게만 집을 매수하면 대출 비율은 80~90%까지 올라간다. 내 돈을 아예 들이지 않고 사는 것은 불가능하다. 입찰보증금은 현금으로 내야 하기 때문이다.

그런데 내가 저렴하게 집을 매수했고, 낙찰가에서 입찰보증금을 뺀 만큼을 최대한도로 인정해주는 은행에서 대출을 받는다면? 딱 입찰보증금으로 내 집 마련에 성공하는 것이다. 이 정도까지는 아니더라도 매수 가격(낙찰 가격)의 10~15%만 가지고도 내 집 마련에 성공할 수 있다. 모자란

부분은 신용대출로 충당하면 된다.

결국 투자는 '절대 할 수 없다'에서 'A만 해결되면 내 집 마련을 할 수 있다'로 사고를 전환하는 것이 중요하다.

> **Tip**
>
> **경락잔금대출 잘 받는 법**
> 경락잔금대출을 잘 받는다는 건 결국 내가 싸게 낙찰을 받는 것이다. 싸게 낙찰된다는 건 보통 인기가 없거나 권리분석이 어렵거나다. 부동산 중 가장 안전하게 투자할 수 있는 것은 아파트다. 환금성이 가장 좋기 때문이다. 그렇다면 늘 인기가 많은 아파트를 어떻게 싸게 낙찰받을 수 있을까?
> 첫째, 부동산 시장 분위기가 좋은 지역보다 좋지 않은 지역을 노린다. 경매 투자를 하는 사람들도 손실 회피 성향이 있기 때문에 웬만하면 당장 인기가 많은 지역을 선호하고, 분위기가 좋지 않은 지역은 일단 배제할 가능성이 크다. 따라서 분위기가 좋지 않은 지역은 저가 낙찰이 되며 KB시세와 많은 차이를 벌리는데, 그만큼 낙찰가 대비 대출금 수준은 올라가 소액으로도 투자할 수 있게 만들어준다.
> 다만 매도 시 비싼 가격에 파는 것이 아니기 때문에 큰 수익을 노리기는 어렵다. 소액투자자들이 지방 아파트 경매를 선호하는 것도 다 이런 이유 때문이다.
> 둘째, 세대수가 적은 아파트를 공략한다. 일반 매매와는 반대인 부분이다. 경매는 결국 싸게 살수록 싸게 팔 수 있다. 따라서 세대수가 적은 아파트라 해도 같은 평수, 같은 연식의 대단지 아파트보다 싸게 내놓으면 거래를 성사시킬 수 있다.
> '세대수가 적은 아파트는 투자하면 안 된다'라고 생각하는 사람이 많다. 그래서 그런 곳은 낙찰가율이 낮다. 만약 최근 거래 내역이 없으면 적극적으로 낙찰에 나서는 사람이 없어 낙찰가율이 더욱 낮아진다. 이때 조금만 품을 들여 공인중개사를 통해 내가 입찰할 물건의 매도 가능 금액을 미리 조사해놓자. 사람들이 그냥 넘긴 물건을 싸게 낙찰받아 싸게 파는 전략으로 큰 수익을 낼 수도 있다.

43

1억~2억 원으로
건물주 되기

건물주가 될 수 있는 세 가지 조건

많은 사람이 건물주가 되려면 막대한 자본이 있어야 한다고 생각한다. 하지만 건물대출을 효과적으로 활용하면 생각보다 적은 금액으로도 건물주가 될 수 있다. 경매로 부동산을 매수하는 원리와 비슷하다. 시세보다 저렴하게 매수해 80~90% 대출을 받는 방법이다. 하지만 디테일한 대출 원리와 전략이 동반되어야 한다. 건물을 살 때 이용하는 대출은 일정 조건을 만족하면 80%를 초과하는 금액을 대출받을 수 있다.

① 매수가와 감정가의 차이

대출을 받아 건물을 매입할 때 중요한 것은 해당 건물의 실제 가격과 금융기관에서 평가하는 감정가의 차이다. 감정가는 보통 부동산의 현재 시세를 반영하지만, 매수가는 개인 간의 협의에 의해 발생하기 때문에 감정가보다 낮을 수 있다. 또 감정가는 감정평가사에 따라 꽤 높게 책정되기도 해 감정가와 매수가의 차이가 큰 경우가 생각보다 많다. 결국 감정가가 매수가보다 높게 책정된 경우 건물 가격의 80~90%까지 대출받을 수 있다.

② 건물의 수익률

매수가 대비 감정가가 높다 해도 은행이 대출을 주저하게 되는 경우가 있다. 바로 수익률 때문이다. 건물대출은 규모가 커 대출이자를 차주의 평소 소득으로 충당하리라고 기대하지 않는다. 그래서 차주의 소득보다 중요한 것이 해당 건물에서 발생하는 임대 수익이다.

즉, 어떤 사람이 월 300만 원밖에 벌지 못한다 해도 건물로 버는 월세가 대출이자보다 높다면 은행 입장에서는 높은 비율의 대출이라도 거절할 이유가 없다. 이 비율은 규정으로 정해져 있다. 주택이 아닌 비주택의 경우 1.5배를 최소 조건으로 두고 있으니 이자 대비 2배의 월세를 받는 물건이면 은행 입장에서는 꽤 안심할 수 있는 상황이라 적극적으로 임한다. 임대차 내역의 진위 여부와 지속 기능성을 따져봐야 하지만, 문제가 없다면 건물을 사면서 추가 소득이 생기는 것이니 오히려 차주의 신용도가 올라갈 수 있다.

참고로 건물은 법인 명의로 매수하는 경우가 많다. 그렇게 하는 몇 가지 이유가 있다. 일단 법인에는 대표자와 별도로 세금이 부과된다. 법인은 법으로 만들어진 인격으로, 별도의 명의로 보기 때문이다.

예를 들어 개인이 100억 원을 보유하고 있으면 큰 세금이 부과되는 세법이 있다고 하자. 홍길동이라는 사람이 혼자 140억 원을 보유하고 있으면 세금을 내야 하지만, 홍길동이 90억 원, 그가 대표이사로 근무하는 법인이 50억 원을 보유하고 있으면 세금을 내지 않을 수 있다는 뜻이다.

그리고 법인은 임대사업자라 하더라도 RTI가 절대적인 기준으로 적용되지 않는다. 즉, 개인 임대사업자로 어떤 건물을 샀을 때 대출이자가 100만 원, 월세가 110만 원이면 절대로 대출이 진행될 수 없다. 하지만 법인은 대출이자가 100만 원, 월세가 110만 원이어서 RTI가 1.1이라 하더라도 직접적으로 부결 사유가 되지 않는다.

다만 꼴랑 110만 원 월세가 나오는 상가에 100만 원씩 이자를 내면서 사용하는 것을 찬성하는 은행은 별로 없다. 하지만 '대출 불가'와 '수익률이 너무 낮네. 부결할까?'는 완전히 다르다. 후자의 경우, 잣대에 놓인 법인이 다른 사업장에서 돈을 잘 벌고 있으면 '아, 다른 곳에서라도 돈을 잘 버니 이자는 밀리지 않고 내겠네'라고 생각하며 신청했던 대출 금액을 전부 내어줄 가능성이 있기 때문이다.

③ 감가상각의 가능성

많은 사람이 신축일수록 대출을 잘 받을 수 있을 거라 생각한다. 하지만 오히려 신축은 감정가보다 저렴하게 나오는 경우가 많지 않다. 매도자가 신축에 들인 공사비를 회수하기 위해 쉽게 가격을 내리지 않기 때문이다. 반면 사는 사람은 시세, 감정가, 수익률 등을 참고해 매수가를 결정하지, 건축이나 인테리어에 들어간 비용은 크게 고려하지 않는다. 즉, 시세가 5억 원짜리 아파트를 사서 인테리어를 하는 데 2억 원을 투자했다 해도 그 아파트 시세가 오르지 않았다면 인테리어 비용 2억 원을 감안해 7억 원을 주고 사는 사람은 없을 것이다.

게다가 은행 입장에서 신축 건물은 감정평가를 했을 때 토지 가치 대비 건물 가치가 더 높게 산정될 것이다. 건물의 가치는 시간이 갈수록 감가상각에 의해 줄어든다. 그런데 그 건물의 가치가 높게 평가되었다는 건 앞으로 감가상각될 여지가 많이 남았다는 것을 뜻한다. 은행은 현재 감정가를 기준으로 대출을 해주었지만, 후에 채무자가 돈을 갚지 못하면 담보로 잡은 건물을 경매로 넘길 것이다. 그러나 그때는 건물의 노후화 등으로 가치가 떨어진 상태에서 감정평가를 하게 되므로 처음 감정가보다 낮은 금액으로 팔릴 가능성이 높다. 은행은 이런 상황을 고려해 보수적으로 대출 심사를 한다.

반대로 꽤 낡아 수리할 곳이 많은 건물이 있다고 하자. 감정평가 시 건물 가치 대비 토지의 가치가 높게 평가되었다면 이 건물은 향후 건물 부분에서 발생할 감가상각 액수는 적을 것이고, 토지는 그 수와 양이 늘어날 수 없기 때문에 화폐 가치 하락에 따라 상대적 가치가 우상향할 것이다. 따라서 은행은 하락할 가능성보다 상승할 가능성이 높은 부동산이라고 판단해 대출을 해주기가 덜 부담스러울 것이다.

매도를 하는 경우도 마찬가지다. 누가 봐도 건물이 낡았지만 매도자는 그 상태로 매도를 시도할 것이다. 그런 경우 투입한 비용이 별로 없는 상태에서 매도하는 것이니 매도가에 대한 기대치도 신축보다 높지 않다. 그래서 낡은 건물은 감정가 대비 매도가가 낮은 경우가 많다.

반대로 5억 원을 들여 인테리어 및 개보수를 해 낡은 건물을 새 건물처럼 만들었다면 매도자는 어떤 생각을 할까? 분명 '리모델링에 5억 원을 들였으니 내 인건비까지 챙겨 5억 5,000만 원은 더 비싸게 팔아야지'라고 생각할 것이다.

물론 건물이 낡았다고 싸게 팔고 싶은 사람은 없을 것이다. 해당 지역에 강력한 호재가 있다면 조금이라도 더 돈을 받고 팔고 싶은 마음이 드는 게 당연하다. 그런데 그런 호재도 없고 1년, 2년이 지나도 건물을 보러 오는 사람이 없다면 '제발 팔리기만 해라'라는 마음으로 싼값에 건물을 내놓는 경우가 많다.

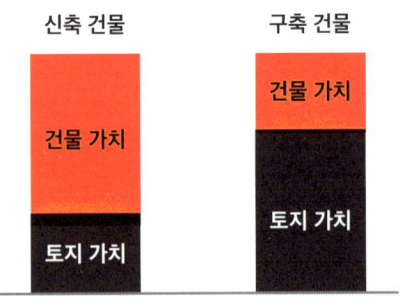

▲은행 입장에서 본 리스크 비율

앞의 세 가지 조건을 모두 충족할 수 있는 것은 구축이다. 감정가 대비 가격이 저렴하고 그만큼 대출을 적당히 받으니 수익률은 높을 것이다. 또 감가상각이 크지 않으니 은행 입장에서도 마음 편히 대출을 해줄 수 있다.

그러나 구축이 진리는 아니다. 임차인은 낡고 오래된 건물보다는 좋아 보이는 건물을 선호하기 때문이다. 그래서 구축은 공실 리스크를 감내해야 한다. 따라서 구축임에도 임차인을 설득시킬 수 있을 만한 조건이나 매력 포인트가 있는지, 입지는 괜찮은지, 추후 노후화 등으로 발생할 수리비는 감당 가능한 수준인지 등을 고려해 건물을 선택해야 한다.

건물대출의 특징

건물을 매입하기 위한 대출은 주택담보대출과는 영역이 완전히 다르다. 주택과 다르게 KB시세라는 정해진 가격이 없다. 따라서 경우에 따라 감정가가 높게 산정되는 경향이 있어 실제 매입가 대비 더 넉넉한 대출을 받을 수 있다.

또한 규제 측면에서도 훨씬 자유롭다. 주택담보대출은 DTI·DSR 규제, LTV 제한 등 잣대가 빡빡한 반면, 비주택인 건물은 대출 규제가 거의 없다. 이것이 의미하는 건 사업자로서 건물을 매입할 때 손쉽게 자금을 확보할 수 있다는 것이다.

그리고 은행 입장에서 대출 규모가 큰 건물대출은 대표이사 개인 신용이 중요한 요소가 아니다. 100억 원짜리 대출을 취급하는데, 개인의 신용점수가 800점이니 850점이니 따지는 것이 무슨 의미가 있겠는가. 그보다는 담보 가치에 집중한다. 부동산 자체가 우량 담보로 인정되면 기업이나 법인의 신용등급이 다소 낮더라도 충분히 대출이 가능하다.

나아가 대출 실행 후 차주가 원리금을 상환하지 못했을 때 건물뿐 아니라 토지까지 한꺼번에 경매·매각할 수 있다는 것은 은행 입장에선 정말 큰 장점이다. 토지와 건물을 합산 매각하면 담보 회수 가능 금액이 늘어나므로 은행 입장에서도 리스크가 낮아 대출 여력이 커진다.

44

오피스텔에
투자하는 방법

법인을 추천하는 이유

최근 아파트 가격이 급등하면서 비아파트 부동산, 특히 오피스텔이 법인 투자자들의 관심을 끌고 있다. 아파트와 구조나 기능이 유사한 아파텔(아파트+오피스텔)이 등장하면서, 오피스텔은 거주 환경과 투자 가치 측면에서 점점 더 매력적인 상품으로 주목받고 있다. 하지만 오피스텔은 명확히 주택이 아니기 때문에 일반 주택과는 다른 특수한 대출 조건이 적용된다.

법인이 오피스텔을 매수할 경우 누릴 수 있는 가장 큰 혜택은 바로 세금이다. 오피스텔은 매수 당시 용도와 상관없이 취득세가 4.6%로 고정된다. 그런데 매수하고 난 후 집주인 또는 세입자가 '주거용'으로 사용하면 그것은 주거용 오피스텔이 되어 집주인의 주택 수에 포함된다. 가령 아파트 1개, 주거용으로 사용 중인 오피스텔 1개가 있다면 추가로 아파트를 매수할 때 세 번째 주택 구매에 적용되는 취득세 패널티 등을 피할 수 없다.

하지만 오피스텔에 세입자를 들이게 된다면 '주거용'이 아닌 '업무용'으로 사용 중이라고 주장할 수 있다. 이 정도만 해도 큰 소득이다. 단, 매년 6월 1일을 기준으로 한 재산세 부과 시점에 보유한 오피스텔이 주택용이라고 신고되어 있다면 종합부동산세 납부 대상이 된다. 이런 일을 피하려면 사전에 용도를 정확히 확인하고 지자체에 업무용 오피스텔임을 확실히 해두는 것이 좋다. 귀찮아서 미루면 법인의 종합부동산세 세율상 아무리 값싼 오피스텔을 샀다 하더라도 공시 가격의 3~6%까지 세금이 부과될 수 있기 때문이다.

> **주거용 오피스텔과 업무용 오피스텔**
> 오피스텔은 말 그대로 오피스와 호텔이 합쳐진 용어다. 사무실로 쓰이기도 하지만 경우에 따라 숙식을 해결할 수 있는 호텔(주거 시설)이 되기도 한다. 그래서 내가 매수하는 또는 가지고 있는 오피스텔이 주택용으로 쓰이느냐, 업무용으로 쓰이느냐에 따라 세금을 책정할 때 주택으로 볼 것이냐, 업무 시설(사무실 등)로 볼 것이냐가 달라진다.

양도소득세도 마찬가지다. 법인이 보유한 오피스텔은 설령 주거용으로 사용된다 하더라도 대표자 개인의 주택 수에 포함되지 않는다. 따라서 법인으로 오피스텔을 보유하면 개인 명의의 주택 거래 시 발생할 수 있는 다주택 중과세를 피할 수 있다. 물론 무주택자가 오피스텔을 매수한 후 주거용으로 사용한 뒤 2년 뒤에 매도하면 양도 차익이 비과세다. 그 경우를 제외한 1주택자가 오피스텔을 투자하고 단기 매도해 차익을 노리는 경우라면 법인으로 하는 것이 절세를 할 수 있는 방법이다.

주거용 오피스텔에 투자하여 1년 내에 매도해 1억 원의 수익을 봤다면 무주택자, 1주택자, 법인이 각각 내야 하는 세금이 얼마인지 비교해보자.

▼무주택자가 오피스텔에 투자해
2년 내 단기 매도할 경우 적용되는 양도소득세 기본세율

과세표준(양도가액-취득가액 등)	세율
1,200만 원 이하	6%
1,200만 원 초과~4,600만 원 이하	15%
4,600만 원 초과~8,800만 원 이하	24%
8,800만 원 초과~1억 5,000만 원 이하	35%
1억 5,000만 원 초과~3억 원 이하	42%
3억 원 초과	45%

▼1주택자가 주거용 오피스텔에 투자해 차익을 볼 경우 중과세율

주택 수	보유 기간	세율
2주택 이상	1년 미만	70%
	1년 이상~2년 미만	60%
	2년 이상	기본세율

▼법인으로 주거용 오피스텔에 투자해 차익을 볼 경우 법인세율

과세표준 (사업연도 소득 금액)	세율	실효세율 (법인세+지방소득세)
2억 원 이하	9%	9.9%
2억 원 초과~ 200억 원 이하	19%	20.9%
200억 원 초과~ 3,000억 원 이하	21%	23.1%
3,000억 원 초과	24%	26.4%

※ 법인세에 추가해 주거용 오피스텔 양도 차익에 대한 추가 과세율 20%

양도 차익 1억 원에 대한 세금은 무주택자의 경우 3,500만 원(1억 원×35%), 1주택자의 경우 7,000만 원(1억 원×70%)이다. 법인으로 투자한 경우에는 법인세 990만 원(1억 원×9.9%)에 주거용 오피스텔 양도 차익에 대한 추가 과세 2,000만 원(1억 원×20%)을 더해 총 2,990만 원이다. 이를 통해 법인으로 투자하는 경우 세금이 가장 저렴한 것을 알 수 있다.

오피스텔담보대출 시 주의해야 할 점

오피스텔이라고 해서 모두 다 좋은 조건으로 대출을 받을 수 있는 것은 아니다. 핵심은 역시 오피스텔의 임대 수익, 즉 수익성이다. 금융기관은 오피스텔을 수익형 부동산으로 보기 때문에 투자자가 안정적으로 임대 수익을 낼 수 있는지를 본다.

금융기관은 이를 RTI로 평가한다. 금융기관은 일반적으로 RTI가 최소 1.2배 이상 되어야 대출을 승인한다. 예를 들어 내가 2억 원이라는 대출

을 금리 6%로 받는다고 가정하자. 매월 대출이자가 100만 원이라면 월세가 최소 120만 원이 되어야 2억 원을 다 대출받을 수 있다는 뜻이다. 그런데 월세가 110만 원이라면 이자 100만 원 대비 1.1배밖에 되지 않으므로 대출을 받을 수 없다. 110만 원의 월세로 RTI를 통과하려면 이자는 91만 6,000원이 되어야 하므로, 이때 받을 수 있는 최대 대출금은 1억 8,300만 원 수준으로 줄어든다.

물론 본인이 직접 사업 목적으로 사용하는 경우 RTI는 예외가 될 수 있다. 콘텐츠창작업을 하는 사람이 콘텐츠 사업을 하기 위해 오피스텔을 매수한다고 가정하자. 이 경우에는 대출을 신청하는 사람의 사업 매출과 상환 능력이 중요하지, 월세는 중요하지 않다.

하지만 이 경우 사업의 목적성과 진정성을 확실히 증명해야 한다. 자칫 RTI 규제를 회피하기 위해 실제로 운영하지 않는 사업자를 내세워 대출을 요청한다고 생각할 수도 있기 때문이다. 그래서 사업계획서나 기존 사업 이력, 실제 운영 계획 등을 구체적으로 제시해야 금융기관의 신뢰를 얻을 수 있다.

금융기관 선택하는 법

오피스텔담보대출은 제1금융권과 제2금융권 모두 가능하지만, 금융권마다 조건이 다르기 때문에 투자 목적에 따라 전략적으로 접근해야 한다.

첫째, 임대 사업이 아니라 직접 사용하기 위해 오피스텔을 구입한다는

▼오피스텔 활용 목적별 금융권 대출 비교

활용 목적	제1금융권	제2금융권
실거주	· 70% · 30~40년 분할상환 · 금리 4%대	· 70% · 30년 분할상환 · 금리 4~5%대
임대	· LTV 최대 80% · RTI 통과 필수 · 금리 4%대	· LTV 최대 80% · RTI 통과 필수 · 금리 4~5%대
일반사업자가 사업장으로 활용	· LTV 최대 80% · RTI 생략 · 금리 4%대 · 신규 사업자나 매출이 없는 사업자는 승인이 어려울 수 있음	· LTV 최대 80% · RTI 생략 · 금리 4~5%대 · 신규 사업자 가능

사실을 명확하게 증명할 수 있다면 시중은행(제1금융권)을 적극적으로 활용하자. 제1금융권은 신용도가 높은 법인에 조건이 좋다. 다만 사업 목적이 명확하지 않거나 신생 기업이라면 심사가 까다로울 수 있다.

둘째, 임대할 목적이라면 제1금융권과 제2금융권 모두 가능하지만, 금리 면에서는 제1금융권이 훨씬 유리하다. 낮은 금리 덕분에 RTI 조건을 쉽게 맞출 수 있어 더 많은 금액을 대출받을 수 있기 때문이다.

셋째, 사업 목적을 명확히 증명하기 어렵다면 제2금융권인 신협, 농협, 수협, 새마을금고 등을 이용하는 방법이 있다. 이 금융기관들은 여러 조건을 만족해야 하는 시중은행보다 유연하게 담보대출을 승인해주기 때문이다. 단, 금리가 제1금융권보다 높을 수 있다.

정리하면 법인이 오피스텔을 매수하면 세금 혜택과 높은 대출 한도를 누릴 수 있지만, 금융기관 선택과 RTI 충족이 중요하다. 투자 목적에 맞는 금융기관과 전략을 잘 선택하면 안정적이고 성공적인 오피스텔 투자가 가능하다.

> **Tip**
>
> **지식산업센터에 투자하기**
>
> 오피스텔담보대출에 대해 공부하다 보면 업무용 시설을 실제 사용할 목적으로 대출을 신청했을 때 그 조건이나 한도가 유리하다는 것을 알 수 있다. 그래서 지식산업센터라는 부동산도 꽤 인기가 많았는데 그 이유는 바로 대출에 있다.
>
> 일단 지식산업센터는 주택이 아닌 업무용 부동산으로 분류되기 때문에 주택에 적용되는 강력한 대출 규제에서 상대적으로 자유롭다. 대표적으로 LTV가 주택에 비해 높은 수치인 80%를 최대치로 두고 있고, 많게는 90%까지도 대출을 받는 경우가 있다. 80% 만큼 담보대출로 최대한 내어주면서 신용대출을 추가해주는 경우가 그렇다.
>
> 예를 들어 5억 원짜리 지식산업센터 잔금을 치를 때 담보대출 4억 원 그리고 사업자의 신용점수가 우수해 추가로 5,000만 원을 대출해준다면 총 4억 5,000만 원, 즉 90% 대출이 가능해지는 것이다. 신용대출을 추가로 해주는 것에 대하여 '가계주택담보대출'은 굉장히 민감하지만(LTV를 초과하여 대출해준다고 감독기관에서 지적할 수 있기 때문) '업무용 사업자대출'은 민감하지 않기 때문이다.
>
> 그러나 주의해야 할 점도 있다. 지식산업센터는 입주 대상이 사업자로 한정되어 있기 때문에 주거용 오피스텔이나 아파트와 달리 수요층이 제한적일 수 있다. 따라서 꼼꼼하게 입지를 분석하지 않으면 임차인 모집에 어려움을 겪을 수 있고, 매수하려는 사람이 없으면 가치가 하락할 수 있다. 그래서 투자는 투입되는 자본이 얼마나 적은가는 부수적인 부분이고, 결국 매수하는 부동산의 가치가 저렴한가 또는 얼마나 상승할 것인가를 최우선으로 따져야 한다.

45
저금리 무담보 정책자금 활용하기

정책자금의 힘

'정책자금'이란 단어를 들으면 머릿속에 어떤 이미지가 떠오르는가. 정책자금은 정부에서 지원해주는 돈이나 대출이다. 보금자리론, 디딤돌대출 등이 이에 해당한다. 하지만 정책자금 중 대부분을 차지하는 것은 바로 기업정책자금이다.

경기가 어려울 때, 국가 차원에서 특정 산업 분야를 발전시켜야 할 때, 기술력을 키워야 할 때 우리가 응원해야 하는 사람들이 있다. 바로 소상공인을 비롯한 중소기업이다. 중소기업은 우리나라 기업의 대부분을 차지하고 있으며, 많은 일자리 창출과 국가경쟁력 확보, 경제 활성화 등 우리나라 경제의 주요 버팀목이기 때문이다.

그런데 많은 사람이 정책자금 지원 대상임에도 잘 몰라서, 익숙한 대출이 아니어서 이를 활용하지 못하고 있다. 많은 자영업자가 '정책자금도 대출인데 대출은 안 쓰는 게 최고지', '정책자금은 너무 어렵고 복잡해서 잘 모르겠어'라고 생각해 정부의 다양한 지원금과 저금리대출 기회를 놓쳐버린다.

하지만 생각을 바꿔야 한다. 오랫동안 많은 개인과 기업에게 자금을 조달해주며 깨달은 것이 있다. 바로 '돈의 힘'이다. 돈은 단지 물건을 사고 사람을 고용하는 것으로 그치지 않는다. 돈은 적극적인 태도를 만든다. 많은 사업가가 수많은 아이디어를 떠올리지만 실행으로 옮기지 못하는 이유는 대개 자금이 부족해서다. 충분한 자금만 있다면 지금 당장이라도 실행으로 옮기고 싶은 사업 아이디어가 있을 것이다. 바로 이때 저금리 무담보 정책자금이 빛을 발한다.

내가 회사를 퇴사하고 가장 먼저 한 일은 정부의 저금리 정책자금을 활용해 연봉만큼의 돈을 마련한 것이다. 자금이 충분하니 머릿속에만 있던 아이디어를 즉각 실행으로 옮길 수 있었고, 무언가를 배우기 위해 교육비로 1,000만 원을 쓰는 것도 망설이지 않았다.

덕분에 나는 단 4개월 만에 월 매출 1,000만 원을 달성하는 사업 구조를 만들었고, 매출은 그 이후에도 꾸준히 상승했다. 더 놀라운 건 그 당시 빌린 정책자금의 80% 이상이 아직도 통장에 남아 있다는 것이다. 만약 이 돈이 없었다면 과감하게 사업을 키울 수 있었을까? 이처럼 정책자금은 단순히 돈 이상의 의미가 있다.

저금리 무담보 정책자금을 찾아라

정책자금에 대한 필요성을 느꼈다면 이제 중요한 건 정보 수집이다. 이미 사업자이거나 사업을 계획 중인 사람, 부수입을 만들려는 N잡러가 관심을 가져야 할 정책자금은 사업자금과 창업자금이다.

정보를 찾는 가장 빠르고 확실한 방법은 인터넷 검색창에 '사업자 정책자금'을 검색하는 것이다. 요즘에는 정부 지원금을 전문적으로 소개하는 플랫폼도 많이 등장했다. 그런 곳들을 이용하면 다양한 정보를 빠르게 얻을 수 있을 것이다.

① 기업마당

가장 적극적으로 추천하는 웹사이트는 '기업마당(bizinfo.go.kr)'이다. 중소벤처기업부와 중소벤처기업연구원이 운영하는 사이트로, 웬만한 정

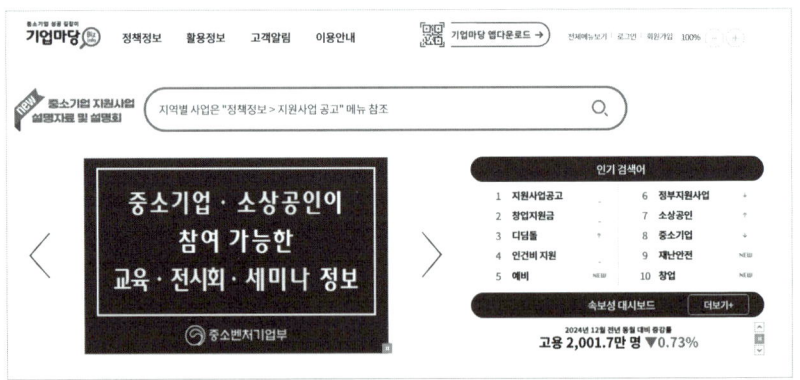

▲기업마당 홈페이지

책자금 정보가 모두 담겨 있다.

② K-Startup 창업지원포털

창업을 준비하고 있다면 'K-Startup 창업지원포털(k-startup.go.kr)'을 반드시 알아두어야 한다. 중소벤처기업부와 창업진흥원이 운영하는 사이트로, 예비창업패키지, 초기창업패키지 등의 공고문이 올라온다. 기업마당의 창업자 버전이라고 생각하면 된다.

▲K-Startup 창업지원포털 홈페이지

사실 앞의 두 사이트는 어디서든 추천해주는 대표적인 사이트여서 사업자라면 한 번쯤 접속해보았을 것이다. 지금부터는 남들보다 더 빠르게 소식을 접할 수 있는 사이트를 추천해주도록 하겠다.

③ 소상공인정책자금

소상공인정책자금(ols.semas.or.kr)은 소상공인시장진흥공단이 운영하는 사이트다. 기업마당에서 통합 공고를 확인할 수 있는데, 그에 따른 구체적인 정책자금들을 신청하는 자세한 일정은 소상공인정책자금에 별도로 공지된다. 가끔은 아침에 접수 일정을 공지하고 최초 접수일이 '공고가 올라온 그날 오후'인 경우도 있다. 그럼에도 불구하고 접수는 몇 분 만에 마감된다. 자신이 신경 써서 모니터링을 하지 않으면 아까운 소상공인정책자금들을 활용하지 못할 수도 있다.

▲소상공인정책자금 홈페이지

④ 구글 알리미

마지막으로 구글 알리미(alerts.google.com)를 추천한다. 여러 보증기관, 지자체는 중소기업 경기를 보며 그때그때 마치 특판처럼 정책자금을 푸는 경우가 있다. 이런 기회를 놓치지 않으려면 어떤 보증기관이 어떤 방법으로 자금을 유연하게 풀 것인가를 체크해야 하는데, 이는 뉴스를 통해 파악할 수 있다.

구글 알리미 서비스에 원하는 키워드를 등록하면 키워드가 속한 구글 뉴스를 자신이 가입한 이메일 또는 자신이 원하는 이메일로 전송받을 수 있다. 하루에 한 번만 이메일에 들어가면 자신이 원하는 소식을 놓치지 않을 수 있다.

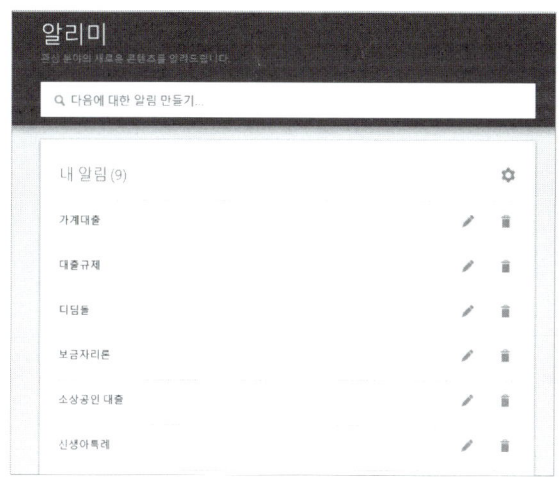

▲구글 알리미에 키워드를 등록한 모습

상황별 정책자금 활용

정책자금 공고를 찾는 건 어렵지 않다. 중요한 건 그 자금을 어떻게 사업이나 상황에 맞게 활용할지 구체적으로 계획하는 것이다. 이를 위해서는 자금의 성격을 정확히 파악해야 한다.

① 소상공인

어떤 형태로든 현재 사업을 하는 사람 중 가장 많은 비중을 차지하는 건 바로 소상공인일 것이다. 「소상공인 보호 및 지원에 관한 법률」에 따라 소상공인의 정의를 정리하면 다음과 같다.

- 일반 업종: 상시 근로자 5인 미만 업체
- 제조업, 건설업, 운수업, 광업: 상시 근로자 10인 미만 업체

이렇게 규모가 작은 기업도 정부가 적극적으로 육성해야 할 사업자다. 이를 위해 중소벤처기업부 산하에 소상공인시장진흥공단이라는 기관이 존재하고, 여기서 취급하는 자금을 '소상공인정책자금'이라고 부른다.

소상공인정책자금은 각 사업자의 업종과 상태에 따라 세분화되어 있다. 대표적으로 최근 인기가 많았던 '스마트자금'을 살펴보자. 이는 본래 스마트 장치나 설비를 도입하는 오프라인 매장에 지원되는 자금이었지만, 최근에는 온라인 사업장도 스마트 설비로 인정받아 스마트스토어나 쿠팡, 온라인 쇼핑몰 운영자들까지 혜택을 볼 수 있게 되었다.

소상공인정책자금은 연중 여러 번 공고가 나오므로 한 번 기회를 놓쳤더라도 꾸준히 공고를 확인하면 재도전 기회를 잡을 수 있다.

② 예비 사업자 또는 창업 단계 기업

지금 창업 단계에 있거나 창업 후 3년 이내라면 K-Startup 창업지원포털이 제격이다. 많은 사람에게 이미 익숙한 예비창업패키지, 초기창업패키지 등 순수 지원금(무상환 자금) 공고가 올라오기 때문이다.

창업 초기 단계에는 확실한 매출이 없어도 좋은 기술이나 혁신적인 아이디어만 있다면 이 지원금을 받을 수 있는 기회가 주어진다. 다만 지원금이기 때문에 경쟁률이 높다. 그래서 많은 예비 창업자가 비용을 들여 전문 컨설팅 업체의 도움을 받기도 한다.

하지만 반드시 컨설팅을 받아야만 합격할 수 있는 건 아니다. 모집 공고에 명시된 평가 기준을 잘 확인해 아이디어를 명확하게 설명하고 설득력 있게 사업계획서를 작성한다면 혼자서도 충분히 할 수 있다. 결국 아이디어의 독창성과 사업성을 얼마나 설득력 있게 보여줄 수 있느냐가 관건이다.

③ 기업 대표

시기에 따라 모집하는 정책자금도 있지만, 상시적으로 운영되는 지원금과 융자도 있다. 대표적인 예가 보증기관을 통한 지원으로, 기술보증기금과 신용보증기금이 있다.

기술보증기금의 경우 기술력과 혁신성을 평가한다. 따라서 매출이 낮더라도 미래지향적인 기술이 있다면 지원을 받을 수 있다. 신용보증기금은 주로 일정 규모 이상의 매출(대체로 1억 원 이상)이 발생하는 기업을 대상으로 한다. 매출은 좋지만 담보 부족으로 은행대출이 어려운 사업자를 위한 기관이다. 또한 코로나19, 자연재해 등 특별한 상황에서 피해를 입은 사업자에게 특화된 상품도 제공하므로 꾸준히 관련 공고를 모니터링하는 것이 좋다.

최근에는 고금리대출을 저금리로 전환할 수 있도록 신용보증기금에서 지원하는 프로그램도 있다. 2024년 7월 31일 이전에 받은 사업자대출의 금리가 7% 이상이라면 개인사업자는 최대 5,000만 원까지 연 4.5%의 신용대출로 전환 가능하다. 이 상품은 신용이나 담보대출 구분 없이 사업자대출이라면 모두 가능하며, 총대출액이 한도를 초과하더라도 일부만 전환하는 것도 가능하다. 단, 마이너스 통장 형태의 한도 거래 계좌는 대환 대상에서 제외되므로 주의가 필요하다.

소상공인이든 초기 창업자든 성장 단계에 있는 기업이든 각자의 상황과 필요에 맞는 정책자금을 적극적으로 찾아 활용하자. 이는 안정적이고 지속적인 성장의 발판이 되어줄 것이다.

46

사업자, 프리랜서의 소득인정금액 높이는 방법

소득을 증명하는 세 가지 방법

프리랜서나 사업자는 대출을 받을 때 일반 직장인에 비해 상대적으로 불리한 입장에 놓인다. DSR이 소득 대비 대출 한도를 결정해 소득이 낮게 신고될수록 받을 수 있는 대출 한도가 현저히 낮아지기 때문이다.

직장인의 경우 급여가 명확히 세금으로 신고되기 때문에 금융기관이 소득을 파악하기가 쉽다. 하지만 프리랜서나 자영업자의 경우 실제로 벌어들이는 수익에서 비용 처리를 하고 남은 금액에 대해서만 세금을 신고하기 때문에 금융기관이 파악하는 소득은 실제 수익보다 훨씬 적을 수밖에 없다. 예를 들어 실제로 매월 500만 원 이상의 수익을 올리고 있지만 비용 처리를 통해 연소득이 500만 원으로 신고되었다면, 금융기관 입장에서는 신고된 연 500만 원을 소득으로 인정하는 것이다.

① 신용카드 사용 내역

이런 경우에도 희망이 없는 것은 아니다. 금융기관은 소득이 적게 신고된 프리랜서라도 일부 간접적인 방법을 통해 소득을 재평가해주는 기준을 가지고 있다. 대표적인 것이 바로 신용카드 사용 내역이다. 금융기관들은 이를 통해 실제 소득을 추정하는 방법을 사용한다.

만약 신고된 소득은 낮더라도 연간 신용카드 사용액이 많다면, 이를 기반으로 추정소득을 재산정할 수 있다. 예를 들어 신용카드 사용액이 연간 2,500만 원이라면 금융기관은 이 금액의 2배인 5,000만 원을 연소득으로 추정한다. 정확히 말하면 연간 신용카드 사용액을 0.46으로 나눈 후 90%를 곱한 값으로 추정하는데, 모든 금융기관이 같은 비율을 사용한다.

② 사업자의 원천징수소득 확인

신용카드를 잘 사용하지 않는 사람의 경우에도 다른 대안이 존재한다. 사업자나 프리랜서가 원천징수 후 받은 소득이 있다면 금융기관은 그 총액의 약 60%를 소득으로 인정하기도 한다. 예를 들어 연간 원천징수로 받은 총액이 3,000만 원이라면 그중 60%인 1,800만 원을 연소득으로 인정해 대출 한도를 산정한다.

참고로 해당 총액은 국세청이 운영하는 홈택스(hometax.go.kr)에서 '거주자의 사업소득원천징수영수증'을 통해 확인할 수 있다. 홈택스에 접속해 로그인한 뒤 [나의 홈택스] → [나의 소득·연말정산] → [지급명세서·원천징수영수증 내역]을 클릭하면 확인 가능하다.

▲홈택스에서 원천징수영수증 확인하기

사업소득과 원천징수소득
세금계산서를 발행하면 매출로 인정되어 사업소득에 해당지만, 원천징수해 받은 소득은 사업 외 소득(기타소득)이 된다.

③ 실매출 또는 신용평가회사 데이터 적용

일부 금융기관에시는 매출을 기준으로 소득을 산정하기도 한다. 예를 들어 연간 매출이 5억 원인데 신고된 소득이 매우 낮은 경우, 금융기관은 자체적으로 매출의 일정 비율을 소득으로 인정해 대출 심사를 진행하기도 한다.

신용평가회사의 데이터를 활용해 추가적인 소득 증빙이 가능한 경우도 있다. 특히 신용평가회사(KCB 등)는 개인의 자산, 통장 거래 내역, 직장 이력 등을 기반으로 추정소득을 별도로 책정한다. 금융기관은 이런 정보를 바탕으로 더 정확한 소득을 산정하고 대출 한도를 결정한다. 단, 금융기관마다 평가 기준이 다르기 때문에 번거롭더라도 직접 문의해보아야 한다.

잠시 근로자가 되어라

이런 여러 가지 상황에서도 여전히 불리한 상태라면 프리랜서에게는 또 다른 해결책이 필요하다. 바로 임시적인 근로 계약을 통한 근로소득 증빙이다. 프리랜서로 활동하면서도 특정 기업과 전속 계약을 체결하고 있다면 해당 기업과 근로 계약을 체결해 4대보험에 가입하고 정식 근로자로 등록하는 것이 효과적이다. 이렇게 하면 매달 받는 급여가 정확하게 세금 신고가 되므로, 이 소득을 근거로 대출을 받을 수 있다.

물론 근로소득을 신고하게 되면 실제로 받는 금액에서 비용 처리가 되지 않아 세금 부담이 증가할 수 있다. 그러나 중요한 것은 이 근로 계약을 통해 신고된 소득이 온전히 인정받아 더 높은 금액의 대출이 가능해진다는 점이다. 예를 들어 월 300만 원의 급여를 받는 계약직 근로자로 등록하면 연소득이 3,600만 원으로 잡혀 그만큼 DSR 계산에서 유리해지고, 대출 한도 역시 크게 상승할 수 있다.

대출이 꼭 필요한 상황에서 잠시라도 근로 계약을 맺는 것은 부동산 계약금이나 중요한 투자를 위해 필요한 자금을 마련할 수 있는 가장 현실적인 방법이다. 실제로 이런 방식을 통해 많은 프리랜서가 필요한 자금을 성공적으로 조달하고 있으며, 잠깐의 취업을 통해 금전적인 손해를 막는 경우가 많다.

　이처럼 프리랜서나 소득이 낮게 신고된 사람들도 여러 가지 방법을 통해 충분히 대출을 받을 수 있다. 중요한 건 자신에게 적용 가능한 방법을 찾아 적극적으로 활용하는 것이다. 그리고 다양한 소득 인정 기준을 이해하고 최대한 자신에게 유리한 환경을 만들어나가는 노력이 필요하다.

47

무조건 이것 하나는
있어야 한다

아파트는 매력적인 담보

요즘처럼 경제가 불확실한 시기에 재테크나 사업을 하는 사람이 가장 먼저 챙겨야 할 자산은 무엇일까? 바로 아파트다. 대한민국에서 아파트는 단순한 주거 공간 이상의, 재테크와 사업을 위한 뿌리 자산으로서 강력한 힘을 발휘하기 때문이다.

대부분의 사람은 아파트를 거주 목적으로만 보거나, 부동산 가격 상승으로 인한 시세 차익만 기대한다. 하지만 조금 더 시야를 넓혀 보자. 아파트가 가진 진정한 가치는 담보일 때 극대화된다. 즉, 아파트는 낮은 금리로 큰 금액을 조달할 수 있는 최고의 담보물이다.

아파트는 다른 부동산에 비해 감정평가가 정확하고, 유동성이 높아 언제든지 현금화가 가능하다. 그래서 은행은 아파트를 담보로 돈을 빌려줄 때 다른 부동산보다 훨씬 유리한 조건과 높은 한도를 제공한다.

사업이나 투자를 하고 싶은데 자금이 부족하다고 가정하자. 이때 사업자 신용대출이나 무담보 신용대출을 받으려면 금리가 높고 한도도 제한 적일 수밖에 없다. 심지어 신용 상태마저 좋지 않다면 대출 자체를 받지 못할 수도 있다.

하지만 아파트를 보유하고 있다면 상황은 완전히 달라진다. 안정적이고 낮은 금리에 최대 70~80%까지 높은 한도로 자금을 확보할 수 있다. 최대 3억 5,000만 원에서 4억 원 정도의 자금을 낮은 금리로 대출받을 수 있는 것이다. 이 정도 금액이면 사업자금이나 투자자금으로 충분히 사용할 수 있다. 또한 사업 초기에 안정적인 현금 흐름을 확보하고, 급작스러운 사업 리스크에도 대응할 수 있는 여유자금으로 활용할 수 있다.

그럼에도 아파트를 사야 하는 이유

물론 아파트를 담보로 잡는다고 하면 두려움이나 부담을 느끼는 사람도 있다. 하지만 제대로 된 계획과 실행 전략이 있다면 담보대출은 위험이 아닌 기회가 될 수 있다. 내가 받은 대출의 이자보다 더 많이 벌기만 하면 되기 때문이다.

그리고 그 벌이를 늘리거나 최소 유지하기만 해도 원금 상환에 전혀 문제가 없다. 이자를 감당할 만큼의 수익을 내고 있다는 것은 노하우, 브

랜드, 시스템, 네트워크 등이 잘 갖추어졌다는 것을 의미하며, 이것은 다른 사람들에게 팔 수도 있다. 만약 팔지 못한다 해도 쌓인 수익으로 사업이나 자산에 투자한 그 결과물이 빌린 원금을 상회할 만큼의 가치가 된다면 절대 손해 보지 않는 게임이다.

대한민국 부동산 시장의 흐름을 봤을 때 아파트 가격은 상승과 하락을 반복하지만, 장기적인 관점에서 보면 꾸준히 우상향하고 있다.

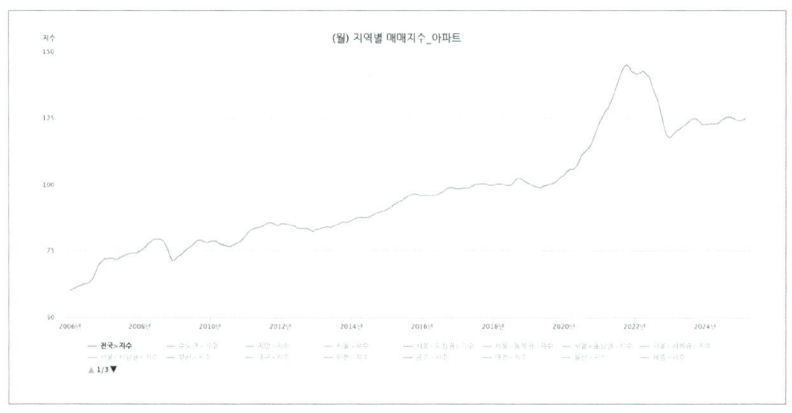

▲전국 아파트 실거래가 통계
출처: 한국부동산원

이런 장기적 우상향 형태는 화폐 가치의 하락, 즉 물가의 상승을 의미한다. 다시 말해 담보대출을 활용한 사업과 투자를 통해 발생하는 수익이 대출이자를 훨씬 웃돌 가능성이 크다는 이야기다.

또한 아파트를 기반으로 한 사업자담보대출은 일반 신용대출이나 다른 담보물 대출보다 훨씬 유리한 조건을 갖고 있다. 만기일시상환으로 취급되면 이자만 내기 때문에 항상 분할상환으로 취급되는 가계주택담보대출에 비해 매월 원리금 부담이 낮다. 그리고 3년 이상의 상환 기간을 가질 수 있어 1년씩 취급하는 신용대출보다 안정적으로 자금을 운용할 수 있다.

▼사업자와 개인의 아파트담보대출 비교

구분	사업자가 사업 목적으로 아파트담보대출	개인이 가계 목적으로 아파트담보대출
장점	· 주택 수 상관없이 LTV 80% 가능 · DSR 적용하지 않음	· 목적이 불분명해도 가능 · 사업자대출에 비해 금리가 낮음
단점	· 가계대출에 비해 금리가 높음 · 사업 목적으로만 사용 가능	· 규제지역 1주택자: LTV 40% · 비규제지역 1주택자: LTV 70% · 2주택 이상인 경우 보유한 주택의 지역에 따라 대출 가능 여부나 LTV가 상이함
특징	자금 사용 후 용도 증빙 요청 있음	대출 지급 후 주택 추가 매수 금지

아파트가 없으면 사업을 하지 못한다는 의미가 아니다. 하지만 아파트를 보유하고 있는 사람은 그렇지 않은 사람에 비해 훨씬 더 유리한 조건으로 자금을 확보하고 사업을 펼칠 수 있다. 심지어 정책자금과 연동하면 그 금리 수준이 1%대까지 낮아지기도 한다. 이제 아파트라는 자산의 가치를 재평가하고 아파트를 자산을 불릴 발판으로 관점을 바꿔보자. 분명 지금까지 보지 못했던 기회가 보일 것이다.

대출 상담 사례

법인사업자로 아파텔 투자

사업자를 활용해 받은 1억 원 정도의 투자금만으로 신분당선 라인의 7억 원대 아파텔을 매수한 고객의 사례를 소개하도록 하겠다. 이 아파텔은 과거 실거래가 11억 원을 초과한 적이 있을 정도로 매우 유망했는데, 어떻게 단 1억 원으로 매수할 수 있었을까?

먼저 고객이 아파텔을 고른 이유를 살펴보자. 주변 일반 아파트는 상승장을 맞아 최근 몇 년간 수억 원 이상 가격이 상승했지만, 이 아파텔의 가격은 상대적으로 많이 오르지 않았다. 그래서 주변 아파트 가격이 급등했을 때 그 수요가 자연스럽게 상대적으로 저렴한 이 아파텔로 옮겨가는 현상이 발생했다. 더군다나 그때는 주변 아파트 공급이 많았음에도 아파텔 가격이 상승했다. 따라서 고객은 지금은 향후 공급이 거의 없는 상태이기에 상승 가능성이 충분하다고 판단했다.

게다가 이 아파텔은 신분당선과 10분 거리, 추가로 신설되는 핵심 지하철 노선과 5분 거리라는 확실한 교통 호재를 품고 있었다. 학군과 상권, 자연환경 등 실거주 조건도 충분히 만족했기에 실거주 목적까지 겸비해 투자 가치를 높게 평가한 것이다.

하지만 문제가 있었다. 고객의 소득이 많지 않았고, DSR 한도 역시 한계에 다다른 상태였다. 더구나 현금 보유액도 5,000만 원에 불과했다. 이 조건들만 놓고 보면 투자가 불가능해 보였다. 그렇게 한참을 고민한 끝에 내가 찾은 돌파구는 고객이 보유한 사업자였다.

다행히 고객의 사업자는 일정 수준의 매출을 꾸준히 기록하고 있어 이를 바탕으로 정책자금을 확보할 수 있었다. 정책자금으로 사업비를 대신하고 매출을 모아 본래 보유하고 있던 현금과 더해 총 1억 원의 자금을 만들었다. 그리고 이렇게 모은 자금을 기반으로 법인을 설립했고, 법인 명의로 아파텔을 사무실 용도로 매입하겠다는 사업 계획을 세운 뒤 금융기관에 시설매입자금으로 대출을 신청했다.

금융기관에서는 법인의 자본금과 대표자의 사업 이력 및 매출을 보고 그가 실제 사업자이며, 충분히 상환 능력이 있다고 판단했다. 그래서 RTI를 별도 적용하지 않고 매입가의 80%까지 대출을 승인해주었다. 이렇게 확보된 80%의 법인대출과 미리 마련해둔 1억 원, 캐피탈에서 받은 중금리 신용대출을 합해 무사히 잔금을 치를 수 있었다.

하지만 회사 및 자녀의 학업 문제로 계획과 달리 세를 주었다. 이때 세입자를 들여도 문제가 되지 않았던 중요한 포인트가 있다. 이 아파텔을 매입한 자금이 '부동산임대업'이 아니라 '일반사업자의 시설매입자금'이었기 때문에 자금을 사용한 뒤 그 사용처를 제출해야 하는 용도 증빙 대상 대출이 아니었다. 따라서 세입자를 들여도 자금이 회수되는 성격이 아니었기에 자금 용도 규정상 아무런 문제가 되지 않았다. 이렇게 들인 월세 세입자의 보증금으로 캐피탈에서 받은 중금리 신용대출을 즉시 상환할 수 있었다.

결국 고객은 최종적으로 1억 원가량의 자기자본만으로 7억 원대의 신분당선 역세권 아파텔을 매입하게 된 셈이다. 물론 현재 월세 수익으로는 대출이자를 전부 커버할 수 없어 매월 30만~40만 원의 현금이 추가로 투입되고 있다. 그러나 기준금리 인하에 따른 대출금리의 인하 그리고 아파텔의 위치와 호재, 미래 가치 상승 가능성을 고려했을 때 매우 합리적인 투자 비용이라고 할 수 있다. 이렇게 대출을 잘 활용하면 적은 현금으로도 충분히 좋은 위치의 부동산을 매수할 수 있는 기회를 얻을 수 있다.

7장

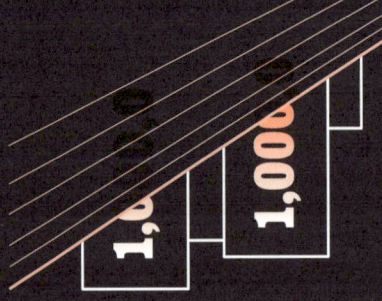

은행을
내 편으로
만드는
협상의 기술

48

금리의 구성을
먼저 파악하자

지피지기면 백전백승

금리 협상이 힘든 가장 큰 이유는 금리에 대해 잘 모르기 때문이다. 대출을 받으러 은행에 가면 예적금 상담 때와 달리 괜히 주눅이 들고, 은행 직원이 제시하는 금리를 받아들이고 돌아서면서도 왠지 손해를 본 것만 같은 기분이 든다.

해결 방법은 간단하다. 잘 몰라서 어렵다면 잘 알면 된다. 그럼 두려움이 사라진다. 그렇다면 무엇을 잘 알아야 할까? 바로 '금리의 구성'이다.

대출금리는 크게 두 가지 요소, 즉 기준금리와 가산금리로 나뉜다.

① 기준금리

기준금리는 한국은행이 정기적으로 결정하고 발표하는 금리를 의미하는 것이 아니다. 채권 시장에서 유통되는 시장금리 중 대출 은행이 기준으로 삼는 채권의 금리를 의미한다. 따라서 기준금리 자체를 협상하거나 변경할 수는 없지만, 은행이 기준으로 삼는 채권이 하나가 아니고 여러 개일 경우 'A채권을 기준으로 하게 해달라'라고 요청할 수 있다. 즉, 내 대출금리가 결정될 때 연동되는 채권의 종류를 고를 수 있다는 의미다. 은행이 몇 개의 채권을 기준으로 하는지는 해당 은행의 홈페이지에서 안내되는 금융 상품 자료에서 찾아볼 수 있다.

그런데 가만히 생각해보니 결국 은행은 여기에 가산금리라는 것을 붙여 나의 최종 금리를 결정한다. 그러다 보니 내가 어떤 채권금리를 선택하든 은행이 마음대로 가산금리를 조정해 자신들이 원하는 금리로 맞출 것이다. 그렇다면 기준금리를 고민하는 것은 아무 소용 없는 일이 아닐까? 그렇지 않다. 연동할 수 있는 채권들의 금리 변동 수준이나 방향이 항상 같지 않기 때문이다.

대표적인 기준금리로는 MOR과 코픽스가 있다. MOR은 'Market Opportunity Rate'의 약자로, '시장에서 기준이 되는 금리'라는 뜻이다. ㄱ. 기준점은 은행마다 다르다. 예를 들어 '농협 MOR'은 농협에서 주택담보대출을 취급할 때 선택할 수 있는 기준금리인데, 농협이 채권 시장을 모니터링하며 계속 업데이트한다. 그래서 MOR금리를 선택하면 시장의 채권금리와 연동된다. 이때 대출 상품의 변동 주기에 따라 연동될 채권이 달라진다. 즉, 우리가 6개월 변동금리대출을 받고자 하고 MOR이라는 것을 선택하면, 6개월짜리 금융채권과 금리가 연동된다고 이해하면 쉽다.

코픽스는 아주 쉽게 이야기해서 단순 채권, 예금, 그 외 단기예금성 상품들을 섞어 평균을 낸 것이다. 그리고 이를 다시 '신규 코픽스'와 '잔액 코픽스'로 나눈다. 지난달을 기준으로 판매되고 있는 단기 채권과 예금성 상품들의 평균은 신규 코픽스, 이제까지 판매된 모든 상품의 평균은 잔액 코픽스다.

둘 중 금리 변동성이 더 큰 건 어떤 것일까? 신규 코픽스다. 따라서 변동금리대출을 받으면서 기준금리를 코픽스로 선택했는데 추후 금리가 인하될 것 같다면 신규 코픽스를 선택해야 더 많은 금리 인하 효과를 거둘 수 있다. 단, 금리 인상 시에는 잔액 코픽스보다 더 빨리 오를 테니 금리의 흐름을 잘 예측해 결정해야 한다. 대출이 취급되고 나면 중간에 기준금리를 바꿀 수 없다.

MOR과 코픽스 중에서는 MOR의 변동성이 더 높다. 즉, 금리가 오를 것 같다면 코픽스를, 금리가 내려갈 것 같다면 MOR을 선택하면 된다. 단, 지금 기준금리 선택 가이드의 전제는 내게 부여될 최종 대출금리가 MOR을 선택하든 코픽스를 선택하든 그 값이 똑같다는 가정하에 이야기한 것이다.

금리가 내려갈 것 같아도 MOR을 기준으로 했을 때 최종 산출금리가 5%, 코픽스를 기준으로 했을 때 최종 산출금리가 4.8%라면 고민해보아야 한다. 개인적으로는 코픽스를 선택할 것이다. MOR은 변동성이 크지만, 이는 금리가 지속적으로 하락할 때 의미가 있기 때문이다. 반면 코픽스를 선택하면 대출을 받자마자 0.2% 더 저렴한 금리가 확정된다. 이후 금리가 변동되면 MOR보다 손해를 볼 수도 있지만, 당장 확실하게 이득을 챙기고 나중에 손실이 발생하면 그때 가서 선택에 대한 복기를 하는 것을 선호한다.

② 가산금리

'최종 산출금리'라는 표현을 보니 기준금리만 알아서는 결국에 내게 부여되는 대출금리를 완벽히 이해할 수 없을 것 같다. 가산금리와 우대금리에 대해 알아야 하는데, 먼저 가산금리에 대해 알아보자.

가산금리는 기준금리에 더해 금융기관이 자체적으로 책정하는 금리로, 신용 리스크와 금융기관의 운영비, 기대수익률 등이 반영된다. 여기서 협상할 수 있는 부분은 신용 리스크에 해당하는 가산금리다.

신용 리스크는 말 그대로 고객의 신용 상태에 따라 달라지는 금리다. 신용도가 좋고 담보가 확실하면 리스크가 적어 금리가 낮아질 수 있으며, 이는 내가 이미 대출을 이용하고 있는 중이라 하더라도 금리인하요구권에 의해 실현될 수 있다.

참고로 금리인하요구권은 최근에는 많은 사람이 알고 있을 정도로 제도화되었는데, 쉽게 이야기하면 '내 대출금리가 낮아질 수 있는지 검토하고, 기준에 부합하면 금리를 낮춰달라고 요구할 수 있는 권리'다.

그런데 결국 내 신용점수가 갑자기 좋아지거나 연봉이 상승하지 않는다면 가산금리를 낮추기 어렵다. 그리고 이 가산금리를 높이는 것 또한 어렵다. 이미 실행된 대출에 대하여 고객의 신용 상태를 임의로 판단해 가산금리를 높이는 건 고객이 연체를 하지 않는 한, 불가능하다. 만약 가산금리를 다시 산정하고 싶다면 대출 기간이 만료되었을 때 재대출 혹은 연장 시 바꿀 수 있다. 하지만 주택담보대출 같은 경우에는 30~40년을 약정하는 상품이기 때문에 한 번 정해진 가산금리가 30~40년 동안 변하지 않는 경우도 존재한다. 즉, 약정 기간 동안 가산금리는 변하지 않는다고 생각해도 된다.

이것은 생각보다 꽤 큰 의미를 갖는데, 가령 내가 은행 직원으로부터 A상품과 B상품을 다음과 같이 안내받았다고 가정해보자.

- A상품: 채권금리 3%+가산금리 1%=4%
- B상품: 채권금리 3.8%+가산금리 0.2%=4%

앞으로 금리가 인하될 것 같다면 어떤 상품을 골라야 할까? 정답은 B상품이다. 모든 채권금리가 대폭락해 0.3%가 되었다고 가정해보자. 그럼 A상품은 가산금리 1%를 더해 1.3%가 될 것이고, B상품은 0.2%를 더해 0.5%가 될 것이다. 즉, 금리 인하가 예상된다면 향후 가산금리는 변하지 않지만 기준금리는 변할 수 있다고 생각해야 한다.

따라서 같은 금리라면 변화 폭이 더 크다고 기대되는 쪽에서, 즉 기준금리가 높게 책정되는 대신 가산금리가 낮게 책정되는 쪽에서 대출을 받는 것이 유리하다. 기준금리와 가산금리는 약정서나 은행 직원 또는 대출 상담사를 통해서도 확인할 수 있다.

③ 우대금리

은행 직원과의 협상 중 고려해야 할 것을 하나 더 꼽자면 은행 직원의 권한이다. 은행 직원은 기준금리나 가산금리의 책정에 개입할 수 없다. 그것은 전산에 의해 이미 정해진 수치이기 때문이다. 하지만 그들의 의견이 반영될 수 있는 부분이 하나 있다. 바로 우대금리다. 보통 '부수 거래'라고 표현하는데, 대출을 받으면서 카드 등을 새로 만든다면 기준금리와 가산금리에 별도로 우대금리라는 것을 부여할 수 있고, 이는 금리 할인의 형태를 보인다. 이런 부수 거래가 많을수록 내 금리는 마이너스가 될 것이니 은행 직원이 먼저 말하지 않는다면 "혹시 부수 거래 등을 통한 금리 인하 가능성은 없나요?"라고 물어보는 것이 좋다.

단, 일부 부수 거래는 비용이 동반될 수 있다. 가령 부수 거래 중 보험이나 투자 상품 가입이 수반되는 경우가 있는데, 이것으로 인한 금리 인하 효과가 얼마나 되는지 꼭 따져봐야 한다. 은행 직원이 10억 원짜리 대출이자를 0.1% 낮추는 대신 부수 거래로 신규 카드 발급을 권했다고 가정하자. 이때 카드의 연회비가 15만 원이라면 이 카드를 만들어야 할까? 당연히 만드는 것이 유리하다. 연 15만 원으로 연 100만 원을 아낄 수 있기 때문이다.

그럼 대출 5,000만 원을 받으면서 대출이자 0.1%를 낮추기 위해 연회비 15만 원짜리 카드 발급을 권한다면? 이때는 손해다. 대출이자 연 5만 원을 줄이기 위해 연 15만 원을 내는 꼴이기 때문이다.

본질적으로 협상은 정보 싸움이다. 원리를 제대로 알고 은행과 은행 직원을 정확히 이해하면 금리 협상에서 성공할 수 있다.

> **Tip**
>
> **부수 거래와 꺾기 영업**
> 부수 거래와 꺾기 영업은 대출 우대금리와 연결된다는 점에서 비슷해 보이지만, 고객의 자발적 선택권 보장 여부에 따라 합법성과 불공정성이 나뉜다.
> 부수 거래는 은행이 '급여 이체를 하면 ○○bp, 적금 납입을 하면 △△bp'처럼 대출금리를 낮춰주는 조건으로 안내한다. 이때 고객은 해당 거래를 거부하더라도 대출 자체가 취소되거나 금리에 불이익을 받지 않는다. 즉, 부수 거래는 어디까지나 우대금리를 받기 위한 선택지이지, 강제 사항이 아니므로 합법적인 권유 행위에 해당한다.
> 반면 꺾기 영업은 '대출은 해주겠다. 단, 이 보험에 가입해야 한다'거나 '이 펀드를 사지 않으면 대출을 집행하지 않겠다'처럼 고객 의사와 무관하게 금융 상품 가입을 강요하는 불공정 행위다. 금융감독원은 이런 행위를 금융 상품 강요 행위(일명 '꺾기')로 규정하고, 고객이 원치 않는 거래를 거부할 권리를 명확히 보장하고 있다.

49

대출 승인을 부르는 상담 비법

누구나 귀찮은 일은 피하고 싶어 한다

나는 수강생들에게 항상 이렇게 말한다.

"대출만큼은 아직 사람이 하는 일이다."

이 말을 처음 들으면 당연한 이야기라 속뜻을 이해하지 못할 수 있다. 그러나 이 간단한 문장 속에 대출 성공 비법이 숨어 있다. 단, 누구나 은행 직원의 입장이 된다면 똑같이 행동할 수밖에 없을 것이라는 사실을 기억하자. 그러면 분명 많은 걸 배우게 될 것이다.

대출 승인 과정에서 복잡하고 귀찮은 일들은 직원들의 의욕을 떨어뜨린다. 즉, 반려하고 싶게 만든다. 종종 대출 심사에 필요한 서류가 너무 많거나 서류 누락 등으로 불필요한 절차를 여러 번 거쳐야 하는 의뢰 건들이 있다. 대출 금액이 크지 않다면 업무 성과에 기여하지도 않을 테니 '굳이?'라는 의문을 품게 되는 것이다. 남들과 같은 월급을 받으면서 남들보다 귀찮은 일을 하는 것을 선호하는 사람이 있겠는가. 따라서 빠르고 확실한 대출을 위해서는 그들의 시간을 아껴줄 필요가 있다.

① 관련된 서류와 상황 파악에 도움이 되는 자료는 전부 챙겨라

은행 직원이 등기사항전부증명서와 소득금액증명원만 요청했다 하더라도 세금 완납 서류, 매출 자료, 보유한 부동산 목록, 담보에 제한 물권(압류, 근저당권 등) 등이 있다면 그것에 대한 설명 자료까지 챙기는 것이 좋다. 예를 들어 근저당권이 있다면 누구로부터 돈을 빌려 설정되어 있는 건지, 그 사유와 액수는 어떻게 되는지, 채권자와 관계는 어떻게 되는지 등을 간략히 정리해 출력해 가는 것이다. 그러면 은행 직원은 모든 상황을 빠르게 파악할 수 있고, 추가로 필요한 서류가 있을 경우 곧바로 보완 자료를 받을 수 있으니 편하다고 생각할 것이다.

② 모든 상황을 정리한 텀싯을 작성하라

텀싯(Term Sheet)은 쉽게 말해 요청하는 대출에 대한 검토 서류로, 본인의 재무 상황, 신용, 담보 물건의 컨디션 등을 요약해 정리한 것이다. 이 서류는 은행 직원에게 구구절절 상황을 이야기하지 않아도 이 사람이 무엇을 원하는지, 그것을 해결해줄 수 있는 여지가 있는지 한 번에 파악할 수 있도록 돕는다.

이 두 가지 방법만으로도 은행 직원은 당신에게 호의적으로 행동할 것이다. 자신의 일을 덜어준 사람을 부정적인 눈빛으로 바라보는 사람은 없다.

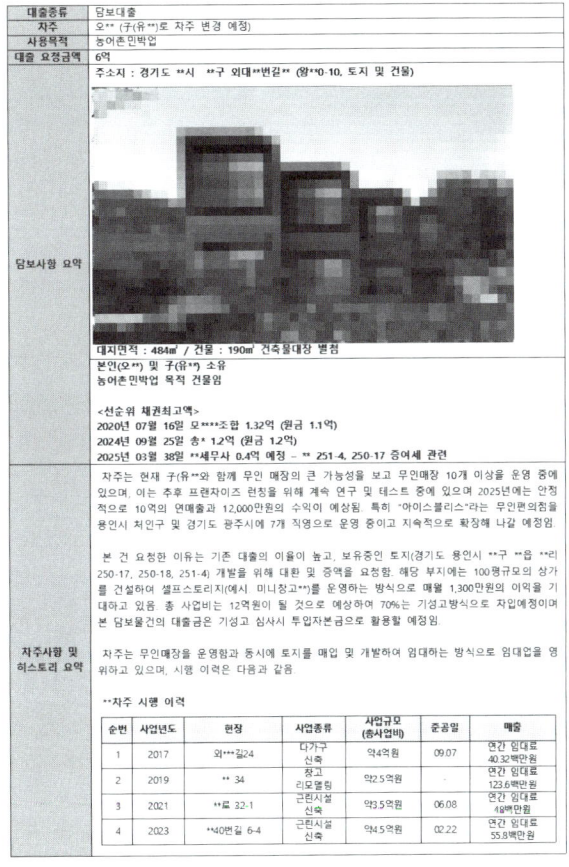

▲텃싯의 예

업무에 진심이 아니라면 빨리 피하자

사람마다 가치관이나 목표가 다르다. 같은 직장인이라도 업무를 자기계발의 일종으로 생각하는 사람이 있고, 그렇지 않은 사람이 있다. 이것은 옳고 그름의 문제가 아니다. 하지만 아무래도 회사에 있는 시간을 그저 '때우려는' 사람보다 충실히 보내려는 사람이 당신의 요구를 들어줄 확률이 높다.

만약 당신이 만난 은행 직원이 시간을 때우려는 사람 같다면 과감하게 자리에서 일어나 다른 은행을 찾아갈 것을 권한다. 그런 사람에게 서류를 쥐어주면 형식적으로 "네네" 소리만 들을 뿐, 좀처럼 일이 진행되지 않을 것이다.

문제는 그런 줄도 모르고 "○○은행에서 검토하고 있습니다"라고 이야기하는 사람이 있다는 것이다. 그런 사람은 끝나지 않을 대출 심사에 갇

> **Tip 내 대출에 적극적으로 도움을 줄 은행원 찾는 방법**
> 적극적인 은행 직원은 어떤 특징을 갖고 있을까? 기본적으로 모든 은행 직원은 적극적인데 내가 얼마나 준비를 잘해 가느냐 그리고 그 은행 직원의 상황에 따라 태도가 달라질 수 있다는 것을 전제로 하자.
> 첫째, 주위가 산만하거나 바빠 보이지 않고 여유로운 사람이 좋다. 일이 너무 많아 허겁지겁 일을 쳐내고 있는 상황이라면 내가 추가로 일거리를 주는 걸 반기지 않을 것이다.
> 둘째, 상담 도중 고객에게 전화가 오면 친절하게 응대하는 은행 직원이 좋다. 보통 적극적인 은행 직원은 고객들과의 관계에도 적극적이어서 친밀감 있게 행동한다. 반면 딱딱하게 전화를 받거나 툴툴댄다면 나에게도 그럴 수 있다.
> 셋째, 내 사업이나 담보 물건의 현황에 대해 많이 묻는 은행 직원이 좋다. 관심이 있어서 그런 질문을 하는 것이다. 단순히 주소, 신용점수, 보유한 대출 내역만 딱딱하게 묻는다면 정량적인 요소만 보고 가부를 판단할 가능성이 크다.

혀 시간만 낭비하게 될 것이다. 얼마나 답답한 일인가.

직원이 적극적이지 않은 것 같다면 지금이라도 얼른 발품을 팔아 적극적인 은행 직원을 찾길 바란다.

대출받기 좋은 날

우리는 종종 은행 직원도 사람이라는 사실을 망각하곤 한다. 그들도 아침에 일어나 출근을 하고, 점심을 먹고, 피곤하면 집중력이 떨어져 쉬고 싶어 하는 평범한 인간이다. 따라서 은행 직원들과 좋은 관계를 유지하면서 원하는 결과를 얻기 위해서는 그들의 입장을 이해하고 배려하는 태도가 필수적이다.

먼저 은행을 방문하는 타이밍을 신중하게 선택해야 한다. 예를 들어 은행 업무가 시작되자마자 방문하는 건 가급적 피하는 것이 좋다. 밤새 밀린 업무를 처리하거나 전날 미처 처리하지 못한 건들을 우선적으로 마무리해야 하기 때문이다. 이처럼 업무가 가장 몰리는 아침 시간에 방문하면, 은행 직원들은 당신의 방문을 달갑게 여기지 않을 수도 있다. 그러면 대출 심사에 부정적인 영향을 미칠 가능성이 있다.

은행에 방문했는데 앞에 사람이 많이 밀려 있는 경우에는 기다리지 말고 다른 직원, 청원경찰 등을 통해 직통 전화 또는 예약 방법을 안내받거나 다른 은행이나 다른 지점을 가는 것도 좋은 방법이다. 내게 유효한 상담을 할 수 있을지 없을지도 모르는데 하염없이 대기하는 건 시간이 너무 아깝다. 이미 몇 차례 상담을 진행했다면 그다음 상담 때는 꼭 예약을 하자.

또한 은행 직원의 퇴근 시간에 방문하는 것도 피해야 한다. 퇴근 시간이 가까워지면 업무 집중력이 떨어지고 하루 동안의 피로가 쌓여 열정이 저하될 수 있다. 특히 대출처럼 복잡하고 신경 써야 할 서류 작업이 많은 일은 대충 처리할 가능성도 있다. 비슷한 의미로 명절이나 긴 연휴를 앞둔 시점에는 은행 업무가 평소보다 더 많이 몰리기 때문에 직원의 호의를 기대하기 어렵다.

한 번씩 '은행 직원이 어떻게 이럴 수 있지?'라는 생각이 들 때가 있다. 그러나 은행 직원도 그냥 똑같은 월급쟁이다. 그들이라고 해서 남들보다 더 희생해야 할 의무가 있는 건 아니라는 뜻이다. 그리고 그들 중에는 나처럼 고객의 대출을 고민하느라 새벽까지 일하는 열정적인 직원도 있다. 그런 사람을 찾는 건 당신 몫이다. 지성이면 감천이다.

50
금융기관이 추가 정보를 요청할 때

추가 정보 요청은 긍정적인 신호

 금융기관에서 종종 추가 정보를 요청하는 경우가 있다. 그러면 불안하거나 당황할 수 있다. 혹시라도 대출 거절 신호는 아닌지 걱정이 앞서기 때문이다.

 하지만 금융기관에서 추가 정보를 요청하는 건 긍정적인 신호로 보는 것이 더 정확하다. 신청자의 대출을 더욱 자세히 살펴보고 검토할 의향이 있다는 뜻이기 때문이다. 초기 상담이나 서류 제출만으로는 신청자의 전체적인 상황을 정확하게 판단하는 데 한계가 있을 수 있다. 따라서 추가 정보를 통해 신청자의 상황을 더 깊이 이해하고, 이를 바탕으로 신중히 검토해 정확한 평가와 결정을 내리고자 하는 것이다.

또한 추가 정보를 요청한다면 상사나 상위 부서에 제출할 보고서를 작성하는 중이라고 생각해도 된다. 대출은 승인이 나든 부결이 되든 담당자가 보고서를 쓰지 않으면 애초에 심사 대상도 되지 못한다. 그런데 그들이 움직이고 있다는 건 당연히 좋은 신호다.

추가 정보 작성 팁

간혹 요청하는 서류가 정말 어려운 경우도 있다. 가령 사업자가 운영자금으로 대출을 신청하는 경우 금융기관은 구체적인 사업계획서, 예상 매출액 자료, 운영 중인 사업의 재무제표 등을 추가로 요구할 수 있다.

이 중 사업계획서는 도대체 어떻게 써야 할까? 엄청 대단한 내용이 들어가야 할 것 같지만 실제로는 그렇지 않다. 금융기관이 요구하는 내용만 제대로 들어가 있다면 온라인에서 돌아다니는 템플릿을 참고해 작성해도 된다.

팁을 주자면 대출을 의뢰하기 위해 준비하는 서류들(사업계획서, 회사소개서, 대출의뢰서 등)은 단순히 숫자와 표로 채우는 문서가 아니다. 결국 은행 직원에게 '이 사업이 왜 안전하고 수익성이 있는지'를 설득하는 근거가 되어야 한다. 그래서 강점을 부각하고, 단점도 짚어주되 치명적이지 않다는 것을 강조하는 방식을 취해야 한다.

그리고 상환 능력을 보여주는 데이터는 항상 정량적으로 표기하고, 내가 어필할 수 있는 수치들이 또 뭐가 있을지 꼭 생각해보자. 가령 신고된 매출이 1억 5,000만 원인데, 특정한 사유로 신고하지 않고 현금으로 입금받은 돈이 있다면 그 액수를 보여줄 수 있는 통장 거래 내역과 그 이유를 같이 첨부하는 것이다. 예를 들면 '나는 이 정도로 돈을 잘 벌고 현재로도 충분해. 그런데 이번에 A라는 사업을 하기 위해 목돈이 필요한 거야. 그로 인해 발생하는 이자는 A가 시작되고 나면 전혀 부담스러운 수치가 아니야'라는 식의 논리를 갖추어야 한다.

또한 자금 사용 계획을 명확히 해야 한다. 최근 10년간 은행권은 자금 유용에 민감하게 반응해왔다. 즉, 대출금이 어디에 쓰이는지 모니터링하는 것이 중요한 업무가 됐다. 따라서 돈이 투입되는 곳과 금액을 표로 정리하는 것이 좋다. 거기에 돈이 필요한 이유에 대한 근거 자료, 예를 들면 거래처에게 받은 견적서, 물품 단가 내역 등까지 준비해두면 베스트다.

중간중간 은행 직원이 의구심을 가질 만한 부분에 대해선 먼저 명시해 궁금증을 해소해주자. 취약한 부분을 가린다고 언급을 피하는 경우가 있는데, 은행 직원이 해당 내용을 알고 있으면서도 굳이 묻지 않는다면 그때 그것이 찝찝함으로 남는다. 솔직하게 보여주고 걱정하지 않아도 되는 이유를 보충하는 것이 좋다.

우호적인 태도가 중요

금융기관이 추가 정보를 요청할 때 신청자가 가장 중요하게 생각해야 하는 건 협조적인 태도를 유지하는 것이다. 요청받은 자료는 최대한 신속하고 정확하게 제출하는 것이 바람직하다. 자료 제출이 늦어지거나 부정확하게 전달될 경우, 금융기관 담당자는 신청자의 신용도나 사업의 안정성에 의구심을 품게 될 수도 있다. 또는 의지가 없다고 판단하거나, 굳이 대출을 해주지 않아도 상관없다고 생각할 수도 있다. 결과적으로 이런 부정적인 인식은 금리 협상이나 대출 한도 등에 악영향을 미칠 가능성이 있다.

과거 금융기관에서 대출 업무를 담당했을 때 추가 정보를 요청하면 화를 내는 분들이 있었다. 그럴 땐 "지금 고객님을 도와주려고 하는 건데 이렇게 나오시면 더 이상 진행이 어렵습니다"라고 확실하게 이야기했고, 고객이 협조적인 태도를 보이면 최선을 다해 대출 승인을 도왔다. 나의 이런 태도가 불손하다고 생각하는가? 다시 한번 이야기하지만 금융기관 직원도 사람이기에 발생하는 일이다.

정리하면 금융기관이 추가 정보를 요청하는 것은 신청자의 대출을 진지하게 고려하고 있다는 뜻이며, 이때 신청자가 제공하는 정보가 충분할수록 승인 가능성이 높아진다. 따라서 추가 정보를 요청받았을 때는 불안해하지 말고, 적극적이고 긍정적으로 대응해 원하는 결과를 얻도록 노력하자.

51

상담 후 말이 없는 직원을 움직이게 하는 방법

선을 넘지 않으면서 전략적으로

대출 과정 중 가장 초조한 순간은 상담을 마치고 금융기관 담당 직원이 별다른 연락을 주지 않을 때다. 신청자는 애가 타지만 담당 직원에게 연락하면 조급해 보이지 않을까 염려되어 그저 불안한 마음으로 하염없이 기다린다. 이런 상황에서 담당 직원을 신속하게 움직이게 하는 방법이 있을까?

금융기관 직원은 많은 고객을 동시에 관리한다. 하루에 여러 건의 대출 신청과 상담, 서류 작업을 처리하느라 너무 바빠 신청자의 요청 건을 깜빡 잊어버릴 수도 있다. 특히나 담당 직원이 휴가를 다녀왔거나 중요한 내부 업무가 밀려 있다면 더욱 그렇다. 한편 담당 직원이 일부러 신청자의 업무를 미루고 있을 수도 있다. 처리하기 까다로운 건이나 서류가 부족하거나 명확하지 않은 건은 뒤로 미뤄두기도 한다.

이런 상황에서 가장 효과적으로 진행 상황을 확인하는 방법은 담당 직원에게 신청자의 담보 물건이나 사업에 대한 긍정적인 소식을 꾸준히 전달하는 것이다. 예를 들면 신청한 담보물의 가치가 상승했다거나 사업이 큰 성과를 냈다거나 하는 소식 말이다.

금융기관은 기본적으로 고객의 신용과 담보 물건의 가치를 조사해 리스크를 평가한다. 따라서 긍정적이고 객관적인 자료가 업데이트된다면 담당자는 다시 한번 관심을 갖고 신청자의 업무를 먼저 처리할 가능성이 크다. 자신의 업무와 관련된 긍정적인 뉴스 링크를 전달하는 것도 좋다. 최근 비슷한 지역에서 매매가 상승, 주변 지역 개발 호재, 신규 시설이나 교통 인프라 개선 등이 있었다면 담당 직원에게 간략한 자료와 함께 이메일 또는 문자 메시지를 전송하면서 '이런 호재가 있으니 참고 부탁드립니다'라고 코멘트를 붙이면 된다.

하지만 너무 과하면 역효과가 날 수도 있다는 점을 꼭 기억해야 한다. 담당 직원이 과도한 압박이라고 생각하면 부정적인 결론을 내려 신청자의 업무를 빠르게 정리해버리고 싶을 수도 있기 때문이다. 따라서 선을 넘지 않으면서 전략적이고 긍정적으로 소통해야 한다.

언제쯤 결과가 나오는지 묻는 것보다는 "추가로 필요한 서류가 있으면 말씀해주세요", "이번 주까지 필요한 서류가 있다면 미리 준비하겠습니다"와 같이 협조적인 태도를 보이는 것이 좋다.

52

금리 협상에도
타이밍이 있다

플랜 B를 준비하라

 대출을 받을 때 많은 사람이 처음에는 "제발 되게만 해주세요"라고 말한다. 그러다 대출 승인이 나면 "한도만 많이 내어주세요"라고 말하고, 최종적으로는 "더 낮은 금리로는 안 될까요?"라고 마무리한다. 이는 당연한 것이다. 시장에서 콩나물을 1,000원어치 사는 것도 아니고 수억 원의 대출을 받는 것이 아닌가. 0.1% 금리 인하로 매년 수십만 원을 절약할 수 있다. 결국 협상의 성공 기준은 '은행에서 금리를 얼마나 낮춰주었는가', '내가 납득할 수 있는 금리 안에서 얼마나 한도를 높여주었는가'라고 할 수 있다.

 만족스러운 거래를 원한다면 이제부터 플랜 B의 중요성을 반드시 인지해야 한다. 플랜 B는 처음 선택한 금융기관 외에 두 번째, 세 번째로 고려할 수 있는 대안을 의미한다.

대부분의 사람은 처음 찾은 금융기관에서 제시하는 금리를 마치 운명처럼 받아들인다. 하지만 대한민국에는 수많은 금융기관이 있고, 같은 조건이라도 금융기관마다 금리와 심사 기준이 조금씩 다를 수 있다. 그래서 대출을 받아야 할 때는 최소 두 곳 이상의 금융기관에서 상담을 진행해 조건을 비교해보는 것이 좋다.

플랜 B의 첫 번째 이점은 심리적 안정감이다. 한 금융기관에만 의존하지 않고 플랜 B가 준비되어 있다면 협상 중 생기는 불안감과 초조함을 크게 줄일 수 있다. 그러면 협상 과정에서 자신감 있게 행동할 수 있다.

두 번째 이점은 플랜 B의 존재 자체가 최초 상담을 진행하던 은행 직원의 판단에 영향을 미칠 수 있다는 것이다. 다른 금융기관과 상담이 진행되고 있다는 사실을 알게 되면 먼저 상담을 진행한 금융기관 담당자도 자연스럽게 경쟁의식을 느끼게 된다. 그 결과 좀 더 적극적으로 금리 인하에 응할 가능성이 높아진다.

가승인이 났을 때

여기서 중요한 포인트가 하나 있다. 금리 협상을 시작하는 타이밍이다. 처음부터 금리를 낮춰달라고 요구하는 것은 좋은 전략이 아니다. 대출 승인이 나기도 전에 금리부터 따지면 담당 직원이 불편함을 느낄 수 있고, 금리를 맞춰주지 못하면 승인이 나도 대출을 진행하지 않을 것이라고 오해하는 등 담당 직원의 의지와 심사에 부정적인 영향을 미칠 가능성이 있다.

따라서 우선은 금융기관이 요구하는 자료와 조건들을 충족하며 순조롭게 대출 승인을 받는 것이 중요하다. 승인이 날 때쯤이면 담당 직원 역시 이미 상당한 시간과 노력을 투입한 상태다. 이 단계에서 금리 협상을 시도하면 담당 직원은 애써 들인 시간을 허무하게 날리고 싶지 않아 가능한 범위 안에서 최대한의 혜택을 제시하려고 노력할 것이다.

어떻게 이야기를 꺼내야 할지 몰라 어려워하는 사람들이 있다. 상대방을 불편하게 만드는 것은 아닌지 부담이 되기 때문이다. 자연스러운 말투를 제시해볼 테니 한번 시도해보기 바란다. 은행에서 금리 4.8%를 제안한 상황이다.

"과장님, 정말 감사합니다. 그런데 제 배우자가 금융기관에 근무하는 친척에게 알아보니 다른 은행에서도 비슷한 조건으로 대출을 받을 수 있다고 하더라고요. 저는 과장님께서 그동안 도와주신 것도 있고 하니 이쪽 금융기관에서 대출을 받겠다고 말했는데, 돈이 한두 푼이 아니라 설득이 쉽지 않네요. 가능한 선에서 금리를 조금만 더 조정해주신다면 제가 꼭 설득해보겠습니다. 그쪽은 4.4%를 제시하더라고요."

이렇게 이야기하고 나면 결정권은 상대방에게 주어지고, 그 압박감을 이기지 못하면 지점장의 전결을 받아내서라도 금리 인하를 적극 고려할 것이다.

만약 플랜 B를 언급했는데 담당 직원이 "그럼 그쪽에서 진행하세요"라고 한다면 한 번 정도만 더 시도해보자. 여기가 주거래 은행이라 좋다거나, 방문하기 좋은 위치라 편하다거나 등의 이유를 들며 조건을 맞춰달라고 부탁해보는 것이다. 이때 부수 거래 같은 것도 같이 언급해주면 좋다. "조건을 맞춰주시면 가족과 팀원에게 말해 신용카드를 5개 정도 만들겠습니다"라고 말하는 것이다.

그래도 안 된다면 굳이 설득하려고 노력하지 말자. 오히려 내가 아쉬워 보이기 때문에 협상이 힘들다. 이후에는 플랜 B대로 진행하면서 혹시 모르니 플랜 C를 추가로 준비하는 것이 바람직하다.

53

금리인하요구권
활용하기

신청만으로도 간단하게

금리인하요구권은 내가 이용하고 있는 대출의 금리 인하를 요구할 수 있는 권리다. 법적으로 보장된 권리이지만 '요구' 권리이기 때문에 은행이 무조건 들어줘야 하는 것은 아니다. 그럼에도 「금융소비자보호법」에 의해 누구나 쉽게 사용할 수 있도록 발전되었다. 과거에는 담당 직원에게 눈치를 보며 깎아달라고 말해야 했지만, 이제는 모든 은행이 비대면 시스템을 갖춰 누구나 간편하게 신청할 수 있도록 절차를 마련해두었으니 반드시 이용하자.

카카오뱅크, 국민은행, 기업은행 등 모든 금융기관의 인터넷뱅킹 사이트에 접속하면 상단에 검색할 수 있는 메뉴가 있다. 여기에 '금리인하구권' 혹은 '대출관리'를 입력하면 신청 페이지로 곧장 연결된다. 그리고 정보를 입력하면 신청이 완료된다.

금리인하요구권은 신용점수 상승, 연봉 인상 등의 이유로 상환 능력이 좋아졌으니 리스크가 줄어든 만큼 금리를 낮춰달라고 요구하는 것이다. 그런데 꼭 나에게 특별한 변화가 있을 때만 신청할 수 있는 건 아니다. 신청 사유에 '기타' 또는 '대환시도' 항목이 포함되어 있어 별다른 이유 없이도 신청할 수 있다. 횟수 제한도 없어 대출을 5건 이용 중이라 해도 모두 한 번씩 신청해볼 수 있다.

▲KB국민은행 앱에서 검색

사용자가 신청하면 자동으로 심사가 진행되고, 금리 인하 가능 여부를 판단해 그 결과를 알려준다. 담당자가 일일이 판단하기 어려운 만큼 은행들은 내부에 표준화된 프로그램을 도입해 매우 공정하고 신속한 검토를 보장한다.

하지만 일부 상품, 예를 들면 중도금대출, 정부지원대출 등은 금리 인하 요구 대상에서 제외가 되기도 한다. 내가 받은 대출이 금리 인하 요구 대상에 포함되는지 아닌지는 신청해보고 결과를 확인하는 과정에서 알 수 있으니 미리 포기하지는 말자. 막상 신청해보면 '더 일찍 해볼 걸' 하는 후회가 들 만큼 과정이 쉽고 부담이 없다. 시행 중인 정책이니만큼 소비자는 전혀 손해 볼 것이 없다는 점을 기억하자.

대출금리가 0.2%라도 내려간 경험을 직접 해보면 더는 망설이지 않게 될 것이다. 이렇게 소비자를 위해 금융당국이 마련해준 시스템은 적극적으로 활용하는 것이 좋다.

54
불가능을
가능하게 만드는 힘

부결의 이유가 중요하다

당연히 승인될 거라 생각했던 대출을 거절당하면 실망도 큰 법이다. 대출 담당자가 거절 이유를 설명해줘도 귀에 잘 들어오지 않는다. 하지만 이때 그 말의 의미를 정확하게 파악하는 것이 중요하다. 은행의 규정 때문에 불가능한 것인지, 담당자나 지점장의 판단에 의해 거절된 것인지 명확히 구분할 필요가 있다.

만약 은행 규정상 절대 불가능한 상황이라면 더 이상 에너지를 낭비할 필요가 없다. 하지만 담당자나 지점장의 판단에 의해 거절된 것이라면 다른 금융기관에서는 충분히 다른 결과를 얻을 수 있기에 부결의 이유를 꼭 들어봐야 한다.

"부결 사유를 좀 더 구체적으로 말씀해주세요. 그럼 ○○만 해결되면 승인이 될까요? 이게 현행 규정상 불가능한 것인가요? 다른 은행이나 제2금융권에 가도 똑같을까요?"

이렇게 물어봤을 때 은행 규정상 불가능하다는 사유가 아니라면 대출을 받는 가장 좋은 방법은 발품을 많이 파는 것이다.

두드리면 열릴 것이다

다른 곳에서도 같은 이유로 거절을 당할 수도 있지만 좌절하지 말고 다음 금융기관을 찾아야 한다. 그렇게 반복하며 경험을 쌓다 보면 금융기관별 특성과 담당자들이 중요하게 생각하는 포인트를 이해하게 되고, 협상에서 유리한 힌트들을 얻게 된다.

담당 직원들이 어떤 부분에서 긍정적이거나 부정적인 판단을 하는지 눈에 보이기 시작한다. 또 상담 기술과 태도가 크게 달라지는데, 이것만으로도 은행에 깔끔한 이미지를 심어줄 수 있다. 그들이 원하는 자료와 정보를 미리 준비해 제공한다면, 그들이 궁금해할 내용들을 미리 상담 과정에서 제시한다면 신청자를 금융이해도가 높은 사람으로 신뢰하고 긍정적으로 검토할 가능성이 커진다.

분명 거절당하는 것은 기분 좋은 경험이 아니다. 하지만 대출은 일회성 이벤트가 아니다. 장기적으로 자산을 증식하고 투자를 확장하기 위해서는 지속적으로 겪어야 할 과정이다. 거절의 경험마저도 앞으로의 성공을 위한 디딤돌로 삼아야 한다.

결론적으로 가능과 불가능의 경계를 뛰어넘는 힘은 끈질긴 노력과 경험에서 나온다. 대출을 받고자 미친 듯이 발품을 팔아본 경험이 있는 사람에게 대출은 더 이상 걱정거리가 아니다. 그때부터는 어디에 투자하고 어떻게 자산을 불려야 할지에 집중할 수 있게 된다.

대출이 거절되면 창피하지 않을까 걱정하는 사람도 있다. 하지만 이미지가 중요한 은행 구성원들은 언제나 우리를 VIP처럼 친절하게 대한다. 이런 부드러운 거절조차 두렵다고 발품을 팔지 않는 사람들은 가슴에 손을 얹고 잘 생각해보기 바란다. 사실은 귀찮은 것이 아닌지 말이다.

대출 상담 사례

포기란 없다

　가장 기억에 남는 사례이자 굉장히 소중한 인연을 만들어준 상담 사례를 소개하도록 하겠다. 이 고객은 나를 만난 뒤 골칫거리였던 고금리대출을 낮은 금리로 대환했다. 이를 통해 절약한 돈은 5,000만 원이었다. 그는 이를 토대로 프렌차이즈 작업장을 5개 정도 늘렸고, 건물을 한 채 지을 수 있었다. 대체 무슨 일이 있었던 것일까?

　2023년 금리가 폭등했을 때 모든 금융기관이 대출금리를 올리는 바람에 이 고객 역시 심각한 타격을 입었다. 보유하고 있던 건물들의 대출 규모가 50억 원에 가까웠는데, 2.5%씩 금리가 올라가면서 이자 부담이 눈덩이처럼 불어났다. 이자만으로도 매달 숨이 막힐 지경이었다.

　더 낮은 금리의 제1금융권 기관들이 존재했으나 대환을 신청하기 위해 은행을 찾아가도, 대출 상담사를 만나도 쉽게 해결되지 않았다. 부동산 담보 물건들이 여러 개로 쪼개져 있어 대출 구조가 복잡했기 때문이다.

　그는 제대로 된 피드백조차 받지 못하고 계속된 거절에 지쳐갈 무렵 나를 찾아왔다. 나는 먼저 고객에게 은행을 방문할 때 준비해야 하는 서류와 브리핑 포인트부터 정리해주었다. 여기서 중요한 건 은행 직원을 고객의 편으로 만드는 것이었다. 이를 위해 회사의 사업 내용과 대표자의 인적 사항, 경력 등을 간략하면서도 명확하게 정리해 은행 직원이 쉽게 이해하고 신뢰할 수 있도록 했다. 또한 대출이 왜 필요한지, 어떤 용도로 쓰일 것인지를 합리적이고 설득력 있게 설명하는 방법을 지도했다.

　이게 끝이 아니었다. 말로만 설명하기엔 부족했다. 그래서 사업계획서와 대출의뢰보고서를 작성해 은행 직원이 한눈에 파악할 수 있도록 했다. 이런 문서들은 은행 직원에게 고객의 진정성과 준비성을 보여주는 아주 좋은 수단이다. 부동산 관련 서류들도 모두 출력하여 PDF로 변환해 정리해두도록 했다. 굉장히 사소해 보이지만 은행 직원 입장에서는 업무가 편리할수록 더 호의적으로 대응할 가능성이 높기 때문이다.

은행을 방문할 때마다 피드백을 상세히 기록했고, 방문 횟수가 늘어나면서 받은 피드백들은 필요한 서류와 정보를 보완하는 데 크게 기여했다. 그리고 현재 금융기관에서 어떤 규제에 민감한지도 파악할 수 있었다.

이렇게 철저하게 준비한 끝에 마침내 적극적이고 업무를 잘 아는 대부계 직원을 만날 수 있었다. 이 직원은 우리가 준비한 자료를 통해 사업의 안정성과 대출 상환 능력을 명확하게 이해했고, 짧은 기간 내에 대출금리를 무려 2%나 낮춰주는 조건으로 대환대출을 승인해주었다. 최종적으로 대환된 금액은 무려 25억 원이었다. 그로 인해 고객은 매년 약 5,000만 원의 이자를 아끼게 되었다.

이렇게 절약한 비용은 곧바로 사업을 확장하기 위한 자금으로 활용되었다. 새로 늘어난 사업장에서 추가적으로 매년 3,000만~5,000만 원의 수익이 발생하기 시작했다. 이는 회사의 재정적 기반을 더욱 탄탄하게 만들어주었고, 결국 금융기관들 역시 이 회사의 성장 가능성을 더욱 높게 평가하게 되었다. 회사는 자연스럽게 더 많은 대출 지원을 받을 수 있게 되었고, 저금리 상품들도 활용할 수 있게 됐다.

이처럼 위기 상황에서도 철저한 준비와 명확한 전략이 만나면 오히려 더 큰 기회를 만들어낼 수 있다는 사실을 이 사례를 통해 다시 한번 느꼈다.